モンゴル/
市場経済下の企業改革

関満博・西澤正樹 編

新評論

はじめに

　1921年に解放され、ソ連邦に続いて世界で第2番目の社会主義国家としてスタートしたモンゴルは、90年から92年にかけての民主化の動きの中で、92年2月、モンゴル国新憲法を施行、約70年続いた社会主義を放棄した。日本との外交関係の樹立は72年に行われているのだが、長い間、文化交流の域を出ることはなかった。特に、92年のモンゴル国成立以降、多方面にわたる関係形成が模索されているが、依然として日本におけるモンゴルのイメージは「大草原」と「遊牧民」にとどまっている。モンゴル側が期待する「産業」「企業」の交流は乏しい。
　モンゴルは日本の4倍とされる国土面積を抱えながらも、ロシア、中国というユーラシア大陸の二つの大国にはさまれ、歴史の変転の中で翻弄され続けてきた。近代史においても、ロシアと中国の緩衝地帯として微妙な位置に置かれてきた。少なくとも前世紀の大半は、旧ソ連圏の中に組み込まれ、政治、経済、社会、そして、生活様式までもが旧ソ連型のスタイルをとることを余儀なくされてきた。伝統のモンゴル文字からキリル文字への移行などはその象徴というべきであろう。現在のウランバートルやダルハン、エルデネット等の市街地を歩き回ると、いたるところに旧ソ連の名残を見いだすことができる。
　市街地中心の議会や政府施設などからはじまり、7～9階建の中層住宅などは、旧ソ連の共和国の地方都市でみかけるものとなんら変わりがない。空間の取り方、建築様式、建築工法など、全てが旧ソ連型にできている。また、生活様式を見ても、都市住民はビールとウォッカを好み、食事は羊肉が多いものの、ナイフ、フォークを使ったヨーロピアン・スタイルの食事となっている。馬乳酒に伝統的料理などはウランバートルなどの都市部では観光客向けといえそうである。モンゴルというと大草原と遊牧民のイメージが強いが、約240万人といわれる全人口のうち、56％を占める138万の人々は都市生活者となっているのである。
　このモンゴルの人々が新しいモンゴル国になり、社会主義の古い着物を脱ぎ

捨て、どこに向かおうとしているのか、そうした情報は私たちには全く入ってこない。アジアの辺境として、大草原、ゴビ砂漠、満天の星空、伝統的な生活様式を守る遊牧民たちのままなのであろうか、あるいは近代化に向かおうとし、必死に取り組んでいるのか、私たちのマスコミからはそうした点が全く伝わってこないのである。

　私たちがモンゴルに関心を抱いたのは、遅れて絶対的貧困に喘いでいるはずのアジアにおいて、70年代以降、アジア NIES が登場し、さらに80年代に入ってからは中国が世界経済に復帰するなど、アジア、特に北東アジアの枠組みが大きく変わってきたことに関連する。私たちメンバーは、この十数年、日本の多くの方々がまだ視線を欧米に向けている頃から、中国、韓国を中心にASEAN、そして中央アジア、極東ロシアなどの、その産業化の実態、日本企業の進出のあり方などの研究を重ねてきた。モンゴルに関しても、従来から関心を寄せていたのだが、なかなか実際に訪問する機会がなかった。だが、21世紀の日本にとって北東アジアの重要性はいちだんと高まるとの判断の下で、そのプレーヤーの一員であるモンゴルの産業・企業の実態を系統的に把握する機会をうかがっていたのである。

　ようやく、2000年の秋、私たちはその時、中国華南の深圳～東莞の現地調査を重ねていたのだが、案内についてくれた徐樹林君という内モンゴル出身の若者との交流の中で、モンゴルへの関心が深まっていった。丁度その時、メンバーの一人であった㈶横浜産業振興公社の長谷部亮の事務所の中にモンゴル商工会議所の日本事務所（モンゴル・日本経済促進センター、通称：MJEDセンター）があることがわかり、そこを突破口に2001年夏にモンゴル産業・企業の系統的な調査を実施することを決定、試行錯誤を重ねながら、ようやく実現にこぎつけることができた。

　2001年9月1日（土）から9月15日（土）までのわずか15日間の現地調査であったが、MJEDセンターとモンゴル商工会議所の全面的な支援を受け、思いどおりの現地調査を実施することができた。実際にはまだ幾つか補いたい点もあるのだが、MJEDセンターとモンゴル商工会議所の強い要望により、早めに書籍の形にまとめ上げることにした。「モンゴルは日本では大草原と遊牧民の

国のイメージだが、産業化に向けて頑張っている。そこをぜひ早めに日本の多くの人々に理解して欲しい」との要望であった。

　現地調査の際は、毎日が新たな発見であった。大草原と遊牧民のモンゴルは、90年代初頭の体制転換以来、ビッグバン型の民営化を推進しており、伝統の大規模国営企業は市場経済化の中で苦しんでいた。また、そうした国営企業を訪れ、その実態にふれるほどに、旧ソ連圏に所属していた時代のモンゴルの位置がよく理解された。ロシアと中国という大国にはさまれ続けてきたモンゴルの苦しさは、現在のモンゴルの人々の希望にあふれた顔からは想像できないが、それは並大抵なことではないことが痛感された。特に、辺境のダルハン、エルデネットなどの小都市を訪れると、大規模輸出型工場の圧倒的な存在感と人々の生活との落差が痛感された。

　また、体制転換後、新興財閥が形成されている姿は、日本の明治中頃の時代を彷彿とさせた。政治と経済が一体化し、特定の人々への富の集中が進んでいた。他方、そうした近代化の第1ステージから、21世紀初頭である現在は、新中間層というべき中小企業も成立し始め、新たな可能性を感じさせてくれた。さらに、ウランバートルの市街地には私立大学が約120〜130校も設立され、若者を引き寄せていた。まさに、モンゴルの第2ステージとでもいうべき段階がみえ始めているようにも思えた。わずか2週間ほどであったが、このような新たな可能性の一端をみるにつけ、モンゴルの21世紀初頭は、希望に満ちたものになることを確信できた。本書を通じて、そうした点を日本の多くの人々に報告できればこれにすぎる喜びはない。

　なお、本書を上梓するにあたり、モンゴル・日本経済促進センターのU・ウルジィー代表、鈴木宏代表理事には実に多くの目配りをいただいた。このあたりのことは、本書の執筆者の一人である関満博の『現場主義の知的生産法』（ちくま新書、2002年）に詳細に述べてあるが、改めて深く感謝を申し上げたい。ウルジィー女史、鈴木氏と連日ウオッカをあおりながら、「40社、40社」などと叫んでいたが、2週間の間にモンゴルの主要な企業40社のヒアリング調査を実現することができた。この間、四輪駆動車でほぼ1,000キロを走破した。特に、辺境のダルハン〜エルデネットは大草原のオフロードを揺られるという

たいへんなものであり、おおいに消耗した。これまでの私たちのアジア現地調査でも最も充実したものの一つであったといってよい。

　今回はわずか1回の現地調査で書籍の形までもってきたが、もちろんこれで終わりではなく、私たちのモンゴル産業・企業調査は今が始まりと思っている。体制転換後10年を経過し、モンゴルの産業・企業をめぐる基本的な枠組みがみえ始めてきた。おそらく、この21世紀の初めの10年ほどの間に、モンゴルは劇的に変わっていくのではないかと思う。その足取りをこれからしっかりと見据えていきたいと思う。本書は私たちとモンゴル産業・企業との交流の始まりなのである。なお、本書は、関満博（第1章、第3章、第6章、第7章、第8章）、西澤正樹（第2章、第4章、第5章、第11章）、長谷部亮（第9章）、真田幸光（第10章）が執筆している。

　また、こうした成果物をつくり上げるにあたって、実に多くの方々のお世話になった。本書に登場してくる企業の経営者の方々はもちろんだが、なによりもU・ウルジーさん、鈴木宏氏には最大のお世話になった。さらに、MJEDセンターのティムルン君、私たちの我が儘を聞きながら、2週間、1,000キロを無事に運転をしてくれたアユーナ氏、通訳のチンバット君、オューラさん。また、本書の執筆陣には加わっていないが、日程の後半に参加してきた中山誠氏、鈴木眞人氏にもお世話になった。この2週間のモンゴルは実に消耗したが、本当に気持ちの良いチームであった。また、こうした機会の訪れることを期待したい。

　最後に、いつも私たちの我が儘を聞いていただいている㈱新評論の二瓶一郎氏と山田洋氏に深く感謝を申し上げたい。

　　　2002年6月2日

　　　　　　　　　　　　　　　　　　　　　　　　　　　　著　者

目　　次

はじめに………………………………………………………………………1

第1章　モンゴル産業の基本構造………………………………………11

1. モンゴル製造業の直面する問題………………………………………12
   （1）コメコンの中で特殊な産業構造を形成　13
   （2）モンゴル製造業の問題の構図　18
2. モンゴル商工会議所とモンゴル外国投資貿易庁………………………21
   （1）商工会議所の機能と課題　22
   （2）モンゴル外国投資貿易庁の現在　24
3. 本書の構成と新たに注目すべきポイント……………………………26

第2章　モンゴル産業経済の輪郭………………………………………32

1. 統計から見るモンゴル…………………………………………………32
   （1）行政単位と人口規模　32
   （2）産業構造の変容　35
   （3）貿易構造の大転換　38
   （4）就業構造　40
2. 牧畜と農業の現状………………………………………………………41
   （1）農牧業地域の体制転換　42
   （2）飼育者と家畜数の増加　44
   （3）農牧業の実体経済　47
3. 鉱産物資源の可能性……………………………………………………49
   （1）鉱工業生産における鉱業の位置　50

（2）　鉱物資源の戦略的な開発　52
　4．製造業の現状……………………………………………………………54
　　　（1）　工業地域の分布　55
　　　（2）　主要業種の生産動向　56
　　　（3）　高次加工と国産化を目指す工業化　58

第3章　民営化後の企業の階層分解　62

　1．民営化の推進と残された課題……………………………………………62
　　　（1）　民営化の枠組み　63
　　　（2）　民営化の評価と課題　65
　2．民営化の中で苦戦する国営大工場………………………………………67
　　　（1）　名門国有パン工場の現在（アタル・ウルグー）　67
　　　（2）　完全民営化に向かう名門カシミヤ工場（ゴビ）　71
　3．モンゴル新時代を彩る発展企業…………………………………………76
　　　（1）　木工・家具部門で新たな展開（オチル）　76
　　　（2）　ブランドを確立したカシミヤ企業（ブヤン）　79
　　　（3）　電力コンサルからコングロマリットへ（MCS）　82
　4．民営化をめぐる諸問題……………………………………………………84

第4章　新たなサービス業の登場　87

　1．市場経済化を担う新たな展開……………………………………………88
　　　（1）　サービス業の解禁　88
　　　（2）　市場経済化の担い手の養成　90
　2．若き企業家達のニュービジネス…………………………………………91
　　　（1）　トヨタ車の販売修理（ヘット・モータース）　91
　　　（2）　日本留学人材のニュービジネス（モンニチ・インターナショナル）　94
　　　（3）　旅行会社の挑戦（メロディ・ツアー）　97

（4）　ドイツ風ビールを提供（ハーン・ブロイ）　100
　3．私立大学、専門学校の展開 ……………………………………………104
　　　（1）　大学集合ビルの中の法律大学（ハラフ・ジュラム）　104
　　　（2）　商工会議所の日本語学校（今朝日本語教育センター）　107
　4．健全なサービス市場経済の担い手 ……………………………………109

第5章　第2ステージに登場し始めた中小工業 ……………112

　1．市場経済化を象徴する中小工業 ………………………………………112
　　　（1）　ミクロのエネルギーの発揚　112
　　　（2）　商業資本から産業資本へ　113
　2．モンゴルの新たな生活様式への注目 …………………………………115
　　　（1）　ロシアから技術導入した建材メーカー（タルスト・トレード）　115
　　　（2）　教具の開発と販売（SDBトレード）　117
　　　（3）　ポリエチレン袋に着目する女性経営者（ヘブレル）　119
　3．伝統工芸の再出発 ………………………………………………………121
　　　（1）　住宅団地の半地下の伝統革工芸（ホス・チメグ）　121
　　　（2）　金銀細工の復活とお洒落な店舗（ライン・サービス）　124
　4．地域資源の見直しによる新事業の展開 ………………………………126
　　　（1）　大草原の薬草を世界に（メドプランタ）　126
　　　（2）　リサイクルと新事業の展開（トヤ・トレード）　129
　5．中小工業の健全な発展への期待 ………………………………………131

第6章　モンゴルへの外資企業の進出 ………………………136

　1．外資企業進出の現状 ……………………………………………………136
　　　（1）　投資国別、業種別の状況　136
　　　（2）　日本企業のモンゴル進出　139
　2．クォーター制を利用する輸出拠点の形成 ……………………………142

（1）　香港企業のアジア戦略とモンゴル進出（テムジン・メンチ）　142
　　　（2）　中国縫製企業の展開（上海銀鴻実業）　145
　3．モンゴル国内市場への関心 …………………………………………148
　　　（1）　韓国企業の携帯電話事業への参入（Skytel）　148
　　　（2）　日韓企業の農業部門への展開（オリエント・グリーン）　151
　　　（3）　中国天津企業の建材、住宅部門への参入（MCT）　154
　4．モンゴルの産業基盤強化と外資企業 ……………………………157

第7章　北方の工業都市ダルハンの企業 ……………161

　1．ダルハンの産業の輪郭と課題 ……………………………………161
　　　（1）　1960年代に大草原の中に街を形成　162
　　　（2）　ダルハンの基幹産業　163
　2．ダルハンの代表的企業 ……………………………………………165
　　　（1）　大型食肉工場の現状（ダルハン・ヒシグ）　165
　　　（2）　民営化後の操業に苦慮する製粉工場（グリル・テジェール）　169
　　　（3）　ビッグバン型民営化後の革コート工場（ネーヒー）　172
　　　（4）　財閥傘下に入ったセメント工場（エレル・セメント）　175
　　　（5）　日本が支援する鉄鋼工場（ダルハン鉄鋼工場）　178
　3．大型工場地帯の将来 ………………………………………………182

第8章　銅鉱山を軸にする企業城下町／エルデネット …185

　1．人工的に配置された企業城下町 …………………………………186
　　　（1）　エルデネット開発略史　186
　　　（2）　エルデネットの都市形成　187
　2．エルデネットの主要企業 …………………………………………190
　　　（1）　アジア最大の銅鉱山（エルデネット鉱山）　191
　　　（2）　鉱滓から純銅の抽出（エルドミン）　195

（3）　女性労働吸収のための絨毯工場（エルデネット絨毯）　197
　　（4）　地元を支える食品工場（エルデネット食品）　201
　　（5）　スイスとの合弁カシミヤ工場（エルデネット・ノールール）　205
　3.　自立的な産業都市の将来 ……………………………………………208

第9章　市場経済モンゴルの投資環境 ……………212

　1.　モンゴルの外資誘致政策 ………………………………………………212
　2.　モンゴルの外資投資に関する法律など ………………………………214
　　（1）　外資投資に関する法律・規定　214
　　（2）　外国投資貿易庁の役割　218
　3.　外資企業にとってのモンゴル ………………………………………219
　　（1）　進出外資系企業の状況　219
　　（2）　国有企業民営化と入札　225
　4.　日本企業にとってのモンゴル投資の課題 ……………………………226
　　（1）　日本企業の投資状況　227
　　（2）　今後期待されうる投資分野　227

第10章　モンゴルの金融構造と直面する課題 …………229

　1.　モンゴルの金融構造を考える前に ……………………………………229
　　（1）　金融的視野から見たモンゴル概況　229
　　（2）　金融的視野から見た最近のモンゴル経済　232
　　（3）　現場感覚で見たモンゴル経済　235
　2.　市場経済と金融 ………………………………………………………236
　　（1）　市場経済化と金融の定義　237
　　（2）　データから見た金融システム概況　239
　　（3）　ヒアリングから見るモンゴル金融　240
　3.　国民経済に於けるモンゴルの金融 ……………………………………246

（1）パン工場のビジネスに見られたモンゴルの金融　247
　　（2）先端ビジネスと金融（MCS）　249
　4．モンゴルの金融機関 …………………………………………250
　　（1）ゴロムト銀行　250
　　（2）モンゴル貿易発展銀行　253
　5．モンゴル産業発展と金融の課題 ……………………………258

第11章　モンゴル産業経済発展のための課題 …………261

　1．第1ステージから第2ステージへ …………………………261
　　（1）国際援助からの自立に向けて　262
　　（2）近代工業化の限界性　265
　　（3）工業化の道筋　267
　2．自立的な経済構造への条件 …………………………………268
　　（1）中小企業の健全な育成　270
　　（2）生態系を維持した農牧業の発展　273
　　（3）金融機能の充実　274
　　（4）エネルギー産業の確立　276
　　（5）その他の産業インフラの整備　278
　　（6）企業家精神の発揮　279
　3．人材、資源、そして世界との交流 …………………………280

第1章　モンゴル産業の基本構造

　モンゴルといえば、大草原と遊牧民の国のイメージが一般的であり、旧ソ連に次いで1921年（あるいは1924年）、世界で第2番目の社会主義国家となった国としても知られている。だが、その産業、企業の状況はほとんど知られていない。せいぜい、旧ソ連圏（コメコン、経済相互援助会議、CMEA）の一員として畜産、小麦等の食料供給基地であったのではないかなどであろう。さらに旧ソ連圏の崩壊以降、市場経済化の中で苦しんでいるのではないかという懸念も残る。いずれにしても、モンゴルの産業、企業の情報は断片的にしか私たちには届いていない。

　だが、体制転換以後、約10年、21世紀に踏み込んだ現在、北東アジアの交流の新たなメンバーとして登場してきたモンゴルの産業、企業の状況を、系統的に明らかにしていくことの必要性は極めて大きい。

　モンゴルのこの十数年を振り返ってみると、89年12月10日、旧ソ連圏の動きに歩調を合わせるウランバートルでの小さな集会が、全ての始まりであったとされている。90年1月21日には市の中心にあるスフバートル広場で人民革命党打倒大会が開かれ、社会主義から民主主義へ、計画制経済から市場経済への転換が要求された。これらは80年代を通じて、社会主義計画経済が世界的なレベルで行き詰まりを見せはじめていたことと無縁でない。それはモンゴル国内の問題と世界的な潮流を敏感に感じた人々により、体制転換の要求が高まっていったことを意味する。

　モンゴルの場合、その後の展開は極めて速く、90年3月には人民革命党政治局が複数政党制を承認、7月には自由選挙が行われている。さらに91年1月には「市場経済移行のための若干の措置」が提出され、価格自由化が推進され始める。2月にはADB（アジア開発銀行）、IMF、世界銀行等に加盟、4月、銀行法、社会保障法、国有財産私有化法等を制定、そして92年2月にはモンゴル

国新憲法の施行と進んでいった。89年末から92年2月までの約2年間の間に一気に体制転換が行われたのである。1921年7月6日のクローン（現、ウランバートル）解放、1924年11月のモンゴル人民共和国宣言に始まる約70年の社会主義国家としての歩みは、無血革命によって終わりを告げたのであった。

なお、この間、89年11月にはベルリンの壁の崩壊、91年6月にはコメコンの解体、92年2月にはソ連崩壊、92年12月、旧ソ連軍のモンゴルからの完全撤兵と続いており、そうした動きがモンゴルの体制転換を促したことにも注意が必要である。

以来、約10年、モンゴルは急進的な民営化、市場経済化に踏み出していくが、70年にわたって形成されてきた荷物は重く、思いどおりの道筋をたどっているようではない。

以上のような点を受けながら、本書ではモンゴルが抱える多くの問題の中から、市場経済化の中で企業がどのような問題に直面し、どのような方向に向かおうとしているのかに関心を寄せ、その現状を報告しながら、次のありうべき姿を考えていくことにしたい。民営化に苦しむ旧国営の大工場が一方にあり、また、体制転換の隙間を突いて資産形成した新興財閥や、新たな中間層を形成しつつある中小企業など、21世紀に踏み込んだモンゴルにも新たな兆しがみえつつある。本書を通じて、そうした動きを取り上げ、新たな可能性を論じていくことにしたいと思う。なお、本書全体のプロローグとなる本章では、モンゴルの産業、企業に関わる構造的な問題の構図を示しておくことにしたい。

1. モンゴル製造業の直面する問題

モンゴルに2週間ほど滞在し、あちこちの様子を観察していくと、幾つかの興味深い点がわかってくる[1]。まず第1番目の印象は、大草原と遊牧民の国ではあるものの、半数以上の人々は旧ソ連圏時代を通じて都市住民となり、旧ソ連型の生活様式に変わっているということである。首都のウランバートルや地方都市のダルハン、エルデネトなどを訪問すると、都市の基本構造、建築物、住宅の展開の仕方は旧ソ連圏の都市とほぼ同様であることを痛感させられる。

写真1―1　ウランバートルの中心部の公共施設

写真1―2　ウランバートル中心部の住宅街

それだけ旧ソ連の影響が強かったということであろう。

(1) コメコンの中で特殊な産業構造を形成

　モンゴルは体制転換以前は社会主義の優等生、あるいはソ連の第16番目の共和国といわれる歩みを示してきた[2]。都市形成は旧ソ連型、都市の人々が好む

写真1—3　ウランバートル市街地周辺のゲル集落

アルコール飲料はビールとウォッカになっている。1927年にはモンゴル文字は停止し旧ソ連と同様のキリル文字に変わり、さらに1950年に公用文字は完全にキリル文字に変わった。そのため、今ではモンゴル文字を理解する人はほとんどいない。近年、首都ウランバートルの市街地周辺には地方から人々が集まり、ゲル（中国語のパオ、移動住宅）が大量に張られ、独特の景観となっているが、ウランバートル、ダルハン、エルデネットなどの主要都市の基本的な構図は、あくまでもヨーロッパ型、あるいは旧ソ連型として編成されている。

街から観察される産業事情

　私たちは2001年9月1日（土）、関西国際空港からモンゴル航空（MIAT）のエアバス320でウランバートルに初めて乗り込んだのだが、機内食に出てきたバターはオーストラリア製、チョコレートは韓国のロッテ製、ビールはシンガポールのタイガーであった。さらに、約300席の満席のエアバスには、モンゴル人は数人にすぎず、リタイアされた高齢の日本人男性のツアー、そしてなぜか20歳代前半の若い日本人女性が大半であり、世界のどこにでも出かける中高年婦人のグループ、日本人ビジネスマンの姿は全く見かけなかった。中高年男性は私たち4人の調査団だけという状況であった。これらのことはモンゴルの

写真1—4　ウランバートルのキオスク

産業事情を象徴しているように思えた。

　わずか2週間ほどの滞在でわかることなどしれているが、ホテル、街中の大小のレストラン、デパート、ショッピングセンター、キオスク、市場、知人の家庭などの訪問を重ねていくと、この国はパン、食肉加工品、乳製品、アルコール飲料（ビール、ウォッカ）、一部の繊維品、靴などの皮革製品などは国産されているものの、それ以外の大半は輸入に依存していることが痛感されてくる。さらに工場調査を重ねていくと、以上の他に国産化されているのは、セメント、建材、木工家具程度であることがわかる。どこの国でも国産品のあるタバコさえ輸入品なのである。モンゴルブランドのタバコを一種類みつけたが、外国で作られたものであった。そして、旧ソ連、東欧の援助で建設された鉱山、絨毯工場、製粉工場、食肉工場等の大規模工場は、コメコン分業体制の中に位置づけられる輸出向け工場とされていたのである。

基礎食料以外はほとんど輸入に依存

　輸入品の多くは明らかに旧ソ連、東欧のものが多く、中国製、韓国製も目立っていた。宿泊したウランバートルの高級ホテル（バヤンゴル・ホテル、国際的には3星クラス）の部屋は、東芝のテレビ、NECの電話機、三洋電機の

冷蔵庫、フィリップスの湯沸器があり、洗面台やバスタブは中国製であった。街中のレストランで見かけるエアコンは中国の海爾（ハイアール）、またテレビは誰に聞いても正体不明の AKIRA・JAPAN というブランドが横行していた。AKIHABARA の略ではないかとの声も聞こえた。

　自動車はさほど多くないが、地元では商用車を含めて70％程度はロシア製といわれていた。トラックは大半がロシア製、一部が中国製、また、マイクロバスは車高の高いロシア製でないと舗装道路の少ないモンゴルでは使いにくいのかもしれない。市内の大量輸送機関はトロリーバスと日本の援助で導入されたバスが目立っていた。そして、ウランバートルではタクシーは韓国現代製の小型車エクセルが価格が安いという理由から採用されていた。日本車は四輪駆動車で優勢を占めており、大半は中古ながらも、三菱自動車のパジェロ、トヨタのランドクルーザーが人気の的であった。

　また、ザハ（自由市場）をのぞくと、その規模と品物の豊富さに驚くが、生鮮食料品、靴などの皮革製品、伝統的な衣料品、馬具等は国産であるが、その他、衣料品全般、種々の生活用品、電化製品、事務用品のほとんど全ては外国製品で占められていた。

　およそ、基礎的な食料品と建設資材、そして輸出向けの鉱物資源、絨毯、カシミヤ製品、食肉などの製造業以外は存在していないことが痛感された。それは明らかに旧ソ連圏、コメコンの枠の中で特殊な性格を帯びさせられてきたことを意味しよう[3]。モンゴルの市場経済化はこうした条件の下でスタートしたのであった。

コメコンによる工場建設支援

　モンゴルの工業化に関しては、90年代前半の事情だが、安田靖氏の興味深い報告がある[4]。安田氏によると、モンゴルは「農牧業を基本とする国であるが、……製造業の対 GDP 比率は35％程度であり、農牧業の比率30％よりも、また他の途上国と比べても、かなり高い」として、その工業の特徴を以下のように要約している。

　第1は、ほぼ完全に国内資源に結びつけられている。

第2は、工業さえも自然条件に左右されている。原料の農畜産物の収穫の変動ばかりでなく、鉱業部門でも季節や天候により輸送条件が大きく変化する。

　第3に、工業の基礎的条件が旧ソ連をはじめとするコメコンの協力によって作り上げられ、特殊な性格を帯びてきた。

　特に、コメコン諸国の協力による工業化は「フル・ターン・キー方式」と呼ばれ、建設から資材供給、その後の管理運営、メンテナンスまで外国が担っていた。安田氏によると旧ソ連によるモンゴルの工業化は「国内に資源のない産業は認めない」という形で行われていた。モンゴル側は場所と資源と労働力を提供し、製品の大半はコメコン諸国に供給されるというものであった。

　安田氏の作成した表1―1によると、モンゴルの各都市の基幹的な工場の大

表1―1　コメコン諸国の支援による工場建設例

援助国	都　市	内　容
ソ連	エルデネット	銅・モリブデン鉱コンビナート
		カーペット工場
		食品加工工場
	ウランバートル	発電・蒸気供給センター
		製陶工場
		住宅建設コンビナート
		メリヤス工場
		紡績工場
	バガノール	炭坑
ハンガリー	ウランバートル	動物用薬品製造工場
		縫製工場
	ハラホリン	製粉工場
	ダルハン	食品加工
東ドイツ	ウランバートル	食肉工場
		飼料工場
ポーランド	ウランバートル	食肉工場
	チョイバルサン	煉瓦工場
	ダルハン	煉瓦工場
チェコスロバキア	ウランバートル	皮革工場
		製靴工場
	ダルハン	セメント工場
ルーマニア	ウランバートル	家具工場

資料：安田靖『モンゴル経済入門』日本評論社、1996年、58頁。

半はコメコン諸国の支援によって建設されたことがわかる。

　旧ソ連の援助により、首都のウランバートルには1933年に火力発電所が建設されたのを始め、数多くの工場が建設されている。また、特に、第3次5カ年計画（61〜65年）では、旧ソ連国境に近いダルハンにコメコン諸国への輸出向けの新たな工業基地建設が課題になり、基盤整備が続けられていったことも興味深い。ポーランドによる煉瓦工場、ハンガリーによる食肉加工工場（74年）、チェコスロバキアによるセメント工場（88年）などが建設されていった。このダルハンには、その後、日本の援助（融資）による鉄鋼工場（電炉2基）が94年からスタートしている。さらに、第5次5カ年計画（70〜74年）には銅鉱山を軸とするエルデネット・コンビナートの建設が課題とされていった。なお、このダルハンとエルデネットに関しては、本書の第7章、第8章で取り扱っていくことにする。

　そして、これらの大規模工場は、あくまでも、鉱物資源、農牧畜業資源を加工し、コメコンに貢献することを求められていた。そして、その後の91年6月のコメコン解体により、一気に市場を失っていく。設備は老朽化し、フル・ターン・キー方式の中で技術移転も十分に行われておらず、他方で進む市場経済化、民営化の動きの中で、これらの大規模工場は途方に暮れているというのが実態であろう。モンゴルの市場経済化はこうした構図の中から議論されていかなくてはならないのである。

（2）　モンゴル製造業の問題の構図

　モンゴルでは世界銀行、日本のJICA（国際協力事業団）などによる調査が度々行われている。それらの中で、JICAが比較的最近に行った『モンゴル国市場経済化支援調査——開発戦略／公共投資計画部門最終報告書』が「モンゴルでは1990年代のビッグバン型市場移行に伴い製造業は崩壊し、現在は食品産業と畜産物輸出産業のみが生き残っている」として、モンゴル製造業の直面する問題を以下のようにまとめていることが興味深い[5]。

経営能力の未発達と外国直接投資の少なさ

　第1番目は、経営能力の未発達と外国直接投資の不活発さが指摘される。モンゴルの場合、体制転換以前、国営企業は計画経済の下で官僚的な経営組織を形成していた。競争圧力は乏しく、市場経済型の経営能力を必要としていなかった。そのため、市場経済に立脚する経営ノウハウが蓄積されていない。従来からのコネ、インサイダー情報などが跋扈し、健全な経営が行われる条件が整っていない。この点は、旧国営企業ばかりでなく、一見、近代的な装いとなってきた新興の財閥企業においてもあまり変わらない。コネやインサイダー情報に敏感であった人が、新興財閥を形成しているという側面もある。

　こうした点は発展途上の経済ではよく観察されることであり、東アジアの途上国でも1980年代初頭にはよくみられた。だが、東アジア各国地域の場合、その後の外国直接投資の大量導入が問題の解決に重大な役割を果たした。外国直接投資の場合は、資金、技術ばかりでなく、外国人の経営者、管理者も入ってくる。そうした人々はたいへんな苦労を重ねるが、彼らと付き合った現地の人々の中から、近代的な経営管理技術を身につける人材が登場していった。外資企業が大量参入し、その活動が活発化してくると、国際的な視野、経営戦略、財務・会計、法務、人材開発等、経営技術の基本が現地化されることが期待される。

　この点、モンゴルの場合は後の第6章でみるように、体制転換後約10年を経た現在でも、投資件数は少ない。そして、投資規模も個人レベルのものが多く、近代的な経営管理技術が広範に広がっていく環境にはない。

　そして、このような外国直接投資が不活発な背景の一つとして、世界最小の人口密度に象徴される国内市場の狭さ、労働力人口の少なさ、さらに内陸国、厳しい気象条件といった「初期条件」が指摘される。この点が第2の問題点である。

　だが、この厳しい「初期条件」も、近年、石油開発の可能性が出てきたこと、希少金属、希土類の存在も注目され始めたことなどから、今後、大きく変わっていくことが期待される。また、モンゴルは従来から海外留学が盛んに行われてきた。80年代には大学進学者の約10%はコメコン諸国への留学であったなど、

モンゴルでは海外留学はごく当たり前のことなのであった。この点、体制転換後はアメリカ留学が急速に拡大している。こうした若者が海外で経験を積み、モンゴルに戻ってくる頃には、事態は大きく変わっていくことが期待される。後にみるウランバートルでの私立大学の大量の設立、特に外国語大学の活況からすると、この数年で事態はかなり大きく変わっていこう。日本側としても、こうしたことに深い関心を寄せていくことが必要である。

政策の不安定性と金融機能の未発達

　第3に、政策の不安定性と不透明性が指摘される。モンゴルの場合、憲法制定後、92年7月の総選挙で共産党系の人民革命党が圧倒的勝利により政権についたが、96年の第2回目の選挙では逆に非共産党系の民主連合が逆転、さらに、2000年の第3回目の選挙では再び人民革命党が圧勝などと大きく振れている。現地では、次の選挙はどうなるかわからないといわれており、政権が安定していない。また、各政党自身内部での対立も指摘されている。特に、民主化以来の日も浅く、政党としても成熟していない。このため、主要な政策の実行が遅れていたり、利権の噂が絶えない[6]。

　例えば、モンゴル政府は99年5月に名門国営カシミヤ工場のゴビを国際入札により民営化すると発表し、入札手続を開始したが、7月には国会が99年度中のゴビの売却は行わないとの決議を行った。このため、応札準備をしていた外国投資家は間接的な被害を被ったとされている。2001年9月現在においても、まだ実行されておらず、見通しもついていない状況である。

　また、モンゴルの場合、今のところビジネスの基本である「商法」「手形小切手法」が不明確であり、公認会計士制度も整っていない。ビジネス上のトラブルの解決はどのようになっているのか、ビジネス相手の財務内容がどうなっているのか等も不明であり、安心して事業を営むこともできない。現在のところ、こうした問題は人的ネットワークにより処理しているのが実態である。

　また、以上に関連して第4に、銀行制度の未発達が指摘される。体制転換後、雨後の筍のように銀行が成立したが、その後、淘汰され、2001年秋の段階では、民間商業銀行は14行に整理されている。ただし、いずれも資金量が少なく、審

査能力等にも問題があり、年間貸出金利が30～40％水準であるなど、十分に機能していない。むしろ、市中では闇金融が幅をきかせている。製造業でこの年利以上の収益をあげる事業は考えにくく、製造業全般は資金調達に苦慮しているのが実態である。

民間最大手のゴロムト銀行にしても、資本金は4,000万ドルほどにすぎず、日本の信用組合レベルである。進出してきた外資企業とローンを組んだこともない。金融機能が整備されていくにはまだ相当の時間がかかりそうである。進出外資企業にしても、資金調達が必要な際には、本国の金融機関等に依存せざるをえない。このように、金融制度の充実は国内企業の育成、外資の導入のいずれにおいても緊急の課題となっている。

以上のように、21世紀に踏み出したばかりのモンゴルの経済は、「民間企業家の経営能力が低いという問題と、事業環境整備を行う政府の政策立案・実施能力が低いという問題と、世界最小の人口密度、少ない人口、内陸国、厳しい気候などの人為的には操作しにくい初期条件から来る問題[7]」などに直面し、移行期経済からの飛躍に苦しんでいるのである。

2. モンゴル商工会議所とモンゴル外国投資貿易庁

体制転換以来、モンゴルも産業育成、外資企業の導入のための諸般の環境づくりに取り組んでいる。ここでは、その中心的な存在であるモンゴル商工会議所とモンゴル投資貿易庁を中心に、その活動の実態と課題というべきものをみていくことにしたい。社会主義から市場経済への移行の中で、民営化や市場経済化への過度の期待がみられるが、移行期経済の下では、他方で経済活動の活発化のためには、そのための環境条件整備が必要になる。現在のモンゴルにおいては、モンゴル商工会議所に期待される役割は極めて大きく、また、モンゴル外国投資貿易庁、貿易発展銀行、民間銀行の果たすべき役割も大きい。なお、銀行に関しては第10章で検討する。

（1） 商工会議所の機能と課題

　世界の各国や都市には、民間事業者の団体として商工会議所が広く組織されている。日本の場合には、約500の都市に商工会議所が設置され、さらに上部団体として日本商工会議所が置かれている。経済同友会や日本経営者団体連盟（日経連）、経済団体連合会（経団連）がやや大企業中心であるのに対し、商工会議所は中小企業を中心として加入者約160万社に達するなど、日本の民間事業者団体としては最も裾野が広い。

モンゴルで最も影響力が大きい事業者団体

　モンゴルにおいては、民間事業者団体の最大かつ最も影響力のある存在としてモンゴル商工会議所が組織されている。ただし、モンゴルの場合は各都市別ではなく、モンゴル商工会議所一本であり、全国の事業者約500社（加盟企業の90％は民間企業。国営企業も加盟している）が組織されている。そして、この500社で国内総生産額（GDP）の70％を占めている。

　設立は社会主義時代の1961年、すでに40年の歴史がある。国際商工会議所、アジア太平洋商工会議所にも加盟し、世界の30カ国の商工会議所とも交流している。国内は8カ所の支所、世界にはドイツ、ロシア、イギリス、アメリカ、

写真1―5　モンゴル商工会議所とモンゴル投資貿易庁

イタリア、カナダ、オーストラリア、中国、インド、韓国、日本（横浜、モンゴル・日本経済促進センター、通称：MJEDセンター）に自前の事務所を設置している。体制転換以前の業務は対外貿易関係だけにとどめられていたが、転換後は活動範囲が大幅に広がっている。職員も転換前の30人態勢から、現在では100人ほどに拡大した。

モンゴルは韓国、朝鮮民主主義人民共和国（北朝鮮）の両方に大使館を置いている世界で唯一の国だが、商工会議所も交流している。ただし、体制転換前は北朝鮮との貿易は活発であったが、現在では大幅に縮小している。北朝鮮商工会議所とは93年に情報交換、展示会等の契約を結んでいるのだが、最近ではパンフレットを送ってくる程度で交流は低調である。21世紀に入り、北東アジアが新たな交流の時を迎えている現在、北朝鮮と密接なモンゴル、及びモンゴル商工会議所のポジションは興味深い。西側諸国からの北朝鮮への援助もモンゴルを経由するとスムーズにいくとされている。

モンゴル商工会議所の設立の目的は、モンゴルの輸出商品の外国への紹介、外国の展示会への参加（年間10回程度）、国際展示会のモンゴルでの開催（年間3～4回）などであるが、移行期にあるモンゴルの中では担わなくてはならない仕事も多く、実質的には通産省、投資貿易庁等の中央政府をサポートし、また、法律事務所などの機能も果たしている。会議所会頭は国家の市場経済研究所の所長を兼務しており、また、副会頭は旧社会主義時代の貿易署の担当者であった。

このように、モンゴル商工会議所は民間事業者団体でありながらも、移行期経済を反映して、多方面にわたって政府の補完的な機能を担っている。

商工会議所の主要な業務

モンゴル商工会議所はかつては対外貿易省の管轄であったが、90年に独立し、98年からは政府と契約を結び、多方面にわたる事業を展開している。特に、会議所会頭は首相の経済顧問であり、政府がビジネス関係の法案を作成していく際には、必ず会議所の意見を聞くことになっている。その他、展示会の開催、国際展示会への参加などに加え、特許管理、原産地証明の発行、貿易上のク

レームの窓口となっている。

　現状、モンゴル商工会議所は、貿易調停局、特許部、海外協力部、中小企業支援部、市場経済センター、対外教育貿易センター等の15の部局から構成されている。また、2000年には日本語教育学習センターを設置し、貿易実務、マーケティング、マネジメントの教育を実施するなど、日本との経済関係拡大に意欲をみせている。日本の支所であるモンゴル・日本経済促進センター（MJEDセンター）は横浜に98年に開設されている。また、現在、一般の法律事務所も十分ではないことから、会議所の内部に国際ビジネスに関するモンゴル唯一の法律事務所を併設して対応している。

　モンゴル商工会議所の収入は年約30万ドル。政府からの補助は受けていない。主たる収入源は、調停収入、特許認可・商標登録等の認可申請手数料、加盟企業への種々のサービス手数料、展示会開催、通訳・翻訳業務、原産地証明手数料等である。これに対して、会議所の事業経費は約25万ドルほどである。このように、モンゴル商工会議所は、モンゴル経済における中枢的な機能を担っているのである。

（2）　モンゴル外国投資貿易庁の現在

　事業活動を営むには、多くの政府部門や金融機関と接触していかなくてはならないが、特に外資企業にとっては、先のモンゴル商工会議所に加え、モンゴル外国投資貿易庁、モンゴル貿易発展銀行、民間銀行のゴロムト銀行等が気になるところである。

外資企業投資、外国貿易を所轄

　モンゴル外国投資貿易庁は外国投資、外国貿易を所轄する政府部門として、93年の外国投資法の施行と同時に設立されている。外国投資政策の形成、外国投資の推進の中心的な組織として位置づけられている。組織は総合政策部、広報部、情報部、中小企業支援部、ワンストップ・サービス・オフィスの5部態勢をとっている。特に、ワンストップ・サービス・オフィスはモンゴル投資の総合サービス部門として、98年に整備された。今のところ、投資貿易庁全体の

スタッフの数は20人と小ぶりである。2002年にはさらに輸出促進部を設置し、スタッフも30人に拡大の計画である。日本のJETRO（日本貿易振興会）を意識して設置されたのだが、まだ、十分な機能を果たしているようではない。

モンゴルの外資投資法の一つの大きな特徴は、業種的な制限がなく、外資の100％出資の独資も可能という際立った開放性にある。このあたりは、外資100％出資を認めながらも、エネルギー、通信、物流、金融等の部門でに厳しい制限を課している中国とは相当に異なる[8]。徹底した市場経済化が推進されている。また、外資出資比率に関して、外資の出資が20％以上の場合は「外資投資企業」とされるが、20％以下の場合はモンゴルの内資企業とされ、外資企業投資に伴う優遇措置はない。雇用が拡大し、輸出に貢献する加工業、建設業などを期待しているのである。

優遇措置等

税制の優遇に関しては、基本的な考え方は、モンゴルにとって重要性の高い部門と輸出貢献企業に多くの優遇を与えるというものである。例えば、電力、インフラ整備関係、ウラン鉱山開発などは、10年間は免税、次の10年間は半免とされる。一般的なモンゴルの法人税率は、売上高によって分けられ、年間利

写真1―6　モンゴル投資貿易庁のワンストップ・サービス・オフィス

益1億トゥグリグ以下の部分は税率15％、1億トゥグリグ以上の部分は40％とされている。また、外資企業の輸入生産設備は非課税である。

モンゴルの土地は国有であり、外資企業は使用権を取得する。基本的には60年契約であり、満了後の更新は40年とされている。この点は、だいぶ先の話であり、不確定要素が大きい。なお、モンゴルの工業用地は、原野の場合は600トゥグリグ（約75円、2001年9月現在、1トゥグリグ＝約0.125円）／m^2、インフラの整備された土地であれば2ドル（約250円）／m^2であった。アジアの途上国一般の6,000～7,000円／m^2と比べると、際立って安い。

また、途上国の場合、政策の変更が頻繁に起こることが指摘されているが、モンゴルは200万ドル以上の投資に関しては、仮に法律が変更になっても一定期間は当初の条件が変わらないとする安定契約の条件を、近々制度化する計画である。外国投資額が200万～1,000万ドルの場合は10年、1,000万ドル以上の場合は15年が計画されている。

この投資貿易庁は観光部門も担っている。2000年のモンゴルの観光収入は約2,600万ドルあり、半分は日本が占めた。この部門は2004年には4,000万ドルを期待している。当面、モンゴルの場合は観光シーズンは6月～9月の4カ月にすぎず、それ以外のシーズンの観光開発も課題にされているのである。

また、外資投資の実態と法制度上の問題等は第6章、第9章で扱うが、この10年、期待するほどの外資の進出はなかった。そのためいっそうのサービスの充実に努め、ワンストップ・サービス、中小企業支援サービス、さらに新たな国境地帯のフリーゾーンの設置などを検討し始めているのである。その場合、この投資貿易庁に期待される部分は極めて大きい。

3. 本書の構成と新たに注目すべきポイント

90年代初頭のビッグバン型体制転換により、モンゴルの枠組みは見掛上、劇的に変わった。国有企業の民営化は徹底的に推進され、外資導入の受け皿なども形の上では整備された。だが、体制転換後、10年という年月はまだ浅く、産業、企業の多様な側面で多くの問題を噴出させている。民営化し、さらに徹底

的な開放体制をとれば、市場経済が到来するという期待は虚しく、むしろ、国営企業の困難、金融体制の不備等が深く認識されている。社会主義時代に構造化されてしまった問題群が依然として底流に横たわっているのである。

おそらく、そうした構造的な問題を解決していくには、まだ相当の時間がかかるであろう。だが、モンゴルの企業の現場を歩いていると、新たな芽もあちこちに見られるようになってきた。特に、学歴の高い40歳前後以下の経営者が大量に登場していること、新たな中間層を形成する中小企業が徐々に立ち上がりつつあること、若者たちが希望に燃え、勉学にいそしんでいることなどが注目される。こうした新たな世代が少しずつ力を蓄えていくことが、モンゴルの将来を形づくっていくのである。

本書のプロローグとなる本章を閉じるこの節では、モンゴルの新たなうねりというべきものに着目し、以下の各章で議論される方向を明示しておくことにしたい。

「モンゴルの産業経済の輪郭」と題する第2章は、限られたものだが、モンゴルで公表されている諸般の統計等を利用しながら、本書全体の位置を明確にすることを目的とする。モンゴルの統計は体制転換以降の政府機構改革の中でスタッフの大幅削減により信頼性が乏しくなっているといわれているが、例年、モンゴル国立統計局によって *Mongolian Statistical Yearbook* という形で300頁弱の年鑑が公刊されている。また、投資貿易庁は外国投資の概要がわかる統計を公表している。これらを利用しながら、ここでは、以下に続く各章の理解を深めるための前提として、モンゴル産業経済の輪郭を押さえていくことにする。

第3章の「民営化後の企業の階層分解」は、民営化に揺れる大規模国営企業と新興財閥を形成しつつある新たな企業の対比的なケース・スタディを通じて、モンゴル産業経済の直面している基本的な構図を示していく。モンゴルの産業経済の問題は国営企業の民営化を軸に議論されていく場合が多いが、もう一つ、民営化の間隙を突いて新興財閥が登場しつつあることも重要である。現象的には、これらは停滞と発展という対比的な構図を形成するが、実はそれはモンゴルの移行期経済を共通の基盤にするものであり、コインの表裏ということにも

なる。大規模国営企業の困難と新興財閥の繁栄には実は同質的な構造的問題が横たわっているのである。

　第4章の「新たなサービス業の登場」は、体制転換後の市場経済化の中で、これまでの社会主義経済体制の下でみられなかった新たなサービス業の登場に注目していく。自動車修理、旅行会社、地ビール製造販売、私立大学、日本語学校、それは新たなモンゴルを象徴するであろう。これらは現在、雨後の筍のように大量に登場し、どのような方向に向かい、どこに着地するかは見えにくいが、モンゴルの市場経済化を象徴するものであり、今後の足取りが興味深い。このようなサービス業が健全な形で発展していくことが、モンゴルの市場経済化を豊かなものにしていくことは間違いない。

　第5章の「第2ステージに登場し始めた中小工業」は、体制転換後の10年の間にその間隙をついて財閥形成した部分の次の流れを象徴するものとして興味深い。財閥形成を第1ステージとすれば、21世紀初頭から観察され始めた新たなタイプの中小企業は、モンゴル市場経済化の第2ステージを象徴していくものと思える。こうした新中間層というべき存在が健全に発展していくことが、モンゴル産業経済の足腰を強くしていくことになる。これらの中小企業の多くは、中層住宅の地下室などで操業開始している場合も多い。モンゴル政府としてもこうした新中間層というべき部分に最大限の関心を寄せていくべきではないかと思う。

　第6章の「モンゴルへの外資企業の進出」は、モンゴルへの外資企業の進出の状況をみていく。2000年までの外資企業の進出は約1,600件であり、決して多くない。また、本格的な製造業の進出はなく、欧米企業の鉱物探索、中国企業の対米クォーター制利用の縫製企業等の小規模な繊維関連企業、あるいは携帯電話等のインフラ関係などであり、また、日本企業の進出も目立ったものは少ない。市場規模も小さく、内陸国であり輸送条件にも恵まれていないことから、外資企業進出の条件は乏しい。だが、北東アジアの新たな時代の到来を期待するならば、モンゴルの位置的条件には興味深い点も少なくない。さらに、モンゴルには新たな鉱物資源の可能性も生じてきており、今後も期待される。モンゴル側の投資環境整備もさることながら、北東アジアの新時代をイメージ

する場合、モンゴルの位置的条件にも新たな視点から関心を寄せていく必要があるように思う。

　第7章の「北方の工業都市ダルハンの企業」は、旧ソ連によってコメコン諸国への輸出供給拠点として整備されたダルハンに注目し、その代表的な企業のケース・スタディを通じてモンゴルの工業構造の特異性に迫っていくことにする。大型食肉工場、製粉工場、革コート工場、セメント工場、鉄鋼工場など、これらはいずれもコメコン諸国を中心とする外国の援助により建設されたが、その後のコメコン解体により市場を失い、さらに設備が老朽化し、技術移転も十分でないことから、移行期の現在を生き延びていくことに苦慮している。モンゴルの大型国営企業の困難が集中的に表れているといってよい。ダルハン自体、モンゴルの辺境に位置し、なかなか見えにくいが、モンゴルを代表する工業都市として、そのこれからに大きな関心を寄せていく必要がありそうである。

　第8章の「銅鉱山を軸にする企業城下町／エルデネット」は、アジア最大規模のエルデネット銅鉱山の開発を軸に新たに建設された街であり、旧ソ連型の小都市を形成しているエルデネットに注目する。鉱山建設に伴って市街地が形成され、さらに男性型の鉱山に対して女性労働用の絨毯工場を建設、さらに必需品の食品工場を建設していくなど、輸出産業を軸にしながら、自立的な産業展開をしていったところに注目すべき点がある。現在のモンゴルでは唯一の自立性が期待できる都市とされている。この章では、その実態と課題というべきものを明らかにしていく。

　第9章の「市場経済モンゴルの投資環境」は、モンゴルの外資誘致政策の全体を俯瞰していく。特に、外資投資に関する法律等の解説を進め、これまでの経験を振り返りながら、今後の課題を提示し、さらに日本企業にとってのモンゴル進出のあり方等にまで言及していく。モンゴルの外資誘致政策は、旧アジア社会主義の国の中でも最も開放的なものであるが、その意味するところと現状の落差から、モンゴルの今後の外資誘致政策のあり方を提言していくことにしたい。

　第10章の「モンゴルの金融構造と直面する課題」は、産業の血液とされる金融の問題からモンゴルの当面する課題を明らかにしていく。体制転換以後10年

を経過したモンゴルでは、依然として、金融制度が確立されていない。銀行の貸出年利は30～40%といわれ、ほとんど利用されていない。経済が活発化していくための条件が形成されていない。こうした現状を受け止めながら、本章では、モンゴルの金融のあり方に言及していくことにする。

　本書の終章となる第11章の「モンゴル産業経済発展のための課題」は、ここまでの検討を通じて明らかになった点をベースに、モンゴルの今後の産業発展のための課題を整理し、さらに今後の発展戦略というべきものを提示していくことにしたい。

　体制転換からほぼ10年、21世紀に踏み込みつつあるモンゴルは、国営企業の民営化（改革）といった問題に悩んでいる一方、新たな中間層ともいうべき中小企業も次第に目につくようになってきた。また、外資企業が進出する条件も整いつつある。さらに、若者が希望を抱き、大学に進学、留学などに踏み込んでいる。こうした新たな要素が充実し、新たな産業化のうねりを創り出していけば、21世紀の早い時期には、モンゴルは北東アジアにおいて興味深いポジションを確保していくことが期待される。そのためには、新たな産業政策、特に個別の企業のあり方までを視野に入れた具体的な振興のための戦略を描き、果敢に実行していくことが求められている。本書がそのための一つの礎になればこれにすぎる喜びはない。

1) この私たちの2001年9月の「モンゴル産業調査」の足取りは、関満博『現場主義の知的生産法』ちくま新書、2002年、を参照されたい。
2) モンゴルの社会主義化の歩み等は、安田靖『モンゴル経済入門』日本評論社、1996年、ポンサルマーギーン・オチルバト『モンゴル国初代大統領オチルバト回想録』明石書房、2001年（佐藤紀子企画、内田敦之他訳、原題は P. Ochilbat, *The Hevenly Hour*, 1996)、が有益である。また、鎌倉英也『ノモンハン　隠された「戦争」』NHK出版、2001年、は旧ソ連、中国、そして日本にはさまれたモンゴルの苦悩を物語っており、さらに、旧ソ連の支配下にあったモンゴルの置かれた位置を理解する上で興味深い。
3) このような旧コメコン内部における各国地域の専業化、分業化の実態と現在の状況の一つのケースとして、関満博「旧ソ連・カザフスタン機械工業の現状と発展課

題」(『商工金融』第45巻第2号、1995年)、を参照されたい。
4)　安田、前掲書、53～63頁。
5)　大和総研・野村総合研究所『モンゴル国市場経済化支援調査――開発戦略／公共投資計画部門最終報告書』2000年3月、63頁。
6)　こうした点については、鯉淵信一「民主連合政権下の政治動向」(日本貿易振興会海外調査部『続・新生モンゴル』2000年11月)、が有益である。
7)　大和総研・野村総合研究所、前掲書、63頁。
8)　中国の外資投資の基本的な枠組みは、関満博『中国開放政策と日本企業』新評論、1993年、を参照されたい。

第2章　モンゴル産業経済の輪郭

　日本ではモンゴルの歴史、観光、相撲などへの関心は高いものの、産業経済に関しては、あまり話題になることもない。日系企業の直接投資が集まる中国や東南アジア諸国に較べ、モンゴルの産業経済の情報は限られている。だが、大草原と遊牧のイメージに固定化されがちなモンゴルは、私たちの知るアジア経済の大変革に匹敵するほどの産業経済の変動に直面していた。

　本章では、以下に続く各章の詳細テーマに入る前に、計画経済体制からビックバン型の体制転換により市場経済化に踏み込み、10年を経過したモンゴル産業経済の概要を見ていくことにしたい。

1.　統計から見るモンゴル

　モンゴルの産業経済の輪郭を押さえるために、モンゴル統計局が公表する以下の統計資料を活用した。また、モンゴル経済に関する既刊の文献、論文は脚注に示している。

　　National Statistical office of Mongolia, *Mongolian Statistical Yearbook*, 1997, 1999, 2000

　　National Statistical Office of Mongolia, *AGRICULTURE IN MONGOLIA 1971-1995*, 1996

（1）　行政単位と人口規模

　モンゴル国の面積は156.4万 km^2、日本の約4.1倍の広がりを有する。国土は21の県「アイマク（aimag）」と首都ウランバートル市から構成される。

　21県は331の郡「ソム（soum）」からなる。ソムは県行政の下部単位をなし、社会主義時代の経済生産単位の集団牧場あるいは農牧業協同組合「ネグデル」

表2—1 モンゴル国の人的基本指標

区分	合　計	都市人口	ウランバートル	労働人口	雇用就業者
1918	648.1	—	—	—	—
1925	684.0	—	—	—	—
1940	743.8	—	—	—	—
1950	772.4	—	—	—	—
1960	968.1	—	—	—	—
1970	1,265.4	—	—	—	—
1980	1,682.0	—	—	—	—
1985	1,900.6	—	—	—	—
1990	2,103.3	905.9	555.2	—	—
1991	2,187.2	—	—	—	—
1992	2,215.0	—	—	1,134.6	806.0
1993	2,250.0	1,251.3	589.0	—	—
1994	2,280.0	1,229.2	598.6	1,165.7	786.5
1995	2,248.8	1,222.2	616.9	1,186.7	794.7
1996	2,283.1	1,202.8	629.2	1,212.8	791.8
1997	2,315.6	1,226.3	645.6	1,229.6	788.3
1998	2,349.1	1,252.3	668.7	1,256.8	809.5
1999	2,382.5	1,395.8	773.7	1,279.3	813.6
2000	2,407.5	1,377.0	786.5	1,374.4	809.0

注：人口、就業者、千人
資料：National Statistical office of Mongolia, *Mongolian Statistical Yearbook 1997, 2000*

とほぼ一致している[1]。ソムは、さらに1,517の「バグ (bagh)」によって構成される。

　首都ウランバートル市は9の「区 (district)」からなり、区はさらに117の「ウール (khoroo)」によって構成される。

　　アイマク (21)　　—　　ソム (331)　—　バグ (1,517)
　　ウランバートル市　—　　区　(9)　—　ウール　(117)

　モンゴルは、元朝の成立 (1206年)、滅亡 (1368年)、そして、その後の約600年間は、明朝 (漢族)、清朝 (満族)、中華民国の支配下にあった。1921年にモンゴル人民党が臨時人民政府を樹立、24年には中華民国からの独立を宣言

表2—2　地域別人口、面積、人口密度

区分	人口（千人）			面積 (km²)	人口密度 (人/km²)	中心都市名
	1990	1995	2000			
合　計	2,097.7	2,251.3	2,407.5	1,564.1	1.54	
Arkhangai（アルハンガイ）	89.1	96.2	97.5	55.3	1.76	ツェスセルグ
Bayan-Olgii（バインオルギイ）	97.5	83.3	94.6	45.7	2.07	オルギイ
Bayankhongor（バインホンゴル）	78.2	83.9	85.3	116.0	0.74	バインホンゴル
Bulgan（ブルガン）	55.3	60.3	62.6	48.7	1.29	ブルガン
Govi-Altai（ゴビアルタイ）	64.8	66.6	63.6	141.4	0.45	アルタイ
Dornogovi（ドルノゴビ）	58.3	47.2	51.1	109.5	0.47	サィンサンド
Dornod（ドルノド）	76.3	77.8	74.2	123.6	0.60	チョイバルサン
Dundgovi（ドンドゴビ）	51.0	52.9	51.3	74.7	0.69	マンダルゴビ
Zavkhan（ザブハン）	92.2	95.9	87.2	82.5	1.06	ウリアスタイ
Ovorkhangai（オーブルハンガイ）	101.7	109.5	113.0	62.6	1.80	アルバイヘール
Omnogovi（オムノゴビ）	44.0	45.6	46.9	165.4	0.28	ダルンザダッド
Sukhbaatar（スフバートル）	53.3	56.5	55.9	82.3	0.68	バルンウルト
Selenge（セレンゲ）	90.8	96.4	100.9	41.2	2.45	スフバートル
Tov（トヴ）	103.1	103.4	98.0	74.0	1.32	ズゥーモドゥ
Uvs（オーヴス）	88.6	96.0	86.8	69.6	1.25	ウランゴム
Khovd（ホーヴドゥ）	80.3	86.4	87.8	76.1	1.15	ホブド
Khovsgol（ホヴスグル）	107.3	116.7	119.8	100.6	1.19	モルウン
Khentii（ヘンティー）	72.4	73.8	71.4	80.3	0.89	オンドゥルハン
Darkhan-Uul（ダルハンウール）	80.5	81.6	84.8	3.3	25.69	ダルハン
Ulaanbaatar（ウランバートル）	562.3	645.8	786.5	4.7	167.33	ウランバートル
Orkhon（オルホン）	50.8	62.7	76.0	0.8	95.01	エルデネット
Govisumber（ゴヴスンブール）	—	13.0	12.3	5.6	2.24	チョイール

資料：National Statistical office of Mongolia, *Mongolian Statistical Yearbook 2000*

した。ソ連、中国の合意に基づき45年10月20日に国民投票が実施され、翌年、中国国民党政府はモンゴル人民共和国の独立を承認した。

　独立を宣言した時点のモンゴルの人口は約68万人であった。その後、ソビエトに次いで成立した社会主義国家として約70年間の歩みをたどる。この間、人口は増加を続け、70年には120万人を超え、92年のモンゴル国成立時点では約220万人、さらに、2000年には約240万人となっている。

　東アジアでは数千万人の人口を擁する国家が多い中で、数百万人規模の国家はシンガポール（約300万人）とモンゴルだけである。日本の地域になぞらえれば、新潟県（約250万人）、宮城県（約230万人）、大阪市（約250万人）の人

図2－1　モンゴル国の主要都市

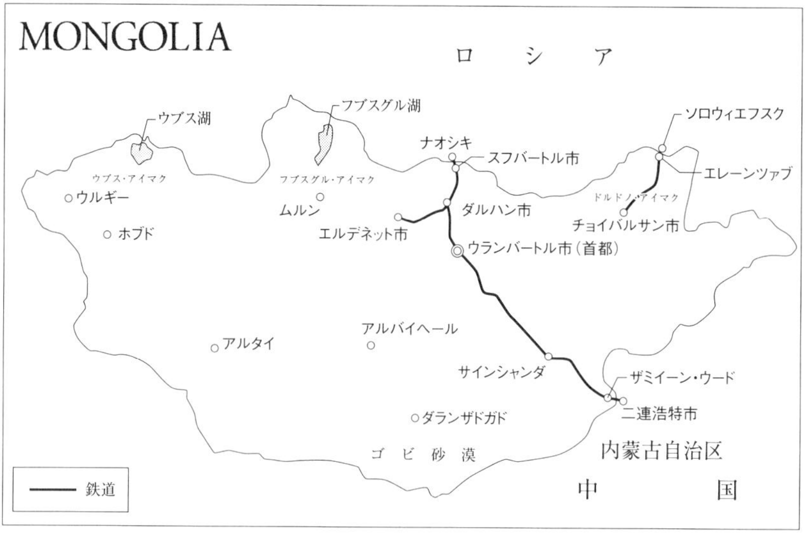

出所：松田忠徳『モンゴル・甦る遊牧の民』社会評論社、1996年、を若干修正。

口規模ということになる。

　2000年時点の都市人口は約140万人（全体の約57％）、首都ウランバートルには約79万人（約33％）が集中している。ウランバートルの人口は未登録の流動人口が多く、実際には100万人を超えるといわれる。

　モンゴルでは広大な国土に国民が分散して居住している。最も人口が集中しているウランバートルの人口密度は167人、第2の都市エルデネット（人口約7万人）、第3の都市ダルハン（約6.5万人）を擁するオルホン県、ダルハンウール県の人口密度は、それぞれ約95人、26人である。その他の県の人口は数万人から十数万人で、人口密度は1人から2人、あるいは1人に満たない。

（2）　産業構造の変容

　表2－3で体制転換前後の産業部門別GDP構成比をみると、いくつか特徴的な構造変化を読み取ることができる。

　第1に、1995年まで30％以上を維持していた鉱工業部門が約20％にまで後退

表2—3　産業部門別 GDP 構成比

区分	合計	鉱工業	農牧業	建設	輸送	通信貿易	技術供給	サービス
1985	172,737	31.8	14.3	4.4	11.5	1.5	22.3	12.9
1988	205,440	32.2	14.6	6.3	11.4	1.6	18.3	14.6
1989	214,028	32.7	15.5	6.1	10.4	1.6	19.0	13.4
1990	208,642	35.6	15.2	5.0	10.2	1.8	19.4	11.5
1992	171,365	32.0	30.2	1.9	4.5	1.0	15.4	12.9
1993	166,219	30.9	35.1	1.6	3.2	1.4	16.0	16.0
1994	170,042	30.5	36.9	2.1	4.6	1.2	11.7	11.7
1995	180,775	32.4	36.7	2.7	3.4	1.2	12.3	12.3
1996	185,048	20.6	36.8	3.8	4.7	1.1	18.3	18.3
1997	191,112	20.4	34.6	3.4	4.4	1.1	21.8	21.8

注：合計は百万トゥグリグ（93年価格）
資料：National Statistical office of Mongolia, *Mongolian Statistical Yearbook 1997*

していることである。モンゴルの鉱工業は計画経済時代のソ連、ハンガリー、東ドイツなどコメコン諸国の資金と技術援助により、大規模な鉱山開発と濃縮工場、セメント工場、食肉処理工場、紡績工場、革加工工場などが建設され、基幹産業とされていった。工業産品の一部は国内産業に向けられ産業連関が発生したが、ほとんどの産品は高次加工されることなく一次資源、中間財のままコメコン市場に輸出され、引き換えに国内で必要とする石油製品、設備機械、部品、消費財が輸入された。

　91年のコメコンの解体、92年のソ連の崩壊により、モンゴルは最大の貿易相手国と援助国を失った。友好価格とバーター貿易により輸入していた設備機械、部品、工業資材等は、国際価格を基準にしたドル建て支払いを要求された。民営化した旧国営工場では、ソ連などからの技術者は引き揚げ、また、老朽化していく設備の補修部品、工業資材、エネルギー不足で稼働率は低下し、産出量は減少していった。96年以降の鉱工業部門の低下は、特に工業の不振が大きく影響している。

　第2に、体制転換前の農牧業部門は14～15％であったが、92年以降には約30～37％を占めるにまで進展している。後述のように、90年代には家畜飼育者数と家畜数は増加を続けた。これは、国家による農牧業の管理体制であり、国家調達制度の基礎であった「ネグデル（農牧業協同組合）」が、91年5月の「民

営化法」により解体に向かったこと、また、家畜の私有制限の撤廃により、個人所有家畜が増加したことによる。

　第3には、建設、運輸、技術供給の各部門が、体制転換後に大幅に落ち込んでいる。基本建設投資や公共輸送など、国家の統一視点が有効な部門までも一気に民営化を進めた影響を引きずっているためであろう。

　このように、市場経済へ移行した5年間のモンゴルの産業は、第2次産業が後退し第3次産業が増加する傾向にあるが、それ以上に第1次産業が増大するという興味深い構造変化を示している。

進展するサービス産業、低迷続く製造業

　1991年に民営化法が成立し、93年4月までに国営企業から大規模企業876社、小規模企業3,128社の民間企業が生まれた。93年時点で大蔵省税務局に登録されている民間企業は24,985社、公営企業が1,522社となっている。地方では93年末までにほとんどの家畜が私有化され、ネグデルは300以上の株式会社、有限会社、合資会社に転換した[2]。

　91年からの第1次民営化[3]が完了したとみられる95年を起点とする、2000年までのGDPの伸びは1.15倍であった。産業別には、輸送・倉庫・通信（1.57倍）、金融・仲介業（1.45倍）、卸・小売・修理業（1.42倍）、鉱業・鉱産物加工（1.32倍）が高い伸びを示した。95～2000年のGDP増加への寄与率をみると、卸・小売・修理業（35.6ポイント）、輸送・倉庫・通信（18.1ポイント）がGDP増加の半分以上を担った。

　こうしたサービス部門の成長は、国民経済の発展にともない基幹産業は1次産業から2次産業へ、さらに3次産業へシフトしていくとする産業成長パターンから導かれたものではない。体制転換後の約10年が経過するなかで、空白だったサービス部門が、個人企業家から新興財閥の事業多角化まで、多様な事業主体によって充填されてきた結果とみる必要がある。

　比較的高い成長によって、2000年のサービス産業（表2-4の卸・小売・修理業から対社会・対個人サービスまで）のGDPシェアは42.5％に達し、次いで農牧業が33.2％、鉱業・鉱産物加工が13.8％となっている。2000年のモンゴ

表2―4　産業別 GDP の推移と構造

区分	1995	1998	1999	2000	構成比	伸び率	寄与率
合　計	550,254	606,410	625,910	632,641	100.0	1.15	
農牧業	209,146	242,248	252,443	210,093	33.2	1.00	0.8
鉱業・鉱産物加工	66,024	77,632	80,115	87,353	13.8	1.32	19.1
工業	66,378	50,230	48,825	51,820	8.2	0.78	−13.1
電力・ガス・供水	9,665	10,082	10,544	10,739	1.7	1.11	1.0
建設業	9,237	9,125	9,268	9,805	1.5	1.06	0.5
卸・小売・修理業	93,566	106,458	107,807	133,238	21.1	1.42	35.6
ホテル・レストラン	3,827	4,113	4,472	4,874	0.8	1.27	0.9
輸送・倉庫・通信	35,074	44,319	47,030	55,200	8.7	1.57	18.1
金融・仲介業	6,704	4,682	6,552	8,730	1.4	1.45	1.8
不動産・リース業	3,466	3,823	3,642	3,551	0.6	1.02	0.1
行政・国防	16,651	17,948	18,217	18,873	3.0	1.13	2.0
教育	20,648	23,881	24,970	26,068	4.1	1.26	4.9
医療・社会保険	14,517	15,825	16,317	16,888	2.7	1.16	2.1
対社会・対個人サービス	824	928	933	890	0.1	1.08	0.1

注：①百万トゥグリグ（1995年価格）　②構成比は2000年、％　③伸び率は2000年／95年、倍
　　④寄与率は95～2000年の増分に対する寄与率
資料：National Statistical office of Mongolia, *Mongolian Statistical Yearbook 2000*

ルの三大産業は「農牧業」「卸・小売・修理業」「鉱業・鉱産物加工業」となっている。

　一方、工業は95年の12.1％から減少が続き、やや持ち直したといえども2000年には8.2％と低迷が続いている。コメコン分業体制が崩壊して10年が経過したが、モンゴルの基幹工業は一部を除き、一次資源、中間財輸出型構造からの脱却が十分に進んでいない様子である。

（3）　貿易構造の大転換

　体制転換にともない最も大きく変容したのは貿易構造である。計画経済時代のコメコン分業体制に深く組み込まれていたモンゴル経済は、実質的な二重レートによる友好価格、振替えルーブルによる集中決済方式でのバーター貿易の枠組みのなかにあった。表2―5によれば、1985年の輸出入総額のうち83.1％をソ連が占め、チェコスロバキア、ポーランド、ルーマニアなどのコメコン諸国を加えると93.1％に達する。西側諸国ではイギリスが3％、日本との

表2—5　主要貿易国別輸出入総額

区分	1985	構成比	1990	1995	2000	構成比
輸出入総額	1,784.6	100.0	1,584.7	888.6	1,080.6	100.0
中　国	7.6	0.4	33.6	122.3	400.1	37.0
ロシア	—	—	—	276.9	251.3	23.3
アメリカ	0.1	0.0	0.9	40.3	121.3	11.2
日　本	9.4	0.1	17.4	92.0	81.4	7.5
韓　国	0.0	0.0	0.9	47.6	58.3	5.4
ドイツ	0.0	0.0	51.1	26.1	31.6	2.9
イタリア	1.0	0.1	9.1	15.0	17.5	1.6
イギリス	54.0	3.0	5.5	21.4	17.2	1.6
シンガポール	0.0	0.0	0.7	9.2	10.7	1.0
フランス	0.7	0.0	5.1	2.1	10.1	0.9
ソビエト連邦	1,482.3	83.1	1,233.7	—	—	—
チェコスロバキア	60.5	3.4	63.9	—	—	—
ハンガリー	27.6	1.5	34.2	0.5	1.7	0.2
ブルガリア	24.0	1.3	33.7	0.6	3.6	0.3
ポーランド	34.2	1.9	24.4	1.1	4.8	0.4
ルーマニア	33.9	1.9	16.4	0.1	0.0	0.0
北朝鮮	10.7	0.6	13.3	0.3	0.0	0.0

注：百万ドル（当年価格）
資料：National Statistical office of Mongolia, *Mongolian Statistical Yearbook 1997, 2000*

貿易はわずか0.1％というものであった。

　コメコン体制下では、ソ連へ銅、モリブデン、東欧諸国へ牧畜製品を中心に輸出し、石油製品、機械設備、日用消費財などを輸入する構造にあった。輸出入収支の赤字は、コメコンからの債務あるいは援助として処理されていた。貿易は輸出を管理するモンゴルエキスポート、機械設備輸入担当のテクニインポートなど7つの国家機関（貿易公社）が独占して業務を行った。

　モンゴルの体制転換に前後してコメコンの解体、ソ連の崩壊、東欧の新興国家群の混乱が続き、モンゴルの貿易相手国は大きく変わっていく。2000年の最大貿易相手国は中国となり、輸出入総額の37％を占めている。次いで、ロシア23.3％、アメリカ11.2％と3国で全体の71.5％に達し、日本は7.5％、韓国5.4％、ドイツ2.9％と続いている。旧ソ連、コメコン諸国との貿易は24.2％に後退している。

89年に貿易公社の独占が廃止され、数多くの民間貿易会社が設立された。また、トゥグリグの国際通貨としての制限と外貨不足により、民間貿易の多くはバーター貿易を行っている。例えば、中国貿易において消費財の輸入増加は個人の「担ぎ屋」のバーター取引による影響が大きく、中国へのカシミヤ原毛の輸出増加は、中国商人が牧民と直接バーター取引にて買い付けを増やしたからだといわれている。

　モンゴルは、価格の自由化、国家調達制度の廃止、貿易の国家独占の廃止、貿易の自由化を矢継ぎ早に進めてきた。自由貿易は貿易取引を活発にし、商品の多様化をもたらすとともに市場競争を発生させ商品価格を引き下げた。一方、バーター貿易などによる安価な外国製品の大量流入は、国内地場産業が発展する余地を狭めていることにも注意を向ける必要がある。関税政策とともに、場合によっては数量制限なども含めた管理貿易手段を使いわけながら、国内産業発展の契機を創出すること、貿易取引からモンゴルへの直接投資を促すことなど、産業政策の微妙な舵取りが求められている。

（4）　就業構造

　この5年間の産業構造の変化を就業構造からみてみよう。表2―6によれば、モンゴルの就業人口は1995年の約76.8万人から、2000年には約80.9万人へ約4.1万人増加した。最大の就業部門は農牧業で39.4万人、全就業者の48.6％を占め、5年間の増加就業者数4.1万人のうち3.9万人を吸収している。農牧業は国内の約半数の就業者によって、33.2％のGDPを産出している。

　次いで多くの就業者を集めているのは卸・小売・修理業である。1.9万人増加し、8.4万人が就業している。10.4％を占める卸・小売・修理業の就業者が21.1％のGDPを産出している。また、私立大学、専門学校など商業教育が勃興している教育部門の就業者数の増加が大きい。約5,900人増加し、工業就業者の約5.5万人とほぼ同じ約5.4万人となった。

　一方、工業では約1.3万人の離職者が発生している。工業のほかに就業者数の減少をみたのは、建設業（6,100人）、電力・ガス・供水（4,800人）、医療・社会保険（4,600人）である。

表2—6　就業構造の変化

区分	1995	2000	増減	構成比	GDP構成比	GDP/人
合　　計	767.6	809.0	41.4	100.0	100.0	78.2
農牧業	354.2	393.5	39.3	48.6	33.2	53.4
鉱業・鉱産物加工	18.2	18.6	0.4	2.3	13.8	469.6
工業	67.3	54.6	−12.7	6.7	8.2	94.9
電力・ガス・供水	22.6	17.8	−4.8	2.2	1.7	60.3
建設業	29.5	23.4	−6.1	2.9	1.5	41.9
卸・小売・修理業	64.8	83.9	19.1	10.4	21.1	158.8
ホテル・レストラン	13.7	13.3	−0.4	1.6	0.8	36.6
輸送・倉庫・通信	31.6	34.1	2.5	4.2	8.7	161.9
金融・仲介業	8.3	6.8	−1.5	0.8	1.4	128.4
不動産・リース業	6.7	7.2	0.5	0.9	0.6	49.3
行政・国防	31.1	34.7	3.6	4.3	3.0	54.4
教育	48.5	54.4	5.9	6.7	4.1	47.9
医療・社会保険	38.1	33.5	−4.6	4.1	2.7	50.4
対社会・対個人サービス	26.6	29.0	2.4	3.6	0.1	—
その他	6.4	4.2	−2.2	0.5	—	—
失業者（千人）	45.1	38.6	−6.5			
失業率（％）	5.5	4.6				

注：①就業者数、千人　②増減は95〜2000年、千人　③構成比は2000年
　　④1人当たりGDPは2000年値、万トゥグリグ／人
資料：National Statistical office of Mongolia, *Mongolian Statistical Yearbook 2000*

　全産業平均就業者1人当たりGDPは約78万トゥグリグに対し、鉱業・鉱産物加工は約470万トゥグリグと圧倒的な生産性を示している。次いで、輸送・倉庫・通信（162万トゥグリグ）、卸・小売・修理（159万トゥグリグ）、金融・仲介業（128万トゥグリグ）が続いている。

2.　牧畜と農業の現状

　1924年の独立宣言から暫時、モンゴルの社会主義計画経済体制が構築されていった。伝統的な遊牧社会・経済の集団化が進められ、50年代後半までには全てのソム（郡）にネグデル（農牧業協同組合）が配置された。ネグデルは遊牧社会の社会主義的改造の基盤を形成し、生産単位として国家への農畜産物の供

出義務を担った。

　また、ネグデルは定住を前提とする農業の管理単位となり、穀物、飼料用作物、野菜を栽培した。65年には、90％のネグデルが約15.3万ヘクタールの穀物栽培を行い、約14万トンの収穫を得た。これは、国家に対する全供出穀物の15～16％に相当した[4]。

　このような計画経済の基盤を形成していたネグデルは、91年の民営化法の公布から数年で解体され、ほとんどの家畜は私有化されていった[5]。モンゴルの農牧地域では、多少の混乱をともないながら私有制を一気に展開し、約10年が経過している。この間の牧畜と農業の状況を統計資料でみてみよう。

（1）　農牧業地域の体制転換

　モンゴルの農牧業は計画経済時代において、また、市場経済時代においても国民経済における基幹産業であることは既にみたとおりである。計画経済下では、55年の第1回協同組合委員大会で牧民経営（個人経営）を「農牧業協同組合」への集団化を進める決議がなされ、協同組合化運動が推進された。その結果、59年までに牧民経営の99.3％、全家畜の73.8％が集団化し、767の小協同組合は389の大協同組合に統合した。

　65年時点で284のネグデルが建設され、1経営あたりの平均組合員数は900人以上、480世帯、43,000頭の共有家畜を持ち、個人所有のままの家畜をあわせて平均72,700頭となり、10万頭を超えるところも出現した[6]。ネグデルでの牧業管理は個々の世帯単位で行うのではなく、数世帯からなる「ソーリ（作業班）」を基本生産単位とし、いくつかのソーリがまとまり「ヘセグ（生産小隊）」そして「ブリガード（生産大隊）」が編成された。そこでは、家畜が年齢と性別で分けられ組織された結果、31,000ものソーリが生まれた。39カ所の機械ステーションが配置され、トラクター、コンバイン、トラックなどを装備した。

　組合員となった牧民は労働手帳を給付され、労働点数に応じて現金給与の支払いを受けるようになった。ネグデルとほぼ範囲が重なるソム（郡）の中心地区には、病院、学校、娯楽センター、食堂、図書館、映画館、電話局、ラジオ

写真2—1　郡の中心地区（ソム・センター）

中継局、発電所、定住住宅が整備され、ソーリ・センターには、貯蔵庫、事務所、浴場などの配置が進められた[7]。

　国営農場に関しては、65年時点で29カ所が配置され未開地の開墾を進めるとともに、70万頭以上の家畜と国内全耕地約64万ヘクタールのうち71.5％を所有していた。ネグデルの耕作部門とあわせて約36万トンの穀物を収穫し、ジャガイモ、野菜の主要生産部門であった。こうした集団化農牧業の生産単位は、90年には国営農場53カ所、農業協同組合255カ所、牧草供給農場20カ所、その他の農業単位26カ所という状況であった。

　農牧業部門においては、80年代末から自由化を含む改革「シネチレル（モンゴル版ペレストロイカ）」が始まっていた。87年に家畜の生産請負制度、89年に賃貸制度、自主経営の自由を認める協同組合法、個人所有家畜枠拡大法が施行され、90年には家畜の私有制限が撤廃され、91年の民営化法の制定、価格の完全自由化、92年の国家調達制度の廃止につながっていった[8]。

　農牧業部門の民営化は、ネグデル機構を残すという観点から拘束力のあるガイドラインを示し、「カンパニ（株式会社）方式」で行われた。例えば、家畜や農機具、施設などネグデル資産の30％までは組合員に分配するが、残りはカンパニの資産として保留するなどであった。

表2—7　農牧業経営単位の推移

区分	国営農場	農業協同組合	牧草供給農場	他の農業単位
1940	10	91	0	0
1950	12	139	0	0
1960	25	354	0	17
1970	32	272	10	17
1980	49	255	13	28
1990	53	255	20	26
		農牧業会社と農牧業協同組合		
1992		645		
1993		648		
1994		599		
1995		513		

資料：National Statistical Office of Mongolia, *AGRICULTURE IN MONGOLIA 1971-1995*, 1996

　こうして、農牧業株式会社や農牧業有限会社、合名・合資会社が設立され、95年には513を数えている。農牧業会社（カンパニ）は私有制に向かう過渡的な形態であった。現在、家畜についてはほとんどが私有化している。いかなる会社組織にも属さない独立自営牧民も多数登場し、93年時点で牧民世帯の30.8％（約44,000世帯）に達したとの報告がある[9]。こうした独立自営牧民の中から、都市部の旅行会社と連携して観光ルートを開拓し観光ゲルを経営する、あるいは街道沿いでゲル・レストランを経営するなど、企業家精神を発揮し新たな自立基盤の構築に向かうものが現れている。

（2）　飼育者と家畜数の増加

　ネグデルの民営化、家畜の私有化、独立自営牧民の登場をみた農牧業地域では、家畜の私有が認められたことから個人の生産意欲が喚起され、飼育者数と家畜数の増加をもたらしている。

　ネグデル体制が全国にゆきわたった1970年の飼育者数は約17万人、家畜総数は約2,260万頭であり、羊が約1,330万頭（全体の約59.0％）を占め、同様に山羊420万頭（18.6.％）、馬232万頭（10.3％）、牛211万頭（9.3％）、ラクダ63万頭（2.8％）であった。

写真2—2　独立自営牧民のドライブイン経営

表2—8　飼育者数と家畜数の推移

区分	飼育者数	家畜合計	ラクダ	馬	牛	羊	山羊
1930	—	23,676.2	480.9	1,566.9	1,887.3	15,660.3	4,080.8
1940	—	26,204.8	643.4	2,358.1	2,722.8	15,384.2	5,096.3
1950	—	22,702.2	844.2	2,317.0	1,987.8	12,574.6	4,978.6
1960	—	23,000.5	859.1	2,502.7	1,905.5	12,101.9	5,631.3
1970	169,900	22,574.9	633.5	2,317.9	2,107.8	13,311.7	4,204.0
1980	148,500	23,771.4	591.5	1,985.4	2,397.1	14,230.7	4,566.7
1990	147,508	25,856.9	537.5	2,262.0	2,848.7	15,083.0	5,125.7
1991	245,000	25,527.9	476.0	2,259.3	2,822.0	14,721.0	5,249.6
1992	330,076	25,694.1	415.2	2,200.2	2,819.2	14,657.0	5,602.5
1993	347,921	25,174.7	367.7	2,190.3	2,730.5	13,779.2	6,107.0
1994	377,148	26,808.1	366.1	2,408.9	3,005.2	13,786.6	7,241.3
1995	390,539	28,572.3	367.5	2,648.4	3,317.1	13,718.6	8,520.7
1996	395,355	29,300.1	357.9	2,770.5	3,476.3	13,560.6	9,134.8
1997	410,078	31,292.3	355.4	2,893.2	3,612.8	14,165.6	10,265.3
1998	414,433	32,897.5	356.5	3,059.1	3,725.8	14,694.2	11,061.9
1999	417,743	33,568.9	355.6	3,163.5	3,824.7	15,191.3	11,033.9
2000	421,392	30,227.5	322.9	2,660.7	3,097.6	13,876.4	10,269.8

注：人、千頭。1960年までの家畜合計数は夏期調査、61年以降は年末調査。
資料：National Statistical Office of Mongolia, *AGRICULTURE IN MONGOLIA 1971-1995*, 1996
　　　National Statistical office of Mongolia, *Mongolian Statistical Yearbook 1997, 1999, 2000*

生産請負制度、賃貸制度、個人所有家畜枠拡大法に続いて、90年に家畜の私有制限が撤廃されたことから、飼育者数の増加が始まった。90年の約14.8万人が翌年には24.5万人に急増し、その後も増加を続け、2000年には42.1万人となっている。90年からの10年間に27.4万人もの牧民が誕生したのである。

ショック・アブソーバーとなった牧業
　こうした状況を生み出すことになった原因はいくつかある。第1に、急激なコメコン体制の崩壊と国営企業の民営化は、工場の操業率の低下を招き、余剰人員を発生させた。民営化した旧国営企業の倒産もあり、従業員の解雇、失業が生じた。特に、工業部門からは95～2000年に1.2万人を超える離職者、失業者が発生した。建設業、電力・ガス・供水、医療・社会保険なども雇用の縮小状態にあり、離職者、失業者を生み出している。こうした労働力を農牧業部門が吸収した。ソ連からの補助金によって保たれていた集約型畜産が崩壊し、粗放型畜産と称される伝統的遊牧が、全就業者の約半数の就業と生活の場を提供したのである。
　第2に、家畜の私有が認められたことから、牧業を経営する世帯では男児の何人かを手元に置いて私有家畜数の拡大に向かった。例えば、ウランバートル～ダルハン～エルデネットの都市間を移動する途中に出会った家畜の移動や、ソム・センターでは若い男子が馬を駆っている姿を何度もみかけた。
　第3に、都市部では新たなビジネス・チャンスに挑戦する企業家を輩出しているが、競争の中で成功する者は一部である。事業に失敗した者達は、一時、親、親戚のいる地方に戻り牧業をしながら起死回生をねらう、あるいは負債を抱えたまま都市から牧業に転じてしまうケースもあるようだ。転換期のモンゴルにおける労働経済の混乱を牧業が吸収しているといえる。
　42万人に膨れ上がった飼育者は、99年には約3,360万頭の家畜を飼育している。70年の家畜構成と比較すると、絶対数で減少したのは荷物輸送に使われることの多いラクダである。ほかは全て増加している。中でも山羊の増加が著しく約2.6倍となっている。全体に占める山羊の割合は32.9％に達している。
　山羊の増加は次のような背景がある。国家調達制度が廃止され、畜産物価格

写真2―3 ウランバートルに向けて移動するヤクの群れ

は自由化された。現在、私有する牛、羊の食肉や皮、毛皮の販売、流通は、各県の農業取引所が窓口となっている。しかし、農業取引所と競争する機関はなく独占的な位置にあることから、仲買人に「買い叩かれる」状況も発生している。そこで、牧民は都市部の食肉工場と直接契約し、数カ月かけて放牧しながら移送している。

　この点、カシミヤ山羊から採れるカシミヤの場合、中国のバイヤーが現金や日用品を持って直接、牧民のゲルに買付けに来る。カシミヤ原毛は1kg40～50ドルで取引される。精毛（ディヘアーリング）したカシミヤは、原毛2kgから1kgしか採れず、国際市場では96～110ドル／kgで取引されている。畜産物流通システムが未整備な状態の中で、カシミヤの持つ商品価値に多くの牧民が反応したことにより、山羊が増加しているのである。

　山羊は草の根まで食べてしまうことから、これまでは山羊だけの群れで飼育することは避け、また、一定数以上は群れの中に加えないようにしてきたという。こうした伝統的に保たれてきた「五畜」の飼育構成を突き崩す山羊の増加は、草原の生態系のバランスを崩すのではないかと懸念されている。

（3）　農牧業の実体経済

表2—9　主要農畜産品産出量の推移

区　分	1980	1990	1995	2000
牛　肉	70.6	66.2	69.4	113.4
羊肉・山羊肉	115.7	132.3	111.5	120.0
豚　肉	1.0	7.9	0.6	0.9
羊　毛	20.1	21.1	19.6	21.7
カシミア原毛		1.5	2.1	3.3
牛　乳	225.7	315.7	369.6	375.6
卵（百万個）	21.1	38.0	3.5	6.7
穀物類	286.8	718.3	261.4	142.1
（うち小麦）	229.8	596.2	256.7	138.7
ジャガイモ	39.3	131.1	52.0	58.9
野　菜	26.0	41.7	27.3	44.0

注：千トン
資料：National Statistical office of Mongolia, *Mongolian Statistical Yearbook 1997, 2000*

　移行期のモンゴル経済を根底で支えているのは、農牧業である。農畜産品の産出量の推移をみたものが表2—9である。耕種部門では穀物類、ジャガイモの激減が注目される。耕地の多くはモンゴル北部の流域に集中している。1985年にはセレンゲ、トヴ、ブルガン、ホヴスグル、アルハンガイ、オーブルハンガイの6県にある国営農場が全国の穀物生産の85％を産出し、そのうち半分以上をセレンゲ、トヴの国営農場が生産した[10]。90年には穀物類を約71.8万トン（うち小麦約59.6万トン）を産出したが、2000年には、それぞれ14.2万トン、13.8万トンへと約5分の1となってしまった。80年代には数万トンの輸出も行い自給が可能であったが、2000年には小麦約9.2万トン、小麦粉を約9.9万トン輸入しなければならなかった。小麦の国内最低必要量は約30万トンといわれることから、穀物類生産量の減少は大きな問題となっている。

　こうした状況を生み出した原因の一つに、耕種部門の中心にあった国営農場がネグデルと同様に民営化し、大規模農場が複数の小農場に分割され株式会社化したことにあるとされる。また、コンバイン、トラクターなどの農業機械の燃料、補修部品、さらには肥料、種子などを輸入に依存していることから、生産コストが高くなり、収穫量も減少し、穀物類の国際市場価格に対抗できない

という状況にある。

　一方、野菜の生産は回復している。都市近郊での換金作物として外資企業がハウス栽培を手がけ産地直販を始めている。

　畜産部門では、牛肉、羊・山羊肉、牛乳の生産が伸び、それぞれ約11.3万トン、12万トン、37.6万トンに達している。羊毛は2.2万トンに回復し、カシミヤ原毛も3,000トン以上の産出となっている。畜産部門の産出量の増大自体はプラスの要因として考えることができる。しかし、牧民が生産した畜産物を適正に商品化する流通、販売システムの整備が遅れていることから、工業原材料としての安定供給、工業製品への高次加工、輸出商品への転換が滞っている点が課題となっている。

　畜産品の工業部門への供給体系を整え、工業輸出製品として品質の向上、規格の統一など、商品価値を高め輸出量を伸ばしていくことにより、畜産部門へのプラスのフィードバックの発生が期待される。

3.　鉱産物資源の可能性

　現在のモンゴル経済の根底を支えているのは、大草原の上で営まれる農牧業と、大草原の下に埋蔵される地下資源を採掘する鉱業である。いずれもモンゴルの保有する自然資源に強く依存する産業である。両産業の2000年のGDPに占めるシェアは47％、全就業者数の51％を占めている。ただし、就業者数においては農牧業への就業がほとんどを占め、鉱業への就業者は2.3％（約18,600人）に過ぎない。

　広大なモンゴル高原には、石炭、銅、鉛、蛍石、鉄、錫、亜鉛はじめ、金、銀、モリブデン、タングステン、ウランなどの希少金属鉱床が発見されており、鉱山として開発されているものもある。また、95年にモンゴル東部で油田が発見され生産を始めている。

　こうした地下資源は、コメコン体制下においてソ連や東欧諸国とモンゴルの共同調査によって明らかにされたものが多い。第8章で取り上げるアジア最大の露天掘り銅鉱山、エルデネット鉱山の推定埋蔵鉱量は5億トン以上とされる。

エルデネットでは、ソ連とモンゴルの共同事業で新都市の建設をともなう壮大なプロジェクトが取り組まれた。

当時のモンゴル側の鉱業行政管理は、鉱山局、国家地質センターなどが担っていた。国家地質センターは、4,400人もの職員を編成し各地に地質調査隊を配置していた[11]。体制転換にともなう国家機関の民営化や職員の独立創業により、民間鉱山会社、地質探査会社などの鉱業系企業が生まれ、中には急成長を遂げ新興財閥となっている企業もある。

(1) 鉱工業生産における鉱業の位置

鉱工業部門のGDPシェアは20％台まで縮小している。しかし、これは工業生産の減少によるものであり、鉱業部門は1995年以降、一貫して拡大傾向にある。鉱業・鉱産物加工業の2000年のGDPシェアは13.8％となっている（表2-4参照）。

表2-10で業種別鉱工業生産額をみよう。鉱業系業種として、石炭採掘、原油・天然ガス精製、金属鉱物採掘、その他の採掘・採鉱の4業種、工業系業種17業種と電力・蒸気供給に分類されている。鉱工業生産額合計に占める鉱業系4業種の割合は85年17.6％、90年16.2％であったものが、2000年には56.6％となっている。これは、金属鉱物採掘業の激増による。

90年までの金属鉱物採掘業の主要な産品は、エルデネット鉱山の濃縮銅（精錬前の銅粉末、その28％が純銅になる）と濃縮モリブデン（同じく47％が純モリブデンとなる）および金であった。濃縮銅、濃縮モリブデンは公式バーター貿易でソ連やコメコン諸国へ全量輸出されていた。また、金は国営企業3社により採掘され、90年の産出量は約810kg程度であった。金属鉱物採掘業の鉱工業生産額全体に占める割合は85年12.1％、90年9.9％というものであった。

体制転換後、金属鉱物採掘業のシェアが激増したのは、次のような背景がある。

第1に、主要産品である濃縮銅、濃縮モリブデンはコメコン崩壊後、国際市場で取引されるようになったことである。中国、日本、東アジア諸国、イギリス、フィンランドなどが主な市場となっている。また、エルデネット鉱山の残滓か

表2―10　業種別鉱工業生産額の推移

区分	1985	構成比	1990	構成比	2000	構成比
合　計	7,212	100.0	8,885	100.0	573,575	100.0
石炭採掘	242	3.4	280	3.2	32,983	5.8
原油・天然ガス精製	0	0.0	0	0.0	1,180	0.2
金属鉱物採掘	873	12.1	877	9.9	265,878	46.4
その他の採掘・採鉱	149	2.1	271	3.1	24,030	4.2
飲料・食料	2,203	30.5	2,225	25.0	68,102	11.9
繊維製品	603	8.4	963	10.8	51,861	9.0
衣服・毛皮染色	514	7.1	811	9.1	10,142	1.8
なめし皮・同加工品	460	6.4	587	6.6	910	0.2
木材・木製品	305	4.2	230	2.6	2,263	0.4
出版・印刷	71	1.0	79	0.9	6,211	1.1
化学製品製造業	71	1.0	70	0.8	2,908	0.5
非金属鉱物製品	452	6.3	786	8.8	6,566	1.1
基礎金属製品	0	0.0	1	0.0	5,563	1.0
金属組立製品	146	2.0	137	1.5	445	0.1
機械・機械部品	12	0.2	10	0.1	186	0.0
電気器具・部品	15	0.2	14	0.2	6	0.0
ラジオ・テレビ・通信器具	15	0.2	49	0.6	0	0.0
医療用器具・光学器具・時計	12	0.2	8	0.1	1,070	0.2
自動車・トレーラー	36	0.5	15	0.2	0	0.0
その他輸送用器具	9	0.1	11	0.1	573	0.1
家具・その他工業製品	180	2.5	382	4.3	614	0.1
電力・蒸気供給	844	11.7	1,079	12.1	92,084	16.1

注：百万トゥグリグ（当年価格）
資料：National Statistical office of Mongolia, *Mongolian Statistical Yearbook 1997, 2000*

ら純銅を抽出する合弁企業エルドミン社を97年に設立したことも影響している。しかし、銅の国際市場は軟調で、例えば、2000年の１トン当たりの純銅価格は1,812ドルであったが、2001年は1,450ドルに下落している。

　第２に、金の産出量の増大が挙げられる。金の採掘は、90年には国営企業３社のみであったが、93年に鉱業権を国内外の民間企業に開放した。97年には新鉱業法で100％外資企業の参入を認め、ロイヤリティを引き下げるなどの改正を行ったことから民間企業の参入が相次いだ。その代表的な企業は、第７章で紹介しているモンゴル最大の新興財閥のエレル社である。

　金採掘企業は、93年に22社、94年44社、95年52社と増加し、97年には100社

写真2—4　エルデネット鉱山の露天掘り

を超えた。これにともない金の産出量は増加を続け、93年1,118kg、94年1,752kg、95年4,504kg、98年9,531kg、2000年には11,808kgとなっている。政府の生産見通しによれば、2005年には20トン以上の産出が見込まれている[12]。

　また、ウランの産出も相当量あるといわれる。モンゴル東部のマルタイでは旧ソ連が100％の所有権を持つ鉱山が開発され、未だ、モンゴルに移管されていないため統計には表れていない[13]。

（2）　鉱物資源の戦略的な開発

　以上のように、体制転換後の10年は、鉱業、特に、金属鉱物採掘業の成長が著しかった。それは、旧ソ連、コメコン諸国への輸出が困難になったものの、濃縮銅、濃縮モリブデン、金などは輸送コストを吸収し得るだけの単位当たり価格が比較的高い産品であり、国際市場にアクセスできたからである。また、輸出により外貨収入を得た企業は、トゥグリグ安傾向のなかで国内生産コストを相対的に圧縮することができたことも影響している。

　今後は、鉱産品の国際市況の影響を吸収しながら、外貨を必要とする設備更新や電力等エネルギーの支払いに対応していく必要がある。国内企業の設備メンテナンス技術の蓄積、原油生産にともなうエネルギー事情の改善などにより、

外貨支払いを圧縮できる可能性がある。そして、国際市況が回復し、従業員1人当たりの生産性を維持すれば、金属鉱産品は輸出商品として有望である。金属鉱物採掘業は今後とも成長が期待できよう。

また、国内エネルギー源として石炭、原油の存在は重要である。石炭は広く全国に分布し140余りの鉱床が確認されている。推定埋蔵量は中国や米国に匹敵する1,500億トン以上といわれる。80年代後半から91年には約700～800万トンを超える生産量を記録していたが、体制転換後は500万トン程度となっている。17の炭坑が開かれ、バガヌール、シャリンゴルなど、15の鉱山は露天掘りが可能である。出炭量の約7割をバガヌール炭坑が占めている。生産された石炭の約6割以上が発電用として消費され、その電力の5～6割は鉱工業部門に供給される。中でも最大の需要者はエルデネット鉱山である[14]。

モンゴルの石油資源はかなりの埋蔵量があり、国内需要量（原油換算120万トン／年）を満たすことは可能といわれる。推定埋蔵量4億トンとの説もある。50～60年代にソ連の支援で油田開発が進められ採掘されていたが、69年以降は生産が停止している。ソ連がモンゴルのエネルギー自立を嫌い、ソ連原油を輸入させるためだったという見方がされている。その後、モンゴルは石油製品をコメコン内の友好価格でのバーター取引などにより100％輸入に頼ることとなった[15]。95年に米国企業がモンゴル東部ドルノド県の鉱区にて試掘に成功し生産態勢に入っている。統計によれば99年の原油生産量は約7.2万バーレル、2000年は約6.6万バーレルとなっている。

以上のような既開発の鉱物資源は、モンゴルの自立的な経済発展のための初期条件を整える有力な輸出商品として、また、輸入代替資源として重要な位置にある。そして、未開発の鉱物資源も豊富である。これらは国内の鉱山開発技術と資本を蓄積し、国際市場動向をにらんで有利なタイミングで開発に着手することが望ましい。鉱物資源は採掘し続ければ、いずれは枯渇する。既開発の鉱物資源とともに国民経済の「発展原資」として最も効果的、戦略的に活用していくことが望まれる。

4. 製造業の現状

　統計分析でみる限りモンゴル工業は依然として低迷を余儀なくされている。モンゴル工業が国有経済から民営化を進め、市場経済に乗り出した10年間は停滞の時代であった。また、次のように停滞の原因とされる点を指摘することも可能である。

　モンゴルは、ソ連等の援助を得ながらコメコン分業体制のもとで工業化を進めた。モンゴル工業に期待されたのは、国内に豊富に賦存する鉱物資源、牧畜資源を基礎にした工業中間財の輸出基地としての役割であった。その結果、一次資源の低次加工に偏った工業構造となった。また、国内生産連関の発達が制限されたため、市場経済下の国際市場に付加価値を高めた工業製品を供給する能力が弱い。

　産出した製品の多くは、コメコン友好価格によるバーター貿易と、振替えルーブルによる集中決済方式で取引された。統制価格と指令性生産のもとで、生産性や品質の向上に対するインセンティブは弱かった。そのため、市場経済化に対応できる企業経営能力が未発達で、国際市場に対応できるコスト、品質を十分に提供できない。

　国内での工業基礎資材、製造機械・装置、部品の調達、製造、加工が困難で、ほとんどを輸入に頼らざるを得ない。そのため、生産能力の制限や生産コストの上昇を招いている。また、日用消費財のほとんどを輸入に頼っており、国内市場規模も小さく消費財産業が未発達である。

　港湾まで長距離の陸上輸送を強いられコストが高いため、海外の市場に広くアクセスすることが難しい。隣国のロシアは経済混乱と停滞が続き、中国は競合製品に関して高率の関税で国内市場を保護している。

　こうした問題を乗り越え工業化を進めるための長期低利の産業資金が不足している、などなど。

　以上のようなモンゴル工業の停滞と原因に関する詳細分析は既往の報告に譲ることとし、ここでは、第3章以降で紹介する工業企業が直面している課題と

表2―11 地域(県)別工業生産額の推移

区分	1990	構成比	1995	構成比	2000	構成比
合　計	8,425.4	100.0	296,756.4	100.0	574,162.5	100.0
アルハンガイ	47.0	0.6	633.9	0.2	4,323.2	0.8
バインオルギィ	108.3	1.3	1,468.7	0.5	2,472.8	0.4
バインホンゴル	65.3	0.8	1,610.8	0.5	2,120.5	0.4
ブルガン	44.3	0.5	1,980.6	0.7	1,448.3	0.3
ゴビアルタイ	51.3	0.6	750.6	0.3	1,338.4	0.2
ドルノゴビ	51.5	0.6	431.0	0.1	1,640.6	0.3
ドルノド	256.5	3.0	2,337.9	0.8	1,378.2	0.2
ドンドゴビ	43.0	0.5	428.7	0.1	985.6	0.2
ザブハン	118.9	1.4	1,318.2	0.4	1,250.6	0.2
オーブルハンガイ	99.6	1.2	3,798.0	1.3	7,612.6	1.3
オムノゴビ	36.6	0.4	827.9	0.3	819.5	0.1
スフバートル	38.4	0.5	1,655.0	0.6	1,254.4	0.2
セレンゲ	391.9	4.7	10,460.1	3.5	15,153.2	2.6
トヴ	70.1	0.8	8,950.8	3.0	47,138.3	8.2
オーヴス	90.4	1.1	1,681.0	0.6	3,836.8	1.7
ホーヴドゥ	80.6	1.0	532.2	0.2	1,171.3	0.2
ホヴスグル	98.3	1.2	2,774.1	0.9	1,364.4	0.2
ヘンティー	88.3	1.0	1,592.5	0.5	1,618.9	0.3
ダルハンウール	816.9	9.7	15,679.4	5.3	18,788.3	3.3
ウランバートル	4,700.8	55.8	112,843.2	38.0	269,172.6	46.9
オルホン	1,127.2	13.4	124,425.5	41.9	186,370.8	32.5
ゴヴスンブール			576.2	0.2	2,903.1	0.5

注：百万トゥグリグ（当年価格）
資料：National Statistical office of Mongolia, *Mongolian Statistical Yearbook 1997, 2000*

可能性について、その理解を深めるための前提情報を整理する。

（1）工業地域の分布

表2―11は地域（県）別工業生産額をみたものである。モンゴルの工業生産は、ウランバートル市、オルホン県、ダルハンウール県の3地域に集中している。県ベースの表記となっているが、実際には旧国営工場を基礎とする主要工場（電力・蒸気供給を含む）は、ウランバートル市、エルデネット市（オルホン県）、ダルハン市（ダルハンウール県）に立地している。

90年の3地域の工業生産額シェアは、ウランバートル55.8％、オルホン県

13.4％、ダルハンウール県9.7％で国内工業総生産額の78.9％を占めている。95年にはエルデネット市の生産額が伸びたことから85.2％にまで上昇し、2000年には82.7％となっている。

モンゴルの工業化の歴史的経過からみると、第1の工業都市はウランバートル市、第2の工業都市は60年代に建設が始まったダルハン市、第3が73年にモンゴル、旧ソ連の両政府間の合意により建設が開始されたエルデネット市ということができる。

しかし、現在の工業生産額でみるならば、ウランバートル市に続く第2の工業都市はエルデネット市となる。ダルハン市の工業は停滞している。ダルハン市に替わり浮上してきたのが、ウランバートル市を囲むトヴ県（県庁都市ズゥーモドゥ市）である。また、ダルハンウール県を囲むセレンゲ県（県庁都市スフバートル市）も一定の工業生産額シェアを保っている。

（2）　主要業種の生産動向

表2—12で主要鉱工業産品をみると、モンゴル工業を構成する主要業種は、窯業・土石製造業、木材・木製品製造業、金属製品製造業、繊維・衣服・繊維製品製造業、革・毛皮・革製品製造業、食料品・飲料製造業、日用雑貨製造業の7業種に分類できる。紙・紙加工、出版・印刷、化学、プラスチック、ゴム、鉄鋼、非鉄金属、機械などは存立していないか、あるいは、わずかしか存立していないと想定される。

体制転換前の10年と、転換後10年の各業種の生産量を比べてみると、転換前の80～90年には、ほとんどの業種で生産量は増加しており、新たに焼成タイル、ドア枠・窓枠、まくら木、すき毛、駱駝毛布の生産が始まっている。生産量が減少したのは、製材、洗羊毛、岩塩、洗濯石鹸だけである。

90年から2000年の間に、ほとんどの業種で壊滅的ともいえるほど生産量が減少している。例えば、革コート・ジャケットは90年には約30万着を生産していたが2000年には200着であった[16]。同様に、革靴は約420万足から5,600足、羊・山羊毛皮は151万平方メートルから5,400平方メートル、ドア枠・窓枠は約40万立方メートルから1,800立方メートル。ミルクは約6,000万リットルから

表2—12　主要工鉱業産品の生産量推移

区分	単位	1980	1990	1995	2000
原油	バーレル	0.0	0.0	0.0	65,522.0
石炭	千トン	4,376.1	7,157.0	5,019.0	5,185.0
濃縮銅	千トン	44.0	354.1	346.4	357.8
蛍石	千トン	603.5	455.9	526.9	733.5
濃縮モリブデン	トン	640.3	4,208.0	3,906.0	2,843.0
金	キロ	0.0	0.0	4,504.0	11,808.1
レンガ	百万個	110.1	151.1	21.5	17.3
セメント	千トン	177.9	440.8	108.8	91.7
石灰	千トン	63.8	103.0	51.4	37.0
焼成タイル	千立方メートル	0.0	170.8	24.5	0.0
製材	千立方メートル	559.4	509.0	61.2	14.9
ドア枠・窓枠	千立方メートル	0.0	398.4	7.4	1.8
まくら木	千立方メートル	0.0	20.5	14.9	15.6
鋼材	千トン	0.0	0.0	15.6	13.0
鋳鉄	千トン	0.0	0.0	6.6	7.4
すき毛	トン	0.0	240.1	420.8	450.9
洗羊毛	千トン	11.8	9.7	1.2	1.4
駱駝毛布	千メートル	0.0	91.2	19.4	28.5
カーペット	千平方メートル	464.4	1,971.2	595.7	704.8
ニット製品	千枚	1,134.0	4,248.6	522.7	1,233.5
フエルト	千メートル	614.0	745.1	76.5	113.9
フエルト靴	千足	465.8	588.5	79.0	34.0
毛織物	千連続メートル	963.5	1,111.3	71.1	21.0
羊・山羊毛皮	千平方メートル	1,209.5	1,510.5	229.4	5.4
革靴	千足	2,104.9	4,222.5	245.5	5.6
革コート・ジャケット	千着	269.9	300.2	31.6	0.2
食肉	千トン	56.8	57.8	11.3	4.5
ソーセージ	トン	2,966.1	5,522.4	639.2	754.7
岩塩	トン	9,059.2	6,320.9	726.0	1,293.4
小麦粉	千トン	83.4	189.8	158.7	40.2
パン類	千トン	47.2	63.3	36.8	20.2
ウォッカ	千リットル	2,600.0	3,473.6	2,120.5	3,796.3
ミルク	百万リットル	24.8	59.6	1.8	1.5
洗濯石鹸	千トン	3.9	2.6	0.3	0.2
ロウソク	千包	0.0	0.0	2,553.3	54.5
発電量	百万KWH	1,566.3	3,347.9	2,628.0	2,946.0
供水量	百万立方メートル		27.5	29.7	53.5

資料：National Statistical office of Mongolia, *Mongolian Statistical Yearbook 1997, 2000*

表2—13 主要輸出産品の推移

区分	単位	1975	1985	1990	1995	2000
濃縮銅	千トン	0.0	342.7	347.5	446.2	496.0
濃縮モリブデン	トン	0.0	3,017.0	3,990.4	3,438.2	3,028.2
濃縮蛍石	千トン		120.2	97.2	129.0	197.1
石炭	千トン	0.0	225.0	490.2	1.0	0.6
セメント	千トン	33.9	0.0	95.4	1.6	0.0
原木	千立方メートル	127.7	58.7	19.9	1.8	5.9
製材	千立方メートル	59.8	136.1	42.5	44.8	2.5
ラクダ毛	千トン	2.9	2.6	1.9	0.9	0.8
牛革	千枚			47.7	309.6	1,058.5
馬革	千枚	121.0	58.0	105.2	70.0	276.3
羊毛皮	千枚	64.0	280.2	130.0	2,004.3	2,640.0
山羊毛皮	千枚	72.0	526.2	113.2	361.4	110.5
マーモット毛皮	千枚	715.2	578.8	73.0	35.0	0.0
ニット製品	千枚	0.0	252.6	298.9	570.3	3,393.5
縫製品	千枚	0.0	0.0	0.0	1,372.0	6,874.7
革製衣類	千枚	30.2	321.5	87.0	0.8	0.0
カーペット	千平方メートル	300.0	1,500.0	1,700.0	0.0	100.0
羊毛布	千枚	143.0	313.9	336.4	20.5	4.5
ウォッカ	千リットル	0.0	350.0	186.4	3.6	472.7
食肉	千トン	35.7	36.8	24.3	2.2	16.7
腸詰	千ロール	2,797.2	2,858.6	2,163.8	1,288.3	869.6

資料:National Statistical office of Mongolia, *Mongolian Statistical Yearbook 1997, 2000*

150万リットル、小麦粉は約19万トンから4万トンというように、工場はほとんど稼動してない状況であった。コメコン市場が失われたこと、農牧業部門からの供給が途絶えたことが大きく影響している。

　厳しい10年間であったが、95年から2000年の間に生産量を増加させ回復基調にある業種も現れている。まくら木、鋳鉄、洗羊毛、駱駝毛布、カーペット、ニット製品、フエルト、ソーセージ、岩塩であり、すき毛、ウォッカは90年の生産量を上回っている。

(3) 高次加工と国産化を目指す工業化

　中間原料の輸出、多くの生産財、消費財の輸入といった貿易構造は、モンゴル工業がコメコン分業体制時代の工業構造からの脱却に手間取っている状況を

表2—14　主要輸入産品の推移

区分	単位	1975	1985	1990	1995	2000
クレーン	台	55	102	31	200	21
掘削機	台	29	191	76	0	94
トラック	台	1,071	1,670	927	222	3,061
バス	台	139	224	246	348	1,772
乗用車	台	356	557	300	6,210	11,509
ディーゼル油	千トン	129.2	312.2	364.3	113.2	161.7
ガソリン	千トン	191.9	315.2	341.2	189.2	233.7
電力	百万キロワット	0.0	0.0	0.0	379.8	181.5
セメント	千トン	28.1	107.4	38.5	0.9	12.7
窓ガラス	千平方メートル	669.0	657.0	477.4	78.7	289.2
紙	千トン	6.3	9.6	8.5	2.2	1.4
小麦	千トン	20.1	17.1	0.0	0.0	92.2
小麦粉	千トン			27.7	30.1	99.2
植物油	千トン		2.1	2.1	1.8	1.1
砂糖	千トン	19.9	34.1	34.7	12.3	22.1
米	千トン	1.2	13.0	19.1	8.3	13.6
茶	千トン		5.2	6.9	0.9	1.7
タバコ	トン			964.0	492.4	581.9
果物	千トン	2.5	1.4	3.5	2.6	11.4
ミシン	千台	3.2	10.0	7.0	3.0	0.1
冷蔵庫	千台	2.8	17.3	1.0	22.0	6.1
洗濯機	千台	4.0	5.0	5.7	0.5	5.8
テレビ	千台	2.0	10.1	19.1	11.1	25.1
掃除機	千台				2.6	12.5
情報機器・部品	千台				11.2	25.7

資料：National Statistical office of Mongolia, *Mongolian Statistical Yearbook 1997, 2000*

示している。中間原料の高次加工、輸入工業製品の国産化が工業化の課題となっている。

　モンゴル経済が荒々しいグローバル市場に切り込んでいくためには、輸出競争力のある産業が必要であり、期待されるのは金属鉱物採掘業である。表2－13によれば、2000年には濃縮銅を約50万トン、濃縮モリブデンを約3,000トン輸出し、比較的安定した生産を維持している。しかし、これらを独占生産している国営エルデネット鉱山は、純銅の国際価格の下落、および割高な輸入電力の使用、中間原料のままでの長距離輸送、ロシア、中国、韓国などへの精錬の

委託、国営企業として地域の雇用維持や社会施設の負担、設備の老朽化などのコストアップ要因を抱え喘いでいる。

しかし、銅、モリブデンは重要な輸出商品であり、その付加価値を高めるための精錬工場、加工工場の建設は、重要な経営課題であるとともにモンゴル工業化の課題でもある。

また、93年から鉱床開発の自由化を進めた金採掘分野では、モンゴルにゴールドラッシュを生み、産出量は飛躍的に増加した。しかし、これまでは砂金採掘が中心であり、今後、砂金の枯渇にともない山金の掘削に向かっていく場合、国内での精錬、高次加工が課題となる。

牛革、馬革、羊毛皮の中間財の輸出量は増加しているが、それの高次加工は滞ったままである。革製衣類の輸出は途絶え、カーペット、洋毛布の輸出量は回復していない。食肉、腸詰の輸出状況も同様である。

中間財を高次加工し付加価値を高め、輸出産品として競争力を高めるために、国内工業の育成、発展が不可欠である。

表2－14は、モンゴルの主要輸入産品の推移をみたものである。産業用設備、自動車、建築資材、加工食品類、家庭用電気製品などの輸入が増加している。これらの工業製品を全て国産化することは現実的ではないが、補修部品の加工や軽工業の国内消費分野での国産化がモンゴル工業化の重要な課題となろう。

1) 「1961年のモンゴル人民共和国ではスムとネグデル（集団牧場あるいは協同組合）の領域は一致しており、社会的単位であり同時に経済的生産単位であった。ネグデルの大きさは平均500家族、共同所有の家畜は平均55,000頭を超えていた」とされる。オウエン・ラティモア著、磯野富士子訳『モンゴル～遊牧民と人民委員』岩波書店、1966年、266～258頁。
2) 安田靖『モンゴル経済入門』日本評論社、1996年、65～74頁。
3) 91年民営化法による民営化を「第1次民営化」としている。民営化法と同時に公布された政令第170号では電力、水道、石炭、エルデネット鉱山、航空、鉄道、通信などは国家重要産業として民営化しないとしていた。これらの企業も97年以降の民営化対象としてリストに挙げられ「第2次民営化」が予定されている。
4) モンゴル科学アカデミー歴史研究所編『モンゴル史2』恒文社、1988年、179～

185頁。
5) ネグデルの解体から農業株式会社（カンパニ）や生産生活協同組合（ホルショー）の設立、独立自営牧民の登場に至る経緯は、今岡良子「遊牧民の民主化と遊牧地域開発論」（モンゴル研究会『モンゴル研究』第15号、1993年）、に詳しい。
6) モンゴル科学アカデミー歴史研究所、前掲書、133〜147頁。
7) 1960〜70年代の牧業管理については、モンゴル科学アカデミー歴史研究所、前掲書、179〜185頁、および都竹武年雄『蒙古高原の遊牧』1981年、古今書院、152〜186頁。
8) ネグデルの民営化については、安田、前掲書、48〜53頁、二木博史「農業の基本構造と改革」（青木信治編『変革下のモンゴル国経済』アジア経済研究所、1993年）103〜130頁、を参照されたい。
9) 二木、前掲論文、133頁。
10) 二木、前掲論文、126頁。
11) 都竹武年雄「地下資源と諸工業」（青木信治編『変革下のモンゴル国経済』アジア経済研究所、1993年）135〜156頁、では、1991年時点のモンゴルの地下資源、鉱山開発について報告している。
12) 金の採掘会社数、産出量については、国際協力事業団の調査報告書、大和総研・野村総合研究所『モンゴル国市場経済化支援調査開発戦略／公共投資計画部門最終報告書』2000年3月、13頁、および久保田博志「モンゴル国際投資会議〜投資開発と金鉱床開発〜」（金属工業事業団『MMAJカレントトピックス』第19号、1997年）。
13) ウラン鉱山マルタイに関する報告は、都竹、前掲論文、136頁、および松田忠徳『モンゴル・甦る遊牧の民』社会評論社、1996年、64〜71頁、がある。
14) 石炭に関する報告は、安田、前掲書、129〜131頁、都竹、前掲論文、151〜154頁、および栗林純夫「モンゴルの市場経済移行とマクロ構造変化」（丸山伸郎編『アジア社会主義諸国の体制転換と経済協力の課題』アジア経済研究所、1995年）192〜193頁。
15) 石油に関する報告は、安田、前掲書、131〜134頁、都竹、前掲論文、155頁、および、栗林、前掲論文、194頁。
16) 2000年から生産を再開したダルハン市の革工場の話では、ロングコート25万着、ハーフコート30万着まで生産を回復したということである。

第3章　民営化後の企業の階層分解

　社会主義時代のモンゴルの経済は、旧ソ連およびコメコンに深く結びついており、産業、企業の技術、設備等はほとんどそれらから供給されていた。例えば、体制転換直前の1989年のモンゴルの輸入の80％以上は旧ソ連からであり、95％がコメコンからのものであった。大規模な工場施設の大半は旧ソ連からの援助によって建設されてきたのである。

　だが、80年代に入ると、ソ連型中央集権的な社会主義体制が行き詰まりを見せはじめ、80年代中頃からは企業の自主性を高めるなどの体制内部での改革も取り組まれたが、89年のベルリンの壁の崩壊を契機に、社会主義諸国は一気に体制転換に向かっていくことになる。

　モンゴルも第1章でみたように、90年7月の総選挙前後から体制転換の方向に踏み出し、91年5月には「民営化法」を発効させていく。その後、約6,100社といわれたモンゴルの国営企業、約3,300の協同組合の大半は、一気に民営化されていった。以来10年、モンゴルの企業は多くの困難に直面し、一部に興味深い発展の方向に向かう企業を生み出しながらも、他方で、多くの企業は依然として次の方向を見いだしえていない。

　この章では、発展の契機を見いだした企業と、低迷の中で逡巡している企業の典型的なケースをとり上げ、モンゴル企業の基本的な枠組みを理解していくことにしたい。

1.　民営化の推進と残された課題

　まず、ここではモンゴルの民営化の足跡をみることから始めたい。旧ソ連圏の民営化は、市場経済化を目指して、取りあえず国有資産の分配から開始したところが少なくない。ポーランドやチェコスロバキアはその典型として知られ、

また、旧ソ連の共和国であった中央アジア諸国もほぼ同様のやり方をとっている[1]。これらの中でもモンゴルの民営化は最も急進的なものであったといわれている[2]。

(1) 民営化の枠組み

モンゴルの民営化は、91年の初めての自由選挙によって成立した連立政権の下で推進された。それは「バウチャー方式」と呼ばれるものであり、「モンゴルの全国民に額面1万トゥグリグの投資権利書を分配することによって民営化を実施すること、あるいは民営化の対象とされている国有資産および国有企業株式の所有権移転を行うことであった[3]」とされている。

民営化法は大きく5つの章から構成されている。

第1章は、民営化の一般的な手順についてであり、民営化の統括機関、資産評価、民営化基金などの基本的な事項を包括する。

第2章は、国有資産を私的所有に転換するためにバウチャー（投資権利書）を全国民に無料で配付するという民営化の方法を示す。

第3章は、小売・サービス業などの小規模企業の民営化についてであり、地方当局による競売によって民営化することが示された。特に、当該事業所で働いていた労働者に事業所を買う最初の権利が与えられた。

第4章は、大規模事業所の民営化についてであった。大規模事業所は株式会社に転換され、モンゴル国民は証券取引所を通じて、バウチャーと株式を交換することになった。特に、企業内の労働者は自分たちの企業の株式を最初にしかも低廉に取得することができた。

第5章は、農牧業協同組合の民営化のための主な原則を扱っていた。

以上のような基本的な枠組みを設定し、モンゴルの国営企業の民営化は劇的に進んでいった。以下、その流れをモンゴル科学院東洋国際問題研究所のバトバヤル氏とバトヒシグ氏の所説から概要をみていくことにする[4]。

モンゴルの国営企業の民営化の推進

モンゴルの国営企業の民営化は、小規模国営企業の民営化と大規模国営企業

の民営化の二つに分けて実施された。その場合、投資権利書のバウチャーは1枚の用紙に大きな一つの青色のバウチャーと切り離しのできる小さな桃色のバウチャー3枚が印刷されてあった。青色バウチャーは7,000トゥグリグ、桃色バウチャーは1,000トゥグリグ（3枚）、合わせて1万トゥグリグであった。桃色バウチャーは小規模国営企業の民営化、青色バウチャーは大規模国営企業の株式購入のために用意された。桃色バウチャーは株式市場で売買可能であるが、青色バウチャーは売買はできず、受取名義人を2度だけ変更することができるというものであった。

そして、この1万トゥグリグのバウチャーは91年5月31日までに生まれた幼児から高齢者まで全国民に1枚ずつ配付されたのである。1万トゥグリグは当時の為替レートで約250ドルといわれていた。

1990年の帳簿価格に基づく国有企業、協同組合の固定資産総額は512億トゥグリグ（約2億ドル）とされ、その44％の224億トゥグリグ分のバウチャーを当時の全国民224万人に配付したことになる。小規模企業約2,000社、大規模企業344社が対象にされた。だが、この段階では、モンゴル政府は200社の企業（従業員数26,000人）を依然として国家統制の下に置き、また、140社（従業員数59,100人）を国家株が支配的な環境に置いていた。

その後、94年までに、小規模国営の小売業、サービス業を中心とする民営化は完了し、その結果、3,065社の民間企業が設立された。この過程で92.4％の桃色バウチャーが民営化委員会のもとに集められた。特に、地方における民営化の最大の焦点の一つであった家畜は約95％が牧民に譲渡され、牧民の事業意欲を刺激、家畜部門の生産性を引き上げることになった。モンゴルの国有資産の民有化に関しては、この点が一つの成果とされている[5]。

また、青色バウチャーを行使する大規模事業の民営化は、94年までに450の株式会社と327の有限会社を生み出した。モンゴル証券取引所は92年2月7日に開設されたが、94年の頃には399社が上場、総額約96億トゥグリグが取引され、全株式の30.5％が国家株として保有、約4％が従業員持ち株、残りの約65％が青色バウチャーと交換された[6]。

なお、中央電力事業、水道事業、石炭事業、エルデネット鉱山、航空、鉄道、

通信等は、当初から国家にとっての重要な産業として民営化計画の対象外であった。ただし、これらの企業も、1997年以降、民営化の対象としてリスト化されている。エルデネット鉱山、ダルハン鉄鋼工場、ゴビ、航空会社のMIAT、モンゴルテレコム、国営デパート、貿易発展銀行などの基幹的な企業が、ここ数年のうちに民営化されることが計画されている。だが、これらは99年までに実施の計画であったが、かなりズレ込み、2001年9月現在でも実行されていない。地元の情報では、2001年の選挙で大宗を握った人民革命党が主導し、この4年以内に実施されるものと推測されている。

（2）　民営化の評価と課題

以上のように、モンゴルは大胆な民営化を実行したのだが、期待したような成果を得ているようではない。この点、バトバヤル氏とバトヒシグ氏は「モンゴルの民営化計画は民間部門をつくったり、マクロ経済安定化政策を支援することによって、市場経済の経済基盤を建設する役割をかなり果たしたが、そのリストラクチュアリングの効果は、強調されたほどではなかった」として、以下のように問題点を指摘している[7]。

第1に、多くの企業は法人所有形態であることを表す名称に変えたばかりであり、現実に近代的、効率的な法人管理構造を持つような株式会社はまだ存在しない。

第2に、所有権の多大な分散が指摘される。大会社には数千人（しばしば1万人から3万人）の株主がいる。株主の統合化は資産の譲渡よりも立ち遅れている。

第3に、現在の総支配人の約90％が、旧国営企業を管理した人と同じであり、彼らの90％以上が10年以上もの間古い制度のもとでの支配人であった。

第4に、企業の民営化は、競争の拡大、費用の低下、効率向上をもたらさなかった。

第5に、バウチャー方式による民営化計画は、包括的なリストラクチュアリングを実施するうえで必要な金融資源の問題を解決しなかった。

そして、以上を踏まえて、両氏は「国内、かつ海外の市場における民営化さ

れた企業の生存能力を高めるために、所有、生産、効率性、生産性、技術、金融、マーケティング、人材管理などを含んだ包括的な国家的再編計画を展開・実行することが必要である」と指摘している。

ペーパー・レボリューション

以上の指摘は95年頃になされたものだが、その後も事態が大きく変わったようではない。この点、加藤博通氏は「現在（引用者：2000年）に至るまで、市場経済は未発達のままであり経済は停滞し、又、明確な産業育成策も確立されていない」として、以下のような問題点を指摘している[8]。

① 計画経済時代の流通システムを放棄して以来、市場がこれに替わる機能的なシステムを作り出すことができていない。
② ほとんどあらゆる金融信用制度が存在しない。
③ コメコン制度崩壊以降、大部分のセクターにおいて、産業構造改革が行われず、市場競争力が弱く、小さな国内市場に対し旧体制下の過剰な生産設備が放置され、陳腐化している。
④ 政府は政策を実施する予算を持たず、海外援助に頼っている。
⑤ 政府は中小企業振興の重要性は十分認識しながらも、その育成に具体的政策と実施能力を有していない。

以上のように、モンゴルは91年以降の体制転換に伴い、劇的な民営化を実施していったが、ペーパー・レボリューションといわれるように、形は民営化されたものの、市場機能、金融機能の未発達、さらに、企業の構造・管理態勢、経営者マインドの未成熟等の問題はいまだ解決の兆しはみえず、ダイナミックな展開には至っていない。民営化された旧国営企業を訪れても、過剰設備、老朽化設備を抱え、経営者も変わっていないなど、活力を感じることはほとんどない。むしろ、民営化に疲れたという表情を示す経営者が多い。民営化の成果をあげていくには、経営者、労働者、機械設備とも入れ替わるほどの構造調整が必要なのかもしれない。それには相当の時間がかかりそうである。

2. 民営化の中で苦戦する国営大工場

　ここでは、まず、民営化が推進される中での国営大工場の現状を報告していくことにしたい。一つは、すでに民営化されたウランバートルのパン工場、もう一つは、最後まで国営のままに残され、現在、民営化の焦点とされているモンゴルを代表する国有カシミヤ工場のゴビである。この二つのケースをみることにより、モンゴルにおける国営大工場の民営化の意味が浮き彫りにされていくことになろう。

（1）　名門国営パン工場の現在（アタル・ウルグー）

　モンゴルの主要都市には、基本的な食料であるパン、食肉加工、乳製品加工の工場がほぼ必ず設置されている。首都のウランバートルでは、1941年以来、国営のパン（TALKH）工場が設置されていた。そして、83年までの42年間は、この一つの工場だけでウランバートルの全市民にパンを供給してきた。83年の頃の生産量は123トン／日であった。パンが主食のモンゴル人にとって最も重要な工場であった。機械設備は全て旧ソ連製、古いものでは30年前の機械が現在でも使われている。なお、体制転換後は、一部にドイツ、韓国、中国の機械も導入している。

民営化の一つの典型ケース

　40年以上もウランバートルで唯一のパン工場であったのだが、83年にはもう一つの国営パン工場がウランバートルに建設された。理由はウランバートルの人口増大に対応するというものであった。新工場は90トン／日能力であった。83年には、当社も工場改革を行い、新規の設備を導入、生産能力は若干縮小して50トン／日にし、合わせてパン職人の教育センターにすることが構想されていた。以後、ウランバートルではパン工場は2工場態勢となっていったのであった。

　83年に1工場増やした理由は、①輸送費の節約、地区で市場を分担、②旧工

場の拡大よりも、新工場建設の方がコストが低い、③新工場はパンだけでなく、菓子類も生産、④将来的には、当工場をモンゴル全体のパン製造の教育センターにする構想であった、などによる。

　ただし、こうした思惑も、91年の体制転換により大きく崩れていく。当工場の場合は、91年の民営化の第1陣として青色バウチャーの対象になっていく。91年に入札が行われ、株式の60％が開放された。その結果、約1,000人の株主が当社を保有することになった。残りの40％は国家が保有していた。なお、この時の入札にはまとめ屋（仲介人）が活躍し、現在のオーナーであるベレム（BEREM）社が事実上、買い取ったとされている。その際に、名称がTALKH（パン）工場から、現在のアタル・ウルグー（ATAR URGUU）に変更になった。ベレムは本業は貿易会社だが、現在では製粉工場など多方面にわたる事業分野の株を買い占めたコングロマリット的な存在になっている。体制転換後の10年で、このベレムのような財閥が幾つか形成されていることも現在のモンゴルの一つの大きな特徴である。いわば、モンゴルの現在は「財閥形成期」というべきであろう。

　その後、国有株も放出され、アタル・ウルグーは現在では完全な民営企業になっている。現在の持株比率はベレムが51％、その他大株主は3人（工場の関係者）で約40％、そして残りの10％は700人の一般株主である。

　なお、現在の社長のサインジャルガル氏（1951年生まれ）はロシアの大学を卒業した後に当工場に勤務、83年から工場長（社長）に就いている。このように、国営大工場の場合、体制転換後も元の工場長が民営化後も社長の地位に就いているケースは少なくない。

民営化後の企業経営を取り巻く環境

　体制転換後、ウランバートルのパン業界をめぐる状況は大きく変わった。従来の国営2工場体制に対して小規模のパン屋の参入が相次ぎ、現在では大小合わせて50社程度になっている。そのために競争が激しく、価格は上げにくい。当社の場合の製品は中クラスのものであり、「上のクラスの人は買わない」「下のクラスの人は買えない」というゾーンにある。いわば基礎消費を対象にして

写真3—1　ウランバートルのパン工場

おり利益率も低い。もう一つの元国営企業とは厳しいライバル関係になっている。かつての当工場が教育センターへなどの構想はすでに消えている。

現在の当社の生産能力は64〜70トン／日であるが、実際の生産は45トン／日ほどである。従業員の数は国営企業時代は600人を数えていたのだが、95〜96年の頃に退職者が200人ほど出て、現在では約450人規模（うち、技術者50人）となっている。退職者の多くは自主退職であり、市場経済化の中でより魅力的な仕事に移っていった。

生産のスタイルは24時間態勢、12時間ずつの2直4交代である。1人の労働者は12時間ずつ月に2週間働くことになる。従業員の80％は女性である。賃金水準は公務員の平均のレベルに設定してあり、同業では一番高い方である。従業員の平均では10万トゥグリグ（約90ドル）／月である。

住宅は95〜96年に、居住している人に無償で払い下げられた。ウランバートルでは鉄道会社だけがロシアとの合弁であるために処理できなかったが、その他の人々は基本的には住宅を保有することになった。計画制時代の住宅は、能力の高い工場は自力で住宅建設、能力の低い工場は国が建てて供給という制度であったが、95〜96年に一括、払い下げが行われた。その後、維持管理は住民の負担になったが、他方、住宅市場が成立していった。第8章のエルデネット

でみる住宅団地のフロアがホテルに改装されているなどは、こうした事情を反映している。

　福利厚生は従来は国が全て負担していたが、現在は保険システムに変わっている。健康保険、年金、失業保険、労災保険（任意）、生命保険（任意）などがある。強制部分の負担は基本給の29％とされ、10％分は本人負担、19％分は会社負担となっている。

　このように、民営化以後、競争条件も変わり、国との関係も大幅に変わる中で、基本的な枠組みが次第に整えられていったのである。

材料、生産、販売の実態

　以上のような構図の中で、市場経済化に対応した新たな取り組みが重ねられている。

　まず、製品開発も市場経済化に伴い活発なものになってきた。調査部が製品の売上分析をし、また他社の製品の動向分析を行い、新製品開発を進めていく。サンプルを作り、約500軒のユーザー（販売店）に１キロほどを無償で提供、テストマーケティングを行う。そして、実際の生産にかかっていく。現在、当社の製品は約80種、うちパンは50種であり、飴、ビスケットなどの菓子類の生産も行っている。民営化以降、パンだけでなく、食品全体に幅を広げていく構えである。

　原材料の小麦、塩、タマゴ、バター、その他動物油等は国産材中心であるが、一部にロシア、中国製も市場から調達している。また、砂糖、調味料、パッケージ等は市場に出ている輸入品を調達している。特に材料費全体の70％を占める小麦粉はロシアのものが品質は良いのだが、多額な外貨の調達は難しく、70％は国産品を使用している。工場の庭には１カ月分の小麦の在庫が積み上げられていた。

　得意先の販売店はウランバートル全体で約500店、うち直営店が10軒を数える。鮮度を要求される食品であることから、トラック40台を保有し、各トラックが20軒前後の販売店を対象に毎日配送する。当日分を納品し、その場で代金（現金）を回収、翌日の注文を取ってくる。現金は貿易発展銀行に預けている。

そのため信用は大きく、日常の借り入れは比較的スムーズにいっている。

　以上のように、当社は現金商売で回しており、当面の資金繰りはなんとかなっている。ただし、機械設備の改善のための資金的な手当て、また、国際商品である小麦の先物買いなどのための資金的な余裕はない。モンゴルの銀行金利は年30％以上であり、借り入れする意欲もわかない。生産性、品質を上げるために外国の機械設備を導入したいのだが、思うようにいっていない。新製品の開発、菓子部門へも踏み出しているのだが、必ずしも大きな成果を得ているようではない。

　このような枠組みの中にいながらも、2000年にはウランバートル市の優秀企業の表彰を受け、また、優秀納税企業としても表彰されている。賃金水準も比較的高く、業績も悪くないのだが、企業としてのダイナミズムを感じさせるものは乏しい。償却費負担をしないまま、操業を続け、なんとかしのいでいるという状況であった。

　当面、生活必需品ということで、一定の市場はあるのだが、国営企業時代の遺産である機械設備の更新を適宜進めていかないならば、近い将来問題を発生させることが懸念される。モンゴルの有力企業が民営化に踏み込んでそろそろ10年、一方で新たな民営企業が登場しつつある現在、この数年のうちに民営に転換した大型国営企業の設備改善を進めることは必至の状況になっているように思えた。

（2）　完全民営化に向かう名門カシミヤ工場（ゴビ）

　エルデネット銅鉱山と並びモンゴルの企業で国際的に最も著名な企業がカシミヤ生産のゴビ（GOBI）であろう。ゴビの前身は、1976年の国連の援助によるカシミヤの実験工場にある。当時、日本の機械、技術が導入された。77年には日本とモンゴル政府間でカシミヤとキャメル・ウール生産の工場建設が合意されている。79年には工場建設が開始され、81年、カシミヤ生産の大規模工場であるゴビが創設される。100％日本の無償援助であり、全て日本の技術、設備であった。

カシミヤ生産の現状

カシミヤとは、カシミール地方の山羊の毛を原料とする。カシミール種の山羊は冬を越すために毛の中にさらに細い毛を生やす。これがカシミヤの原料となる。世界的にみるとカシミヤの産地は中国（70％）、モンゴル（25％）、その他としてはカザフスタン、インド、チベットとされている。

カシミヤ生産の流れをみると、以下のようなものである。まず、山羊の毛を梳いた原毛が工場にくる。目視で色、品種を識別し、洗浄、その後、デヘアリングという工程になる。このデヘアリングとは原毛からヘアを取り除き、カシミヤ（せい毛）だけを取り出す工程であり、ほぼ原毛の48％になる。このデヘアリングされた半製品の状態で輸出されるものも少なくない。

完成品まで行く場合、綿状のまま染色、紡績機にかけ糸状にしてチーズに巻いていく。このチーズ状態での染色（糸染）も一部ある。その後、ニッティング（横編）、リンキング、仕上という工程になる。製品としては、セーター、マフラー、ガーメント等となる。カシミヤはウールの最高級品とされ、特にヨーロッパでは根強い人気がある。

体制転換以前は、ゴビの生産量はカシミヤ1,000トン／年、キャメル200トン／年であったが、近年、中国からの原毛の買い付けが多く、原料確保に苦慮している。さらに、市場経済の進展の中で新規のカシミヤ工場も増加している。山羊も3倍ほどに増加してきたのだが、それでも原料価格は高くなってきた。ゴビの独占という時代ではなくなってきたのである。

なお、現在のゴビの原材料調達には以下の三つのルートがある。第1が、全国に配置しているゴビの買付人（18人）による遊牧民からの直接買い付けである。第2が、コビ工場の直接遊牧民からの買い付け。そして第3が、ウランバートルの原材料マーケットでの買い付け。このウランバートルのマーケットの価格が基準価格となっているのだが、世界的にはイタリア、イギリスで決定される。特に、近年の傾向としては、中国からの買い付けが著しく、世界価格形成に大きな影響を与えている。

ゴビの現状では、2001年はカシミヤは600トン、キャメル200トンを調達するのが限度であった。特に、近年は中国の買付人が直接遊牧民に接触し、高値で

直接買い付けていくことが問題になっているようである。

ゴビの民営化のスケジュール

ゴビの民営化は91年から開始される。資産の25.1％が証券市場に強制的に上場させられた。残りの74.9％はモンゴル政府が所有してきた。97年以降、残された国有資産の民営化が取り組まれており、99年までに処理される予定であったのだが、ずれ込み、2001年以降に民営化が実施される見通しである。なお、日本は無償援助したものの、資本関係はない。

ゴビの総資産は3,100万ドルとされているのだが、国家保有部分の資産はイギリスの評価機関により1,800万ドルと評価され、ここから国際入札が開始されることになりそうである。2001年9月の状況では、アメリカ、日本、ヨーロッパ、モンゴルの企業の3〜4社が応札することが予想されている。

ゴビのこの数年の売上高推移をみると、96年1,660万ドル、99年2,348万ドル、2000年2,214万ドルと比較的順調に動いており、99年以降は営業黒字を計上している。このように、日本の無償援助で建設され、事業的にも、当面問題のないゴビも完全民営化に向かっている。これは国家の方針であり、労働組合もマスコミも、いずれも反対の動きはない。モンゴル全体の民営化の動きの中で、ゴビもエルデネット鉱山、MIAT、貿易発展銀行など最後に残された大型国営企業の一つとして、この数年のうちに完全民営化されていくことになりそうである。

ゴビの経営の概要

現在のゴビの従業員数は約1,800〜2,000人の間で動いている。80％が女性であった。機械設備は日本製が全体の70％、残りはイタリア、ドイツの機械が入っている。また、横編機の職場では、ドイツのSTOLL（10台）と共に、島精機の新鋭機が6台稼働していた。就業時間は8時から17時と、19時から1時までの2交代制をとっている。ワーカーレベルの賃金は150〜200ドル／月であり、一般に比べてかなり高い。「決まった日に給料が支払える」というのが大きな特徴とされていた。モンゴルではかなりの優良企業ということであろう。

写真3—2　カシミヤのゴビ／紡績職場

写真3—3　カシミヤのゴビ／編立工場

　現在の販売先は、ヨーロッパ、日本、アメリカなどの外国への輸出が中心であり、全体の80％を占める。モンゴルにとっては重要な外貨獲得企業である。デヘアリングの半製品、および完成品（セーター、マフラー、ガーメント等）がある。また、海外にはベルギー、ニューヨーク、モスクワに販売拠点を形成している。日本との関係では、アルタイ（大阪のカシミヤ専門商社）と一時期（93～95年）、合弁企業を設立していたこともあるが、現在は合弁を解消、販売

先として付き合っている。日本の販売先は、アルタイの他に、ヤマキトレーディング、大阪カシミヤ、オノダの4社である。日本への販売は完成品が多い。

　受注のスタイルは、例えばアルタイの場合、デザイン、色柄の指定はアルタイ側が行うところから始まる。カシミヤは製品の性格上、シーズンは冬の1回だけである。そして、それに向けて、3月に需要地での展示会が行われる。4～5月に注文が確定、納品が7月から開始、10月で終わる。物流はウランバートル～大阪（関空）の航空機便である。ゴビの中にもデザイナーは20人ほどいるが、国内分だけであり、輸出向けについては全て相手側のデザインとなる。グレーディング（サイズ出し）はゴビ側が行っている。輸出品の売上の決済は納品後の振込であり、資金繰りはやや苦しく、銀行借入に依存せざるをえない。

　なお、このゴビは日本の援助によって設立された経緯があり、関連して従業員6人がODAの支援により、これまでに日本の信州大学繊維学部に留学している。この6人は現在、外務省勤務、在日モンゴル大使館（2人）、民間企業（2人）、そしてゴビのマネージャーのバトバータル氏である。バトバータル氏は91年に信州大学への留学から戻り、体制転換のモンゴルで4人で会社を設立した。旅行会社、不動産会社、貿易会社、日本食レントラン等であった。その後、ゴビからの招聘があり、2000年にゴビに復帰している。

　以上のように、モンゴルを代表するカシミヤ企業であるゴビは、設立以来、日本との縁が深い。機械設備の導入や技術者の留学、さらに工場現場の担当者の短期研修は日本のユニチカが受け入れていた。だが、現在、その割りには日本との関係は大きなものではない。日本の商社もモンゴルには伊藤忠商事、丸紅等が進出しているものの、取扱量は少ない。現場視察の際も、後の節でみる同業のブヤンに比べ、大規模国営企業体質がにじみ出ており、デザイン、色柄にも大きな課題があるように思えた。今後の民営化によりどのように変わっていくのか、そこに日本企業は関わりうるのか、ゴビの現在はモンゴル大規模国営企業民営化の一つの試金石になりそうである。

3. モンゴル新時代を彩る発展企業

　モンゴルの国営企業をめぐる状況は以上のようなものだが、その一方において、構造的な難しさをくぐり抜け、興味深い発展の方向に踏み出している企業も登場し始めた。これらの企業に共通しているのは、経営者の年齢が40歳前後以下であり、旧ソ連、東欧への留学経験があり、体制転換後に事業に踏み出したという点であろう。特に、国有資産の民営化の流れをうまくつかみ、極めて短期間に事業基盤を確立していったところに注目すべき点がある。
　ここでは、モンゴル市場経済化の新たな担い手として期待されている幾つかの企業の実態をみていくことにする。

（1）　木工・家具部門で新たな展開（オチル）

　モンゴルでは90年代初めの体制転換以後、市場経済化への移行に新たなチャンスを見いだし、果敢に新規事業に踏み出して大成功を収めている人物が少なくない。その多くは、海外留学経験があり、旧ソ連、東欧の崩壊を目の当たりにしていること、体制転換直後の混乱をうまく乗り切り、短期間で資金を蓄積し、多方面にわたる事業を展開していることで共通している。ここでは、そうした典型の一人としてオチル（OCHIR）グループと、その総帥のブッド氏に注目していくことにする。

若き企業家の登場と財閥の形成

　ブッド氏は1957年生まれ。父親が国際鉄道協会のモンゴル代表であったことから6～16歳までポーランドで育った。17歳でいったんモンゴルに戻るが、旧ソ連のサンペトロブルグ技術大学を卒業、その後、チェコの技術大学修士課程を87年に修了している。90年の頃にはチェコスロバキアに滞在しており、当時の東独、チェコスロバキアの状況をつぶさに観察する機会を得ていた。
　90年頃からのモンゴルの国内状況に事業機会の到来を強く痛感、家族の心配をよそに、90年には早速銀行から100万ドルを借金して事業を開始する。33歳

の時であった。モンゴルが体制転換に踏み込み始めたばかりの当時は、政府が民営企業の創出に積極的であり、銀行に行くと即融資が可能であった。要は、企業を起こそうとする人がまだいなかったのである。オチルの企業登記はモンゴルでは第16号とされている。「オチル」という名称は現在アメリカのウイスコンシン大学に留学しているブッド氏の息子の名前をとっている。かつてモンゴルの若者は旧ソ連、東欧に留学したものだが、現在ではアメリカが主流になっているのである。

　ブッド氏は、当時、計画制の名残から毛皮が大量に滞貨していることに注目、それをブラジルに輸出することを考え、1年で借金の100万ドルを返済することができた。移行期の混乱をうまく利用したということであろう。92年までは貿易に従事し、この間に資金を蓄積、その後、多方面にわたる産業分野に進出していく。

　92年には、木材加工、家具生産工場のオチル・ウッドを設立する。その後はレストラン、ホテル（エーデルワイス・ホテル、オチル・ゲストハウス）、金鉱山（96年、オチル・ゴールド）、さらに、98年からはコンサルティング会社も所有している。オチル・グループ全体の従業員数は150人前後であり、グループ全体の売上高は約150万ドルとなっている。このうち、オチル・ウッドが半分以上を占めている。

　ブッド氏は体制転換以後のモンゴルで成功した人物の典型的な一人といってよい。このブッド氏のモンゴル経済に対する認識は興味深い。ブッド氏によると、モンゴルの民間セクターは非常に苦しい状況にあり、国民収入も90年に比べ30％も落ちている。公務員の給料は約120ドル／月。だが、それなりに4部屋のアパートに住み、トヨタのランドクルーザーを所有している。また、2000年にはウランバートルでは一戸建住宅が大量に建設されているという。個人の収入もモンゴルの統計も全くわからない状況である。まさに移行期というべきであろう。

　一つ確かなことは、ここでみるブッド氏のような新たな企業家が大量に登場していること、さらにウランバートル市民をみる限り、表面的な収入や統計的なデータに比べてかなり豊かということである。

写真3—4　オチル／家具工場

主力の木工、家具事業の展開

ブッド氏はモンゴルの木材加工同盟（会員46社）という団体の副会長を務め、業界内での影響力も大きい。また、モンゴル政府の経済協議会（15人）のメンバーでもあり、政策への影響力も保持している。

オチル・グループの現在の主たる事業となっている木工、家具生産に関しては、まず、北方のセレンゲ県の森林の伐採事業から始まる。そして木材をウランバートルに搬入し、市の東方のアムガランで製材加工、ウランバートル市内の家具工場（オチル・ウッド・インダストリー）で生産するという流れになっている。

ここまでの木工事業の全体の従業員はほぼ100人規模であり、家具工場には50～60人が従事していた。加工機械の90%はドイツ製であり、ロシア製は1台のみであった。なお、家具工場のワーカーの賃金は　新規採用者で60ドル／月、技術者は150ドル／月、最高は500ドルの人もいる。全体的にはウランバートルの平均レベルよりかなり高めに設定してある。

以上のような事情を背景に、ブッド氏は「シルバー・ブリッジ・プロジェクト」なるものを構想していた。この構想は、モンゴルの北のロシアのブリヤート、チター、アルタイなどの地方の木材をモンゴルの北はずれの優遇地区[9]で加工し、オリンピックに沸く中国北京に投入しようというものである。モスクワ～イルクーツク～ウランバートル～北京には鉄道が敷設されており、モンゴルの木材加工、家具製造がロシアと中国をつなぐというイメージである。ロシアは現在経済的にたいへん苦しく、木材の輸出奨励を行っている。他方、中国には木材が足りず、特に北京オリンピックは巨大な木材需要を発生させること

が期待される。「シルバー」の名称は「ゴールド」では中国のイメージが強すぎ、「ウッド」では安すぎるという判断で付けたとされている。

すでに、ブッド氏はロシアのブリヤートに合弁企業を設立済であり、北京とも合弁設立に向けて調整中である。この事業では、年間木材加工量を6～8万立法メートルを想定し、600万ドルの投資を実施していく構えである。

以上のように、移行期の短期間で財をなしたブッド氏は、次の事業の方向をモンゴルの位置的条件を国際的な視野の中で確認し、興味深い「シルバー・ブリッジ・プロジェクト」にみている。社会主義時代に海外留学をした人々が、90年代の移行期に資産を形成するという第1段階を終え、新たな事業展開に踏み出そうとしている。まさに21世紀初頭のモンゴルは、ある程度の基盤を築いた若き企業家たちが、国際的な視野で新たな事業に踏み出していく第2ステージというべきものになってきたのである。

（2）　ブランドを確立したカシミヤ企業（ブヤン）

1959年生まれのジャルガルサイハン氏は旧ソ連の大学で宇宙物理学を学び、帰国後はゴビに勤務していた。だが、その後、89年に初めて訪れたシンガポールに刺激され、体制転換の直前の89年には貿易会社を設立している。シンガポール、日本、ロシアなどを舞台に、貴金属、電気製品、服装などを取り扱い、2～3年で300～400万ドルの資金を蓄積、「良い暮らしをするためには、働かなくてはならない」「輸出向け製品をやるには、何かを作らなければならない」と考え、92年、売りに出ていたゴビの実験工場を買い取った。取得価格は120万ドル、自己資金を投入した。

貿易会社から出発し、資金を蓄積し、国有資産を買い取って事業を拡大、コングロマリット的に多方面の事業に展開していくという、近年のモンゴルにみられる発展企業の典型ともいえる歩みを示していく。現在の組織はブヤン（BUYAN）・ホールディングという持株会社を頂点に、貿易会社、印刷工場、カシミヤ工場などを傘下に抱えており、さらに建設業、食品などの新規事業にも関心が深い。また、このジャルガルサイハン氏は落選したものの、2000年の国会議員選挙にも出馬するなど政治への関心も深い。こうした傾向は、現在の

写真3—5　ブヤンの総帥ジャルガルサイハン氏

モンゴルで資産を形成した経営者に共通する傾向のようである。

ニュー・ジェネレーションの登場

現在、モンゴルのカシミヤ工場としては、先発の国営企業であるゴビと、このブヤンが双璧となっている。後発のブヤンが短期間で存在感を高めてきた背景には、ジャルガルサイハン氏の指導力が大きく横たわっているようにみえる。

96年には日本の援助（モンゴル政府保証）に関連して丸紅から16億円の融資を受け、機械設備を一新した。98年には日本の島精機のコンピュータ付き最新鋭機（編立機）を30台、ドイツのSTOLL（編立機）30台を導入、生産能力、品質を飛躍的に改善させた。

合わせて、日本との関係を積極的に模索し、商社、デパート、通販業者を開拓していく。その結果、現在では通販の「ソニー・ファミリー・クラブ」「サントリー・コレクション」といったハイレベルの通販に加え、一般的な「ディノス」「サンケイリビング」などにまで「ブヤン」ブランドのカシミヤ製品を入れることに成功している。2001年の生産枚数は約20万枚、能力的には50万枚までは可能と考えている。さらに、東京の西麻布には合弁で商社を設立、日本に対するマーケティングを意欲的に展開していることも興味深い。

デザインはユーザー側からの指示が大半だが、工場内の機械設備や管理も良く行き届いており、発展している企業の勢いを感じさせる。従業員規模は630人、ワーカーの賃金は新規は60ドル／月、能力により最高250ドルまでの能力給になっている。就業時間は、9時〜18時、20時〜8時の2交代制をとってい

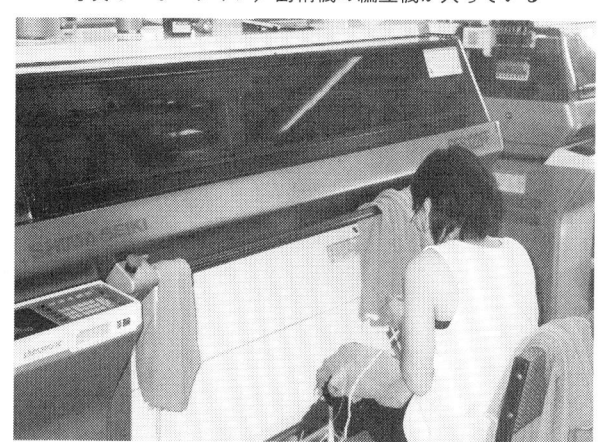

写真3－6　ブヤン／島精機の編立機が入っている

る。この間、従業員には2食を提供している。地元のウランバートル以外からも、地方の遊牧民の娘たちが憧れてくる。彼女たちは全員寮に居住している。若い従業員用の寮は内装も整え、食堂も衛生的であり、人気が高い。あらゆる意味で、モンゴルの新時代を彩る勢いのある民営企業といえそうである。

　これまでは大半を輸出してきたが、2001年からは国内の販売もスタートさせている。モンゴル人も品質、デザインの良いものを買うようになったとの判断である。

　先に検討したゴビの完全民営化に関連して、ブヤンが買い取るのではないかとの噂が流れているが、その点をただすと、ジャルガルサイハン氏は「ありうる話だが、価格が高い」「ブヤンは設備、デザインともニュー・ジェネレーションだが、ゴビは古くて、何も変わっていない」と答えてきた。おそらく、ブヤンにとってゴビは乗り越えるべき目標であり、反面教師でもあったのであろう。現在の勢い、存在感は明らかにブヤンにある。こうした事態を、今度はゴビがどのようにみて対応していくのか、モンゴル産業の旧世代と新世代のあり方が、ゴビとブヤンのこれからに炙りだされていくように思える。

（3）　電力コンサルからコングロマリツトへ（MCS）

先のオチル、ブヤンのいずれも、そのリーダーは社会主義時代の海外留学の経験者たちであり、移行期経済をうまく乗り切ってきた。ここで検討するMCS（Mongolian Consulting Service）とその経営者であるオジャーガル氏もまさにモンゴルの新時代を切り開いてきたものとして注目される。

次々と新規事業分野へ

ウランバートルの中心地、官庁街の片隅のあたりに、小ぶりながらも超モダンなオフィスビルが建っている。MCSの本拠地であった。1階はテクノロジーセンターとあり、DELLのコンピュータ、HPのプリンター、三田のコピー機等のOA機器のショールームになっていた。2階はADB（アジア開発銀行）のオフィス、アメリカのP&Gのオフィス、3階はMCSエレクトロニクスのオフィス、法律事務所、JCS（日本インターナショナル・コンピュータ・システム）のオフィス、4階はMCSのオフィス、プレゼンテーション・ルーム、5階はMCS建設のオフィスとなっていた。このビルはMCS所有のものであった。まるで、シンガポールあたりのベンチャー企業の集積するオフィスビルに迷い込んだかのような雰囲気であった。各階にはモダンな受け付けがあり、美人の受付嬢が愛想よく迎えてくれた。ここがモンゴルとは思えない空間であった。

MCSは現在、MCSホールディングという持株会社を頂点に10社ほどの企業を傘下に収めている。全体の従業員数は約1,000人とされていた。

最高経営責任者（CEO）はオジャーガル氏（64年生まれ）は旧ソ連のキエフ工業大学を卒業、帰国後はエネルギー管理局の技術者として勤めていた。体制転換直後の92年に電力会社へのコンサルティングを目指して独立創業している。体制転換後のモンゴルにとって電力事業の充実は緊急の課題であり、官需をベースに次第に事業基盤を固め、その後、実に幅広い範囲で事業分野を拡大してきている。

現在の主たる事業は、当初事業のエネルギーから、環境、建設、都市計画、エンジニアリング、バイオメディカル、オートメーション、セキュリティシス

写真 3 ― 7　MCS のオフィス

テム、ソフト開発、貿易、旅行、広告、出版、教育などに及び、最近ではコカコーラのディストリビューターになり、2002年春からボトラーになることが決まっている。モンゴルが近代化に向かう中での主要な事業分野を次々に飲み込んできた。第6章でみる韓国系の携帯電話事業の Skytel にも当然のことのように出資している。

モンゴル随一の先端型企業

　MCS グループのスタッフのリストをみると、エンジニア109人、金融アナリスト・会計・エコノミスト59人、建築家・都市計画家7人、農業専門家58人、教育訓練専門家21人、健康・社会心理専門家17人、生物・化学専門家13人、経営管理専門家3人、科学技術専門家7人などと記載されている。

　オフィスの雰囲気はアメリカンなものであり、優秀そうな若者たちが活き活きと働いていた。おそらく、現在のモンゴルでは最高の頭脳を集めている企業ということになろう。大草原と遊牧民とのイメージのギャップだけでなく、モンゴルを代表するカシミヤ工場、食品工場等とのギャップはあまりにも大きい。MCS グループはモンゴルでは飛び抜けた存在であり、世界に最も近い企業といえそうである。

おそらく、コカコーラやP&Gに限らず、外資の有力企業がモンゴルで新時代型の事業に踏み出そうとする場合、パートナーとなりうる唯一の企業といえそうである。周囲を見回しても、これだけの企業はない。移行期のスタートダッシュの時期に一歩先行し、累積的に膨れ上がり、一人勝ちになったのではないかと思う。今後はこうした企業で経験を重ねた若者が、新たな事業に自ら踏み出していくことが期待される。先端的な世界標準の企業が重なり合って初めて、新たなモンゴルの産業社会が形成されていくのである。その象徴として、あるいは突破口として、このMCSに期待される点は大きい。

　MCSの多くの事業の中でも、ベースとなるのは電力関係という安定的なものであり、さらに環境、インフラ関係、健康、教育等、世界からの援助事業と重なり合う部分も多い。それらに一括して応えられる受け皿として、MCSの存在はこれからしばらく重要な役割を果たしていくことは間違いなさそうである。

4.　民営化をめぐる諸問題

　以上にみたように、21世紀に踏み込んだ現在、モンゴル企業の民営化の問題は、伝統的な国営企業の民営化とその困難、体制転換以降の新たな企業の登場、さらに、発展軌道に乗る新たな企業の多角化、コングロマリット化、あるいは新たな財閥の形成といった大きな流れの中で、多方面から議論されていく必要がありそうである。

伝統的大規模国営工場の将来と中小企業の育成
　体制転換以後の10年で明らかになったことの一つは、大規模国営企業を株式化等によって民営化しても、必ずしも市場経済には適合できないという点であった。特に、過剰かつ老朽化した設備、過剰な人員、経営能力に乏しい幹部等の国営時代の負の資産をたくさん抱えており、建て直すことは容易でない。新たな設備投資もできず、償却済の設備でかろうじて生産を維持しているにすぎず、将来を期待していくことは難しい。どこかの時点で大きな困難に直面す

ることが懸念される。

　また、民営化の中で資産、あるいは部門の切り離しが進められていくが、良質な部分は新興の企業グループ、あるいは新興財閥というべき存在に囲い込まれ、取り残された多くの部分はさらに深刻な状況に追い込まれていくことが懸念される。民営化、市場経済化の負の側面はそうしたところに集中的に表れていくことになろう。そうした新たな時代に対応できない部分を、今後、どのように受け止めていくのか、政策側に課せられた課題は大きい。

　この点に関しては、多方面にわたる中小企業の育成、新たな就業の場の創出が求められてこよう。第4章、第5章で、新たな中間層を形成しつつある中小企業の実態をみていくが、大国からの援助依存、生活用品の輸入依存でやってきたモンゴルの場合は、中小企業による小まめな新規事業創設の余地は実は極めて大きい。今後、そうした点に着目した政策的な展開が求められている。

財閥形成期の次の時代のイメージ
　民営化をめぐるもう一つの注目すべき点は、体制転換後に新たに登場した企業群である。その多くは海外留学経験者が移行期経済の間隙をぬって新規事業を成功させ、あるいは国有資産の良質な部分を先取りして成功に結びつけたという場合が少なくない。そうした企業は正のサイクルの中にあり、次々と新たな事業に関連し、事業規模の拡大、事業範囲の広がりを実現している。そうした企業の大半は持株会社を設立し、限りなく事業の範囲を拡大していくようにみえる。まさに新たな財閥の形成期ということなのであろう。

　そうした発展企業をみていると、国営工場の民営化の困難との落差の大きさに愕然とする。そして、その格差は決して縮まらず、さらに累積的に拡大していくようにみえる。こうした現象をどのようにみていくべきなのか。その回答を得ることはなかなか難しい。

　古い着物を脱ぎ捨てるためには、ある程度の痛みは仕方がないと考えるのか、なんとか痛みを少なくしていくべきと考えるのか。あるいは、新しく登場してきた先行者たちに全てを委ね、新しい枠組みを作ることに視線を向けていくべきなのか。その場合、財閥形成とは別の世界に置かれる人々をどのように考え

ていくのか等、これから考えていかねばならないことは極めて多い。それが移行期ということなのかもしれない。

　ただし、新たな企業が登場し、一定の成功を収めていくということは、若者に大きな希望を与えることは間違いない。問題は、やや遅れてやってきた若者たちが一生懸命に努力を重ねれば、自分も成功できるという環境を整えていくことであろう。移行期をうまくくぐり抜けた一部の先行者だけが成功し、後が続きにくいという構図を形成することは望ましくない。90年代のモンゴルは小さな財閥の形成期であったが、21世紀はその次の世代が希望を抱ける環境にしていくことが大事ではないかと思う。そうした意味でも、新たな中小企業が成立しうる環境を整備していく必要性が大であることはいうまでもない。

1) 例えば、一つの重要なケースとして、カザフスタンの事情については、清水学・松島吉洋編『中央アジアの市場経済化』アジア経済研究所、1996年、を参照されたい。
2) 以下のモンゴルの民営化の事情の多くは、モンゴル科学院東洋国際問題研究所のバトバヤル、バトヒシグ「モンゴルの市場経済移行と国有企業民営化」（丸山伸郎編『アジア社会主義諸国の体制転換と経済協力の課題』アジア経済研究所、1995年）、を参照した。
3) 前掲論文、152頁。
4) 前掲論文、153～159頁。
5) 農牧業協同組合（ネグデル）はモンゴル経済の中で非常に重要な存在であるが、本書では取り扱わない。この点については、安田靖『モンゴル経済入門』日本評論社、1996年、が有益である。
6) 90年代初めのバウチャー交換の頃の社会の状況については、青木信治『モンゴル国経済顧問日記』日本経済新聞社、1994年、同『モンゴル国の実像』東洋経済新報社、1998年、が興味深い。
7) バトバヤル、バトヒシグ、前掲論文、167～168頁。
8) 加藤博通「産業育成と民営化プログラム」（日本貿易振興会『続・新生モンゴル』2000年11月）、73頁。
9) モンゴルは現在、国境地帯の3カ所にフリーゾーンを計画中である。場所は、ロシア国境のセレンゲ、ツァガンノラ、そして中国国境のザミングデである。

第4章　新たなサービス業の登場

　一般の外国人が、社会主義を掲げ計画経済を遂行している国を訪れようとする場合、かつては、外国人専用のインツーリストや国営旅行社に申し込み、費用を前払いしてバウチャーを発行してもらわなければならなかった。グループに編成され、訪問地、移動手段、宿泊など全てが事前に決められた行程に従わなければならず、計画変更には膨大な時間を必要とした。計画経済とはこういうことかと実感したものである。

　現地に入り行動してみると、サービスは高級幹部、労働者、外国人向けなどの等級にそって国家が配分するものであると気がつく。サービスを求める個人の欲求は抑圧されていると感じたことであろう。

　計画経済では、サービスの内容と範囲、生産と供給の仕方は、モノの生産、供給と同様に事前に決められており、消費する側の要求が素早く反映される環境にはなかった。一定の時間の積み重ねを必要とするモノの生産は、比較的計画経済になじみやすい部分がある。しかし、生産と消費が同時になされる場合が多いサービスの成長、発展は制限される。モノの生産を優先していた社会主義計画経済下ではサービス概念の発達は抑制されていたのである。

　かつて「社会主義の優等生」とされたモンゴルでは、ビッグバン型の体制移行に踏み切り、サービスの発展の仕組みを持たなかった計画経済を脱ぎ捨てた。

　体制転換後の10年は、それまで制限され未発達であった、あるいは空白であったサービス事業分野へ企業が参入し、次々と新たなサービス業を勃興させた時期であった。

　この章では、市場経済化を象徴するサービス事業分野で新たに登場してきた中小サービス業と教育サービスに注目し、その経営の実態と今後の発展に向けた課題についてみていくことにする。

1. 市場経済化を担う新たな展開

　需要と供給、消費と生産、「買い手」と「売り手」をつなぐ仕組みが計画による経済体制を「計画経済システム」、市場メカニズムによる経済体制を「市場経済システム」という。両システムとも貨幣を媒介として様々な財が交換される。計画経済システムにおいては、財の価格は事前の計画によって決められるのに対し、市場経済システムでは、価格は市場が決定するのが望ましいとされる。市場価格によって需要と供給が均衡する状態が理想であり、完全競争が資源を最も効率的に配分するというのが市場経済の主張である。

　モンゴルは体制転換によって市場経済システムの導入を求め、国営企業の民営化によって市場と市場に参加する企業を創出しようとしてきた。そうした市場経済化の第1ステージを特徴づけたのは、民営化によって生まれた旧国営企業と、体制が転換する混乱の中からチャンスを切り取り成長した新興財閥のグループ企業であった。

　そして、やや遅れて多種多様な中小企業がサービス事業分野を中心に大量に登場している。そうした中小企業を創業したのは、20歳代で体制転換を目の当たりにした大学生や留学生が多い。彼らはモンゴルの市場経済化の第2ステージを形作る新たなプレーヤーとして活躍していくことが期待される。

　また、こうした若き企業家達の後に続こうとする若者の欲求に反応して、数多くの私立大学や専門学校が設立され、新たな教育サービスを供給している。第2ステージの市場経済化の展開を担う人材が養成されているのである。

（1）　サービス業の解禁

　計画経済システムにおいては、モノの生産が優先事項とされ、工業を筆頭とする「生産性部門」が経済の主役であった。「非生産性部門」であるサービス、特に対個人サービス分野は、モノの生産に付随した「任務」としての位置に抑し留められていた。

　例えば、家庭の電気製品の修理や居住施設のリフォームなどは、基本的に自

分で部品や資材を探して行なうことであり、また、個人や家庭で旅行をする、あるいはレストランで美味しいビールを飲みながら食事を楽しむ、などを多様な選択肢の中から選ぶことは難しかった。労働者である個人とその家庭は、所属する「単位」から配分されるサービスを受け止めるしかなかったのである。

　また、対個人サービスを供給する側では、独自にサービスを提供し対価を得ることは許されず、決められた「任務」を遂行することだけを求められていた。サービスが産業として発展していく条件は乏しかった。

　体制転換は抑圧されていたサービスに対する個人の欲求を解き放ち、閉ざされていた様々なサービス分野の事業可能性を開いた。多くの企業家が登場し、多種多様なサービスの供給を開始し、新たな雇用を創出している。

　第2章でみたように、体制転換後のモンゴルで「前向きな」雇用機会の増加を生み出しているのは、民間部門のニュービジネスとして登場した卸・小売・修理業と輸送・倉庫・通信である。

　主要産業の農牧業の就業者数は、1995～2000年に35.4万人から39.4万人へ約5万人増加し、全就業者の半分近くを吸収している。しかし、GDP構成比をみれば33.2％にとどまり、1人当たりGDPは53万トゥグリグへ減少し、生産性は低下している。農牧業部門は都市失業のセイフティー・ネット機能を担ったのである。

　一方、卸・小売・修理業と輸送・倉庫・通信は、それぞれ19,100人、2,500人増加し、GDP構成比21.1％、8.7％を占め、1人当たりGDPは全産業平均78万トゥグリグに対し159万トゥグリグ、162万トゥグリグに達している。

　市場経済化はサービス分野の需要と供給を解禁した。新たに発生したサービス市場での供給者は、留学経験者や大学卒業者等の若手企業家達が中心となっている。留学先でのヒューマン・ネットワークを活かして貿易を手がけ、資金を蓄積しつつ修理業、飲食業、旅行業、不動産賃貸業などへ展開していくケースが多い。また、田舎の家族が面倒を見ている私有家畜を売却して自己資本を作り、新興財閥の事業部門からスピンオフして創業を果たすなどの企業家精神の発揚がみられる。

　彼らの眼前には未開拓のサービス事業分野が広がっており、若き企業家達は

現在の事業拡大を求めるとともに、次に展開を予定する事業計画を熱い口調で語っているのである。こうした新しいタイプの企業家達がモンゴルの市場経済化をいっそう活気のあるものにしていくのであろう。

（2） 市場経済化の担い手の養成

　体制移行が始まる1992年前後、既に一定の資産、権力、情報、ネットワークなどを手にしていた人々の中から、市場経済化の機会を最大限に活かして成功し、新興財閥を形成する事業家が登場した。彼らに政治的権力と経済的資力が集中していく流れもあり、モンゴルの市場経済化の第1ステージを特徴づける存在となっている。

　政治的な激動とともに生じた経済的な機会競争の10年が過ぎ去り、やや落ち着きを取り戻したかにみえるモンゴルでは、体制転換期に学生であった者たちが自分自身の能力と努力、そして溢れるばかりの企業家精神を発揮し中小企業を創業している。

　そうした若き企業家達が未踏の事業領域を切り開き成功していく姿は、次に続く若者たちに希望を与えている。市場経済という新たな社会経済環境に適応するためには、専門知識が必要だと考える次の世代の若者たちが増えている。一説には高等学校卒業者の約7割が大学、専門学校に進学するといわれる。

　旧ソ連を中心とした社会主義体制の経済経営は破綻し、モンゴルに多くの負の遺産を遺した。しかし、一方で優秀なモンゴル人材を留学させてきたという教育体制は、新たな事業の挑戦に向かう若い企業家を輩出する土壌を培っていたのである。

　今後、モンゴルはコメコン諸国への留学生派遣に替わり、自国内で社会経済の発展を担う人材を養成する仕組みを備えていかなくてはならない。次世代の若者達の専門教育、高等教育の要求に応じて200校に近い小規模な私立大学や専門学校が設立され、教育部門の就業者は95年の48,500人から、2000年には54,400人へと増加している。こうした私立大学や専門学校が国家独占であった教育サービスを提供しはじめ、次世代の若者たちを市場経済化の担い手として養成しているのである。

2. 若き企業家達のニュービジネス

　国外に留学した人材は、体制転換前であればエリートとして中央省庁等に配属されることが多かった。しかし、留学している間に体制が転換し市場経済化が進む最中に帰国した留学生達は、社会経済が大きく変容する状況に直面した。そこで、彼らは体制転換を自身の能力を試すチャンスとしてとらえ、計画経済では十分な供給がなされなかったサービス分野を中心にさまざまな事業を立ち上げていった。どんな事業であれ民間企業がサービスを供給することは初めてのことであり、全てが「ニュービジネス」として成長する可能性を秘めていた。

（1）トヨタ車の販売修理（ヘット・モータース）
　自国に自動車産業が成立していないモンゴルで自動車といえば、計画経済時代にはソ連車のことであった。現在は、これに加え韓国車、日本車の存在が高まっている。モンゴル国内には約94,000台の自動車（トラック、バスなど商用車を含む）が登録され、その74〜75％がロシア車、16〜17％が韓国車、7％が日本車、残りがドイツ車などであるといわれる。悪路、寒冷を前提として設計されていること、修理しながらとことん使い続けることなどから、地方ではロシア車の使用率が高い。対して、90年代にはウランバートルを中心に韓国車、日本車、ドイツ車が購入されるようになっている。
　体制転換以前には、自動車や補修部品の輸入、配分は国家計画のもとで専門の貿易公社が扱っていた。自動車の輸入、販売、修理などのサービスがビジネスとして登場し始めたのは、この数年のことと考えてよい。ここでは、トヨタ車の輸入販売、修理サービス業の展開についてみてみよう。

ヘット・グループの事業多角化
　47歳の総裁率いるヘット（KHET）グループの主力事業は原油探査である。モンゴル国政府と米国 SOKO 社によるモンゴル東部の油田開発にもサブコントラクターとして関わっている。また、火力プラントの保守部品の輸入販売事

業も行っている。さらに、2001年に希少金属探査を行う企業を設立し、自動車輸入販売、修理事業を加えて従業員約500人（季節雇用400人）を擁する新興財閥の一つである。

　自動車輸入販売、修理事業は、グループの事業多角化の一環としてヘット・モータース社が取り組んでいる。事業化の契機は伊藤忠商事欧州支社と付き合うなかで、トヨタ車ディーラーの話を提案されたことによる。東欧の大学に留学し、帰国後、ドイツ車の輸入を手がけていた若手企業家を副社長に採用し97年8月に当社を設立した。

　経営面でのチーフアドバイザーは日本の研修センターで研修を受け、メンテナンス技術面では3〜4人をウラジオストクの訓練センターに派遣した。98年にトヨタの修理サービスセンターとディーラーの認定を得て、従業員30人の企業となっている。

　モンゴルで本格的な認定修理工場を配置している外国自動車メーカーは、トヨタ、現代、起亜、ベンツの4社だけであり、日産自動車は小規模な修理センター、三菱自動車は販売代理店を展開している。

トヨタ車の新車販売事情

　ロシア車以外の外車では、現代自動車に次いでトヨタ車の輸入が多い。日本車ではトヨタ、三菱、日産がモンゴルでの日本車三大メーカーでホンダ、スズキなどの数は少ない。トヨタ車は中古車を含め全国に約4,000台（新車は約10%）が入っており、そのうちウランバートル市内に約3,400台がある。日本車は、97年まではトヨタ車が約1,000台走っていただけであったが、98年以降に増え始めた。ほとんどは日本で購入し中国経由で輸入するが、一部はウラジオストクやドイツの中古車市場で購入したものである。

　当社は新車のランドクルーザーを7車種（本体価格約28,000〜51,000ドル）扱っており、現在までに240台を販売している。モンゴルで世界各メーカーの新車購入台数は年間400台ほどしかないなかで、当社は98年に140台、99〜2000年に40台を販売し、2001年に50〜60台を見込んでいる。

　新車の場合、輸入関税7%、国内特別税500ドル、VAT（国内付加価値税）

15%が課せられる。本体価格35,000ドルの新車には約8,600ドルの税金がかかることになり、購入できるユーザーは限られている。ユーザーは全額キャッシュ払いか、50%自己資金を用意し50%は当社が銀行から借り入れた資金に金利を上乗せした転貸資金を使うことになる。

伊藤忠は20万ドル分までのショールーム展示車を90〜120日間提供し、当社は売上げが20万ドルを超えた時点で伊藤忠に支払う仕組みになっている。円高になると展示車種が少なくなるので、新車の売れ行きは対ドル円レートに影響される部分が大きい。ショールームでの展示販売が中心だが、注文販売も受けている。その場合、30%の前金（保証金）をもらってから日本に発注している。

ユーラシア大陸がビジネスの舞台

こうして販売する新車は1台あたり26万円の輸送費をかけて、日本から天津に陸揚げされ、列車にてウランバートルに入る。17〜25日間を要する。当社の調べによれば、欧州に輸出された新車はもっと安く調達することが可能という。現在は「日本から新車を輸入販売する」ビジネスチャネルしか使っていないが、モンゴルの視点からみれば、ユーラシア大陸の西側にもビジネスの舞台が広がっているのである。

輸入販売業者を使わず、自分でドイツなどの販売店から自動車を購入し、ロシアの警察、山賊に取り上げられるリスクを賭けて約1万キロを運転してくる者も少なくない。それだけ欧州ルートの自動車輸入のうまみがあるということなのであろう。

当社では、これまでの新車販売、修理ビジネスに加え、欧州および日本からの中古車輸入ビジネスにも展開したいとしている。代表者はドイツから日本車の中古輸入の経験もあり、買付けルートは持っている。トヨタの認定修理センターに技術者も擁している。そして、モンゴル市場での日本車の人気は高い。

日本の自動車メーカーが品質の良い新車を次々と世界に供給してくれるおかげで買い替えが促され、欧州、日本に軟調な中古車市場が生まれている。当社は、そこにビジネスのチャンスを見いだしているのである。さらに今後は、海の向こうの日本からだけではなく、中国本土で生産される自動車にもビジネス

写真4－1　トヨタ車のメンテナンス

の可能性を探っている。彼らにとって東西1万キロのユーラシア大陸がビジネス・フィールドなのである。

（2）　日本留学人材のニュービジネス（モンニチ・インターナショナル）

　1990年前後に国外留学をしていた人材の多くは、市場経済体制への移行期に直面し自ら事業を立ち上げた。自動車や設備機材の輸入販売、修理サービスも彼らが着目したニュービジネスの一つであった。十分な資金がない創業段階で取り組んだのは、留学先で培ったネットワークを活用した貿易（輸入販売）や旅行業であることが多い。そうして蓄積した資金を飲食業や不動産賃貸業などで運用しながら技術や工場設備への投資力を蓄え、自動車や設備機材の修理業に展開していく。ここでは日本の大学への留学生が創業したモンニチ・インターナショナル（MONNICHI INTERNATIONAL）社に注目する。

日本企業との合弁事業

　モンニチ社の会長ガンツルガ氏は1964年生まれ、88年から電気通信大学に留学し94年に帰国した。専門はコンピュータ技術であるが、体制転換後のモンゴルには彼の知識を活かすことのできる職場はなかった。そこで日本の事情を知

る氏は貿易会社を設立し、日本からの中古車輸入ビジネスを始める。日本車の中古車輸入、販売が順調に推移するなかで、ユーザーから自動車修理や部品の輸入、販売もやって欲しいとの要望が多く、これを受けて日本企業との合弁事業を模索していく。

　97年に日本の上里運送（東京）と自動車修理、自動車部品の輸入販売およびレストラン経営を目的とする合弁企業モンニチ社を設立した。投資額はモンゴル側7万ドル、日本側6万ドルである。

　現在、自動車修理、部品輸入販売部門で20人、レストラン経営部門に20人を配置している。修理技術の習得は合弁企業設立当初の1年間、日本から技術者に来てもらい、その後は毎年1人を上里運送へ技術研修に出している。

　部品販売をスタートした直後は、輸入した中古車の車種は多種多様であるのに対し、部品の輸入、販売を行う同業者は少なく、ウランバートル市内で手に入る部品の種類は限られ、ユーザーの要求に即応することが難しかった。日本に部品を注文するため型番を特定できるようになるまでの苦労も多かった。創業して2年間は部品在庫を4万ドルも抱えるなど苦しい時期もあったが、現在はDHLやEMS（輸送費15～18ドル／キロ）で空輸し、日本のパートナーに注文してから1週間で確実に入手できる体制を築いている。

　当社は創業以来、10,000件を超える修理、部品販売の実績を積み重ねてきた。ユーザーの60％は日本車のオーナーである。99年には年間1,400台の点検・修理能力を備えた工場（450m²）を開設し、国家機関、国際機関、合弁企業、国内大手企業などの日本車ユーザーを中心に営業展開している。また、部品販売では日本直輸入の部品類、タイヤを扱うことで同業他社との差別化を図っている。

モンゴルの自動車部品市場

　自動車および自動車部品市場には参入企業が増え、競争が激しくなっている。韓国車と日本車が競っており、現代、起亜はサービスセンターを配置し、修理、部品供給体制を整え販売を強化している。韓国車は本体価格や部品価格が安く人気がある一方、日本車は価格は高いが信頼性があり中古車の品質も良いので

写真4－2　日本車の点検、修理

健闘している。

　日本車の修理、部品輸入販売を行う同業者は、企業設立しているものが5社、そのほか個人営業がいくつかある。当社は合弁パートナーを通じて日本から部品を輸入販売しているが、他社では中国で供給される日本車部品を買い付ける、あるいはロシアにある在庫部品から調達しているところもある。

　自動車の修理、部品の輸入販売ビジネスに競争が発生しているなかで、当社は日本からの部品直輸入に特化し存立基盤を強化しようとしている。また、ガンツルガ氏は事業の多角化にも積極的に取り組み、自動車修理、部品の輸入販売事業を信州大学に留学していたボル氏に任せ、氏自身はモンニチ・ツーリスト社で旅行業、テクニック・インポート社で産業用機械、建設機械、建築資材などの輸入とメンテナンス業務、倉庫業、不動産賃貸業など幅広い事業を手がけている。

　こうした事業展開においては、同級生や先輩、後輩など留学経験者で企業経営者となった20数名がネットワークを形成しビジネス情報を交換している。市場経済化の第2ステージで活躍する企業家達がお互いに競い、支えあいながらモンゴルのニュービジネスを切り拓いているのである。

（3） 旅行会社の挑戦（メロディ・ツアー）

　開放政策に転じたモンゴルを訪問する外国人は、1998年に19.7万人、99年16.0万人、2000年15.8万人であった。2000年の入国者数のうち、中国から5.8万人、ロシア4.9万人、日本1.1万人であった[1]。国外からの観光客は90年代初めには1.0～1.5万人程度であったが、98年には4.2万人を数え、欧州から1.9万人、日本からは1.5万人が訪れている[2]。外国人の入国者数の増加に応じて企業や個人営業の旅行業が叢生し、現在、428事業所にも及んでいる。旅行業はモンゴルの市場経済化のなかで成長した代表的なニュービジネスである。

急成長と過当競争下のモンゴル旅行業界

　計画経済時代には国営旅行会社ジョルーチン（JUULUHIN：旅行者）がコメコン諸国を中心とした外国人旅行者の手配を行っていた。体制転換後の民営化によりジョルーチン社は最大の民間旅行会社となり、その他にネイチャーツアー社、チョルモントラベル社、ジェンコツアー社が大手旅行会社となっている。また、こうした大手企業から従業員が独立創業して数多くの中小旅行会社が生まれた。

　旅行業が急増したのはモンゴル国立大学に観光学科が新設され、さらに観光専門大学1校、既設の私立大学6校に観光学科の開設が続き、毎年200人の卒業生を送り出していることも背景にある。かつてモンゴルでは旅行業の専門人材を養成するため、ソ連の大学に留学生を派遣していた。体制転換を機にモンゴル国立大学で西側スタイルのホテル経営、観光ガイドなどの専門人材を養成することとし、93年に米国タンパ大学と提携、教員を招聘し観光学科を開設した。この事業はモンゴル、米国の両国間で取り組む最初のプロジェクトであり、第1期入学者8人からのスタートであった。

　現在、モンゴルの観光シーズンは6～9月の4カ月間に集中している。4万人ほどの観光客を巡り、ホテルや観光ゲル、ガイド、レストラン、スーベニアショップなどを複合的に経営する大手旅行会社と、固定費負担は小さいものの手数料収入のみで経営する小規模旅行会社が激しく競争している。観光学科を卒業しても旅行業を創業するには厳しい市場環境となっており、卒業者の半数

写真4－3　若き企業家エハブシン氏

は別の職業を求めざるを得なくなっている。また、400を超える旅行会社で通年営業しているのは30社余りであり、ほとんどは夏の観光シーズンだけ営業する状況となっている。

大手旅行会社からスピンオフ

　激しい競争状態となっているモンゴル旅行業界において、財閥系列の大手旅行会社の経営を担っていたエハブシン氏は、独立してメロディ・ツアー（MELODY TOUR）社を設立した。氏はモンゴル北部のセレンゲ県出身、1972年生まれ、第1期モンゴル国立大学観光学科を卒業した8人のうちの一人である。96年に卒業後、冬季に私立大学で観光学を教えながらジェンコグループの旅行部門としてジェンコツアー社の設立に参加し、代表者として大手旅行会社の一つに育てあげた。グループ本社のジェンコ社は91年に創業し、バヤンゴルホテル、スーパーマーケット、タクシー会社、MBCモンゴル放送、食肉工場、ジェンコ国際大学などを経営する新興財閥の一つに成長している。

　財閥傘下企業の責任者として経営を担い成功に導いたのだが、自分で会社を創業し大きくしたいという思いを断ち切れず、2000年12月に当社を設立した。創業に際し地方で牧業に従事する両親の協力を仰ぎ、所有する家畜の半分を

売って事業資金を用意した[3]。当社の事業内容は旅行業、輸入販売業、幼稚園経営と多彩である。

まず、旅行業に関しては8人が従事し、2人は地方でツーリストキャンプ（観光ゲル）を経営している。今期、旅行会社のツアーを使って入国した観光客は1.5～1.6万人、そのうち約9,000人が日本人であったといわれる。ドイツ、米国に加え韓国からの観光客も多かった。当社がアテンドした旅行者は360人程度（うち韓国人が170人）となる見込みである。日本のスマイルツアー、農協ツーリストなど数社の旅行代理店と提携しているが、日本人旅行者は100人ほどであった。農場視察などの高齢者男性を中心としたツアーや、ホームステイ希望の女性リピーターが増えているという。2002年からモンゴル～日本の定期便が冬季も運行する予定となっており、冬の観光企画を用意し日本とドイツで営業活動に注力する構えである。

事業の多角化

輸入販売業には3人が従事している。当初、日本の缶ビールを仕入れようと試みたが韓国製缶ビールの仕入値が50トゥグリグであるのに対し、日本製は1,820トゥグリグと高く、小売価格では2,200トゥグリグとなってしまうので諦めた。そこで、日本の商社2社を通じて中古車および自動車部品を輸入することとし、これまで中古車の販売実績は月3～4台といったところである。

幼稚園経営は2001年10月からスタートする予定である。事業経営に忙しいエハブシン氏夫妻には幼稚園年齢の娘がいるのだが、ウランバートルに幼稚園は少なく、20カ所のロシア式幼稚園の入園競争は激しい。また、モンゴル式幼稚園では外国語を教えないということで思い悩んでいた。それならば、自分で日本式幼稚園を始めようと決断した。日本式に注目したのは、日本と関係した仕事をしているモンゴル人は多く、今後も増えていくと見込まれ、そうした親たちは日本語を教える幼稚園の有望な顧客となると考えたからである。

日本に視察に行き研究し、教諭を探し契約し、厳しい国の設立認可を取得した。園児25人を募集したところ話題となり、間もなく定員となった。日本人幼児はいないが韓国人幼児が2人入園する。日本語を教える日本人女性2人を含

む幼児教育資格を保持する4人が従事する予定である。

　財閥系列の大手旅行会社の代表者ポストに満足せず自身でリスクを背負い、新生モンゴルでのニュービジネスの開拓に挑戦する彼の姿勢は、多くの若き企業家達の姿と共通する。彼らの視線はモンゴルにいながら、日本や欧米はじめ広く世界に向けられているのである。

（4）　ドイツ風ビールを提供（ハーン・ブロイ）

　モンゴルの都市部での一般的なアルコール飲料はウォッカとビールである。ウイスキー、ブランデーは奢侈品扱いで、伝統的な馬乳酒は祝祭日以外にあまりお目にかかれない。

　モンゴルのビールの年間消費量は約2,000万リットルといわれ、26社が生産ライセンスを持っている。主要なメーカーはウランバートルの旧国営企業アプ社（年産約600万リットル）、旧国営企業エルデネット食品のハサップ・ビール（400万リットル）、スイスとの合弁企業のチンギス・ビール（100万リットル）、当社、ハーン・ブロイ（それぞれ60万リットル）、チェコとの合弁企業のオルド・チェコが続き、その他はカジノ、ヤゲルなど10～15万リットル程度の小規模メーカーである。こうした国内産ビールに加え、輸入ビールでは韓国製缶ビールのカース、OBが目立つ。

　こうしたモンゴルのビール業界のなかで、高級品ブランドを押し出しているのがモンゴル・ドイツの合弁企業ハーン・ブロイ（KHAN　BRAU）社のハーン・ブロイ・ビールである。

旨いビールを飲みたい！

　当社は1963年生まれのモンゴル人オトグバタール氏と62年生まれの旧西ドイツ人クラウスバーデン氏の2人の出資による合弁企業である。オトグバタール氏は旧東ドイツに留学、ドレスデン技術大学で建築エンジニアリングを目指していた。その留学中に東西ドイツの統一という歴史的な瞬間に居合わせた。大学4年次であったが、退学しビジネスチャンスに挑戦することとした。92年にドイツ技術アカデミー出身でコンピュータ・プログラマーのクラウスバーデン

氏と知り合い、ドイツからモンゴルに中古車やオイル類を輸入するビジネスを始めた。

　95年まで2人の事業は順調に拡大し、約50万ドルの資金を蓄積できた。しかし、中古車の輸入ビジネスは競争が激しくなり利幅が薄くなったので、当時、世界市場で一斉発売されたウインドウズ95をシンガポールで仕入れ、ドイツで販売するビジネスに挑戦した。これは見事に失敗し、2人はしばらくウランバートルで過ごし、次のビジネスプランを練りなおすこととした。

　モンゴル滞在中にドイツ人のクラウスバーデン氏は、モンゴルを代表するビールメーカーの生ビールが「旨くない！」と主張し、2人で「旨い生ビールを作る」計画を立ち上げた。ドイツ、チェコ、ハンガリーのビール会社を調査、交渉した結果、バイエルンのブロイハウス社のビール設備と技術を導入することとした。モンゴル政府の求める20数種類の許認可手続きを済ませ、ドイツ人80％、モンゴル人20％で40万ドルを出資し、96年8月に合弁企業設立となった。同年10月にはドイツ外務大臣を招待し、生産、販売を開始した。

ハーン・ブロイ・ビールの生産、販売

　原料の小麦、ホップ、ビール酵母は100％ドイツから輸入している。モンゴルにも小麦、ホップはあるが品質に満足のいくものが手に入らないからである。輸送は列車で4週間かかる。ロシア国内でのトランジット手続きに時間がかかるためである。ボトルは北京近郊のガラスビン・メーカーのものを輸入している。モンゴルには、かつてガラス容器工場があったが、民営化後、倒産してしまった。ビールビンは4～7回リサイクルして使用している。

　輸入した小麦はモルトに加工し、ホップを加え蒸され、酵母とともに発酵タンクに送られる。1回の仕込みは900リットルで、7～10日の発酵期間を経てフィルターを通して酵母を除去し冷蔵される。15リットルと30リットルの生ビール樽と330ミリリットルのボトルに充填し、ボトルはラベリングして販売に向かう。

　当社の生ビールの小売価格は500ミリリットルあたり2,000～2,200トゥグリグと比較的高いのでウランバートル、エルデネットを主要な販売エリアとして

写真4－4　ハーン・ブロイ直営店「ブロイホール」

いる。
　ウランバートルには工場と併設する洒落た直営レストラン「ブロイホール」と、中心市街地にもう１店舗を展開している。チョイバルサン、鉱山都市ザーマルなどでは主にビン・ビールを販売している。都市部ではレストラン、バーと直接契約し、ビールサーバーを提供し樽詰め生ビールを届けている。ビン・ビールは小売店と売り切りを前提とした契約を結び、１週間毎に商品配送の運転手と売掛金回収員が小売店を巡回している。
　また、ドイツ、スイス、日本へ最低ロット２万本から輸出を行っている。欧州ではビール展示会に出品し一定の評価を得ており、ドイツのモンゴル・バーベキューレストランへの販売チャネルを開拓している。ドイツに留学中の日本人を欧州地区担当営業マンとして契約している。
　当社の平均給与120～150ドル／月は、一般のモンゴル企業よりも高水準である。失業保険、医療保険、年金保険に加入し基本給の29％（企業19％、個人10％）の社会保障費を納めている。昼食の無料支給、社内ローンの提供など就業条件の向上に努め、尊敬される「モンゴルの企業」になるべく努力を積み重ねている。

さらに事業拡大を目指す

　96年に13人でスタートした当社は、これまでにビール工場と直営レストランの増設、発酵タンク、貯蔵タンク、ボトリング設備などに追加投資を行い、総投資額は240万ドルとなっている。追加出資で2人の出資割合はドイツ人60％、モンゴル人40％となった。売上げの50％を占めるビールの製造販売のほか、旅行業、建築業にも展開し、現在320人の多角経営企業に成長している。近いうちに持株会社に転換したいとしている。

　ビール事業では国内消費量の30〜40％を獲得することを目標にし、現在の生産能力の10倍、年産500〜700万リットルの設備投資を考えている。そのためには、缶ビール生産に踏み込み全国市場への供給と輸出を伸ばす必要がある。モンゴルにはアルミカンの生産設備がないので自社で装備しなければならない。約450万ドルの投資計画となるが、当社の事業計画では5年間で回収できるとしている。

　また、レストラン、バー、ホテル経営にも展開する予定であり、そのための人材、国外の事業パートナーを求めている。現在、スイスからコック、オーストラリアからレストラン・マネージャーを招聘し、技術研修、経営指導を進めており、ドイツには2人の従業員を研修に行かせている。日本への現場研修や大学留学も希望しており、その機会を探っているところである。

　こうした意欲的な事業投資計画に対し、モンゴルの投融資環境の課題は少なくない。その一つとして、国内での産業資金の調達困難をあげることができる。民間金融機関の融資は半年から1年未満の短期融資が中心であり、年利20数％から30数％という水準では極めて限られた設備投資しかできない。幸いに当社は設備投資資金として、2001年に設立した外資100％のチンギスハン銀行（主要出資者は英国企業でロシア人が頭取）から、ドル建てで2年間の借り入れを起こすことができた。

　また、ドイツ政府から輸出事業向け融資として融資期間8年間、年利7.5％で1,000万マルクを超える資金が提供されているのだが、市中に十分供給されていないという。こうした課題については第10章で詳しく触れることとなろう。

3. 私立大学、専門学校の展開

ソ連を中心にしたコメコン体制は、同盟国の経済面、軍事面を強く規定し、教育面では社会主義思想を基礎とした高等教育システムを構築した。モンゴル側の視点からみるならば、国内の優秀な学生の専門高等教育のために、コメコン諸国の大学や大学院に比較的容易に留学させることができたのである。今回、我々の面接に応じてくれた多くの企業家達は、ソ連、東ドイツ、ハンガリー、ポーランド、チェコスロバキアなどの大学への留学経験者であった。

しかし、こうした高等教育システムは、ソ連崩壊、モンゴルの体制転換とともに機能不全となり、新生モンゴルは自国で教育体系を構築しなければならなくなった。1991年までのモンゴルの高等教育は国立大学10校、高等専門学校3校が学費無料で行っていた。98年時点では国立大学33校、国立技術系大学・高等専門学校38校、私立大学・高等専門学校71校であった[4]。その後、状況が変わり、現在、国立大学は20校、国立高等専門学校の民営化が進んでいる。新たに小規模な私立大学、専門学校を開学する動きも続いている。

2001年の公立、私立の大学、短期大学、高等専門学校は200校を超え、約20,000人の高等学校卒業生のうち、約70％が大学等へ進学しているといわれる。

ウランバートルを中心に乱立ぎみな私立大学、専門学校の実態をみてみよう。

(1) 大学集合ビルの中の法律大学（ハラフ・ジュラム）

ハラフ・ジュラム（KHALKH JURAM）法律大学は、1996年、1学年50人定員の私立大学として開学した。現在、モンゴルで法律系の学科を設置している大学は、モンゴル国立大学、警察大学、貿易庁付属大学など20校、うち法律単科大学6校がある。教育省と法務省による最近の法律系大学に対する設置基準調査では、12校は認可を継続したが8校・学科は閉校となり、学生は他大学に移籍することとなった。法律系、経済系学科の人気は高く多くの学生が応募するが、学校間の競争が激しく経営は楽ではない。

当校の開学初年度は専任教員5人、学生57人から始まった。現在の教員数は

写真4-5　私立大学の集合ビル

他校との兼任教員を含め20人、在学生総数は約200人となっている。卒業生の約80％は裁判所、警察、出入国管理局などの政府機関に就職しており、約20％は自営ビジネスに向かっている。7～8月が入試期間であり、2001年度の受験生は約300人で50人を合格とした。合格者のうち2～3人は国立大学へ移ったが、他校に在学中の学生が編入することもあり定員は満たしている。

　体制転換前の選抜方法は全国統一試験と面接により、上位成績者から希望の大学に配分していた。現在は各校で国の試験問題基準に沿った入試問題を作成し、高校の統一卒業試験（数学、外国語、社会）の点数を判断基準としながら選抜している。

私立大学の開学経緯

　90年代は私立大学の勃興期であった。資産を蓄積した新興財閥の経営者や、かつての教育機関の教員が数多くの私立大学を設立した。もと国立警察大学の法律の教員であった現学長のドゥハ氏は2,000万トゥグリグを投資し、13教室を備えた法律単科大学を開学した。その経緯は次のようである。

　開学に向かう当時、体制転換後の市場経済化に対応した法律専門人材が求められ、法律を学びたい学生も多かった。また、かつては定員が限られた国立

大学や留学しかなく、進学がかなわなかった子供たちに大学教育の機会を提供したいと考えた。

　私立の法律大学を設立するには、法務省を通じ教育省に大学設立認可申請を行う。当校の場合、認定要件として学校経営の財政力、教員の数と水準、学校施設の水準が重視された。このほかの要件として、学生1人当たり教室スペースは1.7m²以上、30％の学生が着席できる図書館、学生1人当り教科書数13冊以上などの詳細要件がある。

　開学5年目を迎える当校は、現在、民営化のなかで売りに出された建物の1階と4階のフロアを購入し16教室を備えている。この建物は当校のほかに経済大学、外国語大学、体育大学が入居する私立大学集合施設となっている。大学の量的充足から教育水準を高める方向に向かっているなかで、当校では国家1級大学の認定と大学院設置を目標にしている。

大学経営の実情

　こうして設立が認可されても国からの教育補助金はない上、毎年の事業資金調査を受けなければならない。当校の入学試験登録料は2,000～3,000トゥグリグ、年間授業料は26万トゥグリグである。300人の受験者と200人の在校生を擁することから、年間収入は約5,300万トゥグリグとなる。

　授業料は教育省の指導があり学校側単独で決めることはできない。法律系国立大学は29万トゥグリグ、他の法律系私立大学も概ね30万トゥグリグまでの範囲にあるが、日本の大学と提携しているイッヒザサク大学の場合は60万トゥグリグと高い授業料設定となっている。

　日常的な講義体系は次のようである。6～8月の3カ月の学年末夏休みと冬季に3週間の休暇がある。それ以外は土日祝祭日を除く午前中9：00～12：00と17：00からの夜間コースが授業時間帯である。40科目の編成で必修30科目、選択10科目を受講し、124単位以上取得が卒業条件である。4年次に民事法、刑事法、国際法のコースを選択できる。

　大学理事会は創設者、学生の親代表、学生代表、学長代理人、国家機関のメンバーの9人からなり、創設者が議決権の60％を持っている。経営会議では学

科や大学院の増設、国外大学との交流などについて方針を決定している。

国外大学との交流については、北京の大学との交換学生制度に関する協定を検討しており、既に中国から3人の留学生を受け入れている。彼らには寮を提供し1年間のモンゴル語学習のあと本科に進むコースを用意している。日本の大学とも交換学生など提携関係を持ちたいが、費用面での制約が大きく、すぐには難しいと考えている。

また、1～2年生を対象にしたイルクーツクの法律大学への国の留学制度がある。これまではロシア側が費用を負担していたが、2001年からモンゴル教育省の国費留学となり4人の枠が用意されている。国費留学試験に合格する学生を出せば学校の評価となる。

教育サービスの量的充実期が終わり、分立、乱立の様相をみせる私立大学や専門学校は、今後、教育の質的向上を求められるとともに、学校経営の競争の中で統合、倒産などの動きが起こっていくと予想される。

写真4－6　日本語教育センターの入居する建物

(2)　商工会議所の日本語学校（今朝日本語教育センター）

モンゴルの若者の間では日本語の学習熱が高まっている。体制転換前にはモンゴルで第一外国語といえばロシア語であったが、現在は英語、日本語に関心が集中しているようである。そうしたニーズに応え日本との経済交流の担い手の養成を目的として、モンゴル商工会議所と日本の国書日本語学校が提携し、ウランバートルに今朝専門日本語教育センターを開設している。

日本語教育センターの開設

今朝専門日本語教育センターは、モンゴル商工会議所、日本の国書刊行会が経営する国書日本語学校（板橋区）、モンゴル日本経済促進センターがそれぞれ40％、40％、20％の出資により1999年に開設した。日本からの派遣教員1人、モンゴル人の専任教員1人、兼任教員2人が年間60人ほどの生徒に日本語教育を行っている。

センターでは受講者の日本語能力に応じて初級から最上級まで4つの水準で15～20人のクラスを編成し、週3回、9：00～13：00に1回2時間の授業を行っている。受講者は入学時に2つのコースのうち一つを選択している。一つは、9カ月の日本語講座を受講し、認定試験に合格すれば日本で3～6カ月の実務研修を受けられるコースで受講費用は600ドルである。もう一つは、国書日本語学校への入学を準備するコースで受講費用は200ドルである。国書日本語学校では大学、大学院をねらう進学コースあるいは専門学校に向かう実践日本語コースを用意しており、入学に際し選考料、入学金、授業料、施設費で年間58～82万円が必要となる。

日本での研修、就学

現在、26人が日本に行っており、数名が日本語学校コース、ほとんどは実務研修コースである。実務研修の受け入れ先はモンゴル日本経済促進センターがアレンジしている。センターから研修、進学で日本に送り出せる人数は毎年20人までであり、前期の受講生62人（80％が女性）のうち13人が認定試験に合格し、2002年に訪日する予定となっている。

センターの日本語教育と日本への研修、就学コースへの人気は高い。今期の受講希望者は100人を超える見込みで、7クラスを編成し教員も増員する予定である。日本での研修を終え帰国した者達は、旅行会社の通訳やガイドとしてのポジションを目指す場合が多い。センターでは、将来、ガイド養成コースも提供したいと考えている。

このように、モンゴルでは経済体制の移行期にあって外国語を習得することにより、事業や就職の可能性を広げようとする若い人材のエネルギーが盛り上

がっている。そうした彼らの視野は国外に広がっている。圧倒的なグローバル市場経済が押し寄せているなかで、彼らはモンゴルが地域固有の経済発展の道筋をたどっていくための重要なミクロ主体となっていこう。

4. 健全なサービス市場経済の担い手

　解禁されたサービスの「需要の海」にサービスを「供給する船」がいっせいに繰り出している。その海には、多くの手つかずの需要が眠っており、繰り出した船は比較的乗組員の多い大型の旧国営企業や馬力のある新興財閥グループ、小型だが小回りとスピードのある中小企業まで多種多様である。積載量の大きな船がより多くの需要を獲得するのか、多数の小型船が全体として、より多くの需要を獲得するのか、未開拓の海での競争は始まったばかりである。

　多様なサービス・ニーズに応えて多様なサービス供給主体が登場し、サービスを消費する側が「目線」を高くすることにより、さらに質の高いサービスの供給に向かうプラスのスパイラルの発生が期待される。そこでは、資本力に勝る財閥企業が供給を独占していく流れではなく、ニーズに細やかに対応しやすい中小企業が活躍し、大手企業とも競争しながら成長する方向が望ましい。

　また、サービスの消費が解禁された消費者の側も、功利的なサービスに迎合する浪費を戒める価値観を創り上げていくことが期待される。

　小零細サービス業の勃興期にあるモンゴルが、今後、健全なサービス市場を構築していくためには、中小、中堅サービス業の成長とサービスに関する「目線」の高い賢い消費者の登場が重要なのである。

サービス供給の多様性を育む

　サービスの多様性を育み健全な市場競争のもとでサービスの質的向上を図っていくことが重要である。そのためには、創業間もない小零細企業の事業拡張資金や、これからサービス業を創業しようとする者へ創業資金が適正に配分される投融資システムが必要である。

　サービス業は事業アイディアと意欲はあるものの資金の乏しい個人が、比較

的挑戦しやすい事業分野である。彼らが事業を開始するための少しの「呼び水」が欲しい。こうした初期の事業資金需要や、小口資金需要を、完全民営化に向かおうとしている既存の金融機関が扱うことは難しいかもしれない。国際支援筋からの小規模企業向け小口融資資金などは、中小企業向けの国策金融機関、もしくは商工会議所を通じて審査、供給できるようにすることが望ましい。

今後、さらに新たなサービス分野での事業化や既存のサービス事業の分化、多様化が進むであろう。変化し進化するスピードの速いサービスに敏感に反応し事業につなげる、あるいは、新たなサービス需要を換起するのは、体制転換後に社会に出て市場経済を泳ぎ渡っている若き企業家であり、また、これから社会に出る起業意欲の旺盛な学生達なのであろう。

彼らの新規サービス業の創業環境と小零細サービス業の事業環境を整え、資本力で優位な大手企業との公正な競争が促進されるための政策の出動が求められている。

目線の高い消費者の登場

在庫のできないサービスは生産と同時に消費され、また、持てる者の限りのない欲求に反応しやすいことから浪費を生みやすい財である。サービス消費が開放されたモンゴルではサービス市場が拡大する方向にあるが、サービス市場が健全に成長するためには、供給の多様化とともに消費者の成熟が重要な条件となる。

功利主義的に過剰なサービスを生産し浪費するような「歪んだ市場」の発達を抑制する必要がある。社会主義時代には個人へのサービスは計画的（強制的）に抑制されていたので、過剰生産、過剰消費は発生しなかった。資本主義市場経済においては個人がサービス消費の主役となる。個人が健全な消費の価値観を育てていかないと、サービスの浪費と過剰生産が発生してしまう。市場経済は需要と供給の効率化をもたらすが、過剰消費、過剰生産を生みやすいことに注意が必要なのである。

この点、モンゴルは伝統的な遊牧社会に培われた固有の価値観を大切にし、それをベースにサービスの新たな価値基準を求めていくことが重要である。伝

統的遊牧社会では「ホトアイル（遊牧民の数世帯が集まって形成される居住単位）」は相互に離れ、分散して生活し生産と消費を行っていた。そこでは、互助の精神が育まれ、相互の訪問を大切にし、お互いにわきまえたサービス生産と消費の見事な価値体系が構築されていた。

モンゴルの価値観は、たくさんのモノを所有することを「豊かさ」の前提とせずに培われてきた。それは現代のモンゴル人の精神に受け継がれていると思う。モノやサービスの大量生産、大量消費を促す市場経済化が、モノの大量所有に恬淡としているとされるモンゴルの価値観をどのように変容していくかは未知である。

しかし、健全なサービス市場経済の発展は、モンゴル人がモンゴル固有の価値観を基層に維持しながら、市場経済化によって生まれる新たな価値を選択的に吸収していくことにより可能になろう。そうしたモンゴルの主体的な発想、姿勢、能力の発揮には教育の役割が重要であることはいうまでもない。

1) National Statistical office of Mongolia, *Mongolian Statistical Yearbook 2000*
2) 栗林純夫「モンゴル経済の成長趨勢と構造変化」（日本貿易振興会海外調査部『続・新生モンゴル』2000年11月）。
3) 統計によれば、セレンゲ県の家畜飼育者1人当たり家畜数は1990年に44.3頭、99年には123.6頭となっている。彼の両親が半数の家畜を売却しても、なお彼は120頭の馬を所有しているということから、彼の家族は大規模な牧畜を経営していることがうかがわれる。
4) 都竹武年雄「モンゴル教育事情」（日本貿易振興会海外調査部『続・新生モンゴル』2000年11月）。

第5章　第2ステージに登場し始めた中小工業

　モンゴル市場経済化の第1ステージが経過し、国営企業の民営化や新興財閥の成長にやや遅れて、新たな事業経営主体が出現している。それは、それぞれ独自の創業背景をもつ中小企業群である。市場経済化の第2ステージの始まりを象徴する存在として、中小企業の成長、発展を見つめていく必要がある。

　前章では、サービス事業分野における新たなタイプの中小企業の登場に注目した。この章では、製造業分野に登場した中小企業に注目する。

　モンゴルの自立的な経済構造を構築するために、工業化は重要な要件となっている。旧国営企業の改革に苦慮しているなかで、中小工業に期待される役割は大きい。以下では、新たに登場し始めた中小工業の経営実態と、今後の健全な発展に向けた諸課題についてみていくことにしたい。

1.　市場経済化を象徴する中小工業

　公有制を原則とする社会主義計画経済体制のもとでは、生産手段の私有は許されない。個人が企業家として事業意欲を発揮し生産・販売活動に励むことや、個人やグループが資本を投資し、自らリスクを管理しながら利益を追求する中小企業を設立することなどあり得なかった。

　体制転換は、そうした企業設立のくびきをはずし、個人に秘められたミクロのエネルギーを開放した。数多くの生業的事業活動が発生し、その中から多様な中小企業が登場し始めている。サービスの生産を担う中小企業の叢生があり、また、モノの生産に向かう中小企業が出現している。

（1）　ミクロのエネルギーの発揚

　計画経済時代のモンゴルの工業生産は、旧ソ連、コメコン諸国の援助によっ

て建設された国営大工場が担うものであった。そこでは、コメコン分業体制のなかで計画された輸出製品の生産が主要任務とされ、一部、国内基礎消費をまかなうための食品、飲料、建材、家具などが生産された。そうした旧国営企業の生産体系や経営管理の改革には、大変な努力を必要としよう。その努力の成果は、今後を待たねばならない。

　一方、生産、販売の自由を得た個人が生業的な事業を数多く展開している。その多くは「担ぎ屋」のバーター取引や個人貿易、路上での皮革や毛皮の販売、消費財の露天販売、住宅を改装した小規模な飲食店や民宿経営、個人経営の旅行業など商業、サービス業に向かった。

　バーター取引、行商、露天商、闇市などの散発的で個人的な商業活動は、歴史的にも古くから存在する原初的な市場経済の形態である。しかし、こうした経済は、個人の自由な経済活動の発現であるとともに、今日では正常な市場メカニズムが十分に機能していないゆえに展開している生活防衛的な活動であるともいえる。

　制度の未発達を指摘することは重要だ。しかし、未発達な市場メカニズムの現実のなかで、個人が自衛的に展開している経済活動であったとしても、生産、販売の自由を手にして発現したプリミティブな市場経済を否定する訳にはいかない。こうした個人の持つミクロなエネルギーが、中小企業経営に展開する土壌となっていることに注目する必要がある。

　世界には多くの工業発展途上国、市場経済への移行国といわれる国々がある。皆、バーター貿易やバザール経済から脱し、工業化を進めようともがいており、中小企業の創生は重要な経済政策の目標となっている。

　この点、モンゴルでは生業から企業へ転換する流れが発生し始めている。新興財閥と旧国営企業の間隙に、中小企業が新たな存立基盤を構築しつつある。この流れは貴重である。そして、さらに重要な点は商業、サービス業に集中したミクロのエネルギーが工業生産にも向かっていることである。

（2）　商業資本から産業資本へ

　ミクロのエネルギーの発揚から中小企業が創生する動きは、商業、サービ

業のみならず製造業にもみられる。モンゴルの市場経済化において、企業を経営単位とし、工場を生産単位とする中小工業の発生は、極めて重要な経済構造上の転換といえる。中小工業の発生と成長は、今後、モンゴルが人口希薄な一次資源輸出国、および国際商人の活躍する貿易国としての経済構造にとどまるのか、あるいは、独自の工業化に成功し経済発展の選択肢を豊富なものにしていくのか、といった分岐点となろう。

個人が商人に転じ、さらに中小商業や中小サービス業に展開するのは、市場経済においてしごく当然な流れであろう。商人がつかさどる交易は人類史のなかで古くから存在する経済活動であり、取引ルールを共有し、自然とグローバルな展開に向かっていくものであった。

しかし、工業化や工業の国際化は、個人の意欲とともに国家の強い意志と経済政策の運用能力、複合的な経済システムの整備を必要とする。どの民族や国家にも生業的な手工業は存在している。しかし、すべての民族や国家において企業による工業生産が順調に展開しているわけではない。商業活動が成立するより、工業活動が成立する条件は複雑なのである。

モンゴルには、モノづくりの意志をもって企業設立に向かう、あるいは商業やサービス業から転じて中小工業を創業するといった流れが発生している。商業資本から産業資本への展開がみられる。こうした動きを大切にしていかなくてはならない。

手製の日用雑貨やみやげ物、自家製の加工食品などの「ザハ（自由市場）」での販売、住宅を改装した小規模な飲食店や民宿経営などの生業的事業によって原資本を蓄積し、事業拡大の機会をとらえ、中小工業の設立に向かう者がある。また、自身の知識やネットワークを活かしてビジネスプランを立案し、資金調達に成功して中小工業を創業した者もある。

個人の事業意欲、経営能力、経営努力を原資として登場した中小工業が、財閥形成と旧国営企業の民営化に象徴される市場経済化の初期ステージから、次の新たなステージを創り始めている。今後、さらに多様な中小企業が健全に発展していくことにより、モンゴルの産業経済は厚みを増していくのであろう。

2. モンゴルの新たな生活様式への注目

　ここではまず、都市消費需要に反応し国内生産を立ち上げた中小企業の取り組みに注目する。現在、モンゴルの人口の約6割は都市部で定住生活を営んでいる。ウランバートル郊外のゲル集落のなかには、移動式のゲルから木造やブロック造りの固定住宅に住む世帯が現れている。また、外資系スーパーマーケット、デパートや食品小売店などでは、買い上げ商品にポリエチレン袋をつけてわたすようになっている。

　新たな都市生活様式の進展にともない発生し始めた需要に注目し、モノづくりを開始した中小工業の創業、経営の実態をみてみよう。

（1） ロシアから技術導入した建材メーカー（タルスト・トレード）

　タルスト（TALST）社の代表者ボルド氏は1966年生まれ、89年にノボシビルスクのコンピュータ大学にてソフトウエア・プログラム開発コースを修め、帰国してテレビの組立を行うモンテル社に就業した。92年の体制転換を機に退職し、一人で貿易会社を設立する。モンゴルから中国への畜産物、皮革、羊毛の輸出、韓国から自動車部品や日用品の輸入を手がけ、98年から食品販売、およびレストラン経営への投資も行った。

　ロシア語とコンピュータ技術を習熟している彼は、2001年3月にインターネット検索によって、モスクワの企業が非焼成タイルの成形技術をライセンス販売していることを知った。モンゴルでは今後、牧畜生活を支える「ゲル（移動式住居）」から、集合住宅や一戸建て住宅での定住化が進展し、それにともない都市部の建材需要の増加が見込めること、建材分野ではセメントやレンガブロックを扱う企業はあるがタイルメーカーはないことから、ロシアの非焼成タイルの成形技術に投資することにした。技術ライセンス料の12,000ドルと設備投資の18,000ドルは、この間の貿易事業で蓄積してきた自己資金と世界銀行からの民間企業育成資金融資（3年間、年利22％）でまかなった。

写真5―1　留学生企業家ボルド氏

非焼成タイル生産の事業化

　当社が導入した非焼成タイルの成形技術は、凝固剤に開発ノウハウがある。焼成せずに600～1,000kg／cm^{2}の強度を持ち、温度耐性も高い。焼成タイルと異なり生産工程での収縮がないため寸法精度を出しやすく、着色も容易である。焼成を必要としないため生産コストは安く、24時間で凝固するので建築現場での生産も可能である。この技術は99年にブリュッセルの国際展示会にて金賞を獲得し、既に、ロシア国内企業、ポーランド、オランダ、米国、カナダ、チリ、韓国などの企業が導入している。モンゴルでは、当社が最初のライセンス契約企業である。しかし、モンゴル国内での生産・販売の独占契約はできなかった。

　技術ライセンス契約を締結し生産を始めたのは2001年7月からである。契約先のロシア企業から購入した凝固剤と着色剤を、セメント、砂、砂利に添加、撹拌してプラスチックの型に充填する。振動装置にかけ空気抜きし自然乾燥すれば完成である。現在、建築用内装材、外装材、建設資材として最大40×60cmまでの7種類のサイズを扱っている。技術的には2ｍ角サイズまで可能とのことである。タイル単体で販売するとともに、ダルハンの企業から購入したレンガにタイルを貼り付けた製品も生産している。同じ技術を導入した中国企業からの輸入品もあるものの、当社製品は価格面で十分対抗できるとみている。

タルスト社は、店舗、オフィス兼用ビルの半地下に工場を構え、8人の従業員で1日約80m²のタイルを生産している。一部の従業員にはロシアで生産技術研修を受けさせている。こうして生産された当社の製品は、ODAによる日本教育文化センターの建築資材に採用されている。

　ボルド氏は商業、サービス業で資本を蓄積し、建築資材メーカーという産業資本に移行しようとしている。産業資本による事業はスタートしたばかりで未だ小規模な段階だが、今後、石膏ボードとの組み合わせによる新建材の生産も検討中である。また、展示会への出展や日本の建築資材メーカーの情報を求めるなど、積極的に事業拡大の機会をつかもうとしている。

（2）　教具の開発と販売（SDBトレード）

　SDB社の代表者バッチュルウン氏は1982年からの16年間、教員や校長を務めていたが、98年に退職、学校用の机、椅子、黒板などの教具を輸入販売する事業を創業した。教職にあったことから、ウランバートルの学校の備品は古く更新の必要があることはよく理解していた。モンゴルの小中学校の机や椅子は2～3人用の長机、長椅子が使われており、今後は個人用が普及していくと考えた。

　国内で学校用の机、椅子、教具を供給している企業は、当社を入れて3社がある。1社は木製、1社は建材を加工してスチール製の机、椅子を生産している。そのなかで当社はスチールパイプ製のものを中国から輸入販売している。

　事業を創業するに際し、自身と通訳の2人で2カ月間かけて中国の学校用品メーカーへの訪問調査を行い、天津の企業2社との取引契約を結んだ。机と椅子のデザインとサイズを提示し、パイプと木材部材の加工を依頼している。ウランバートルの組立工場は、別の企業の工場内に40m²のスペースを賃借し、パートタイム従業員10人で輸入した部材を組立ている。貿易部門では、中国メーカーの各種教具類を選んで輸入販売している。

　当社の扱う製品は児童、生徒の体格に合わせて高さを調整でき、木製に比べ耐久性もあるので教育現場での評判はよい。商品の注文は新学期前後の8月から10月にかけて集中する。注文を受けてから中国企業への発注を行い、2カ月

間で部材の輸入、組立を行い納品している。しかし、学校用の机、椅子の市場は国の教育予算規模の範囲に限られており、今後の事業拡大に関してはいくつかの課題を抱えている。

国内市場の限界性と国産化の制限

　当面、当社が顧客ターゲットとしているのは初・中等学校である。99年時点でモンゴルの初・中等教育は8～10年制（小学4年、中学前期4年、中学後期2年）で学校数は630校、児童、生徒数は約44.7万人を数える[1]。小中学校が個人用の机、椅子に替えていくとするならば、全体で約45万セットの需要が見込まれる。備品を10年間で償却、更新すると年間4,500セットとなる。この市場を3社で競争することとなる。しかし、国家教育予算における机、椅子の調達予算は約5,000万トゥグリグ（約1,000セット分）ほどであり、学校側の備品更新の要望は強いのだが、予算規模の限界に阻まれている。

　一方、現在130校を超えるともいわれる私立大学を含む高等教育分野では、多くの学校は建物、備品をリース物件で対応しており、現在のところ、当社には製品をリースする資金力や経営ノウハウを持っていない。

　教育分野での市場規模の限界性に対し、オフィス用や家庭用の事務机、椅子の需要拡大に期待をしている。オフィス用や家庭用の場合、一定の規格製品で対応できる学校用とは異なり、製品シリーズの多様性が求められる。これをすべて中国等の国外メーカーから調達することは困難であり、需要に即応できるような国内生産態勢が求められる。

　しかし、当社が製品の国産化を進めるためには、国内市場規模の問題とともに、供給面でいくつかの制限を抱えている。現在、モンゴル国内には当社の着目したスチールパイプを生産するメーカーはなく、金属加工業も育っていないのである。

　このように、当社は学校、事務用備品メーカーをめざし国内市場に対応した国産化に転じるうえで、自社の努力だけでは乗り越えることが困難な障害に直面している。当社の直面する事情は、モンゴルの消費財需要に対する国内生産構造の抱える問題そのものでもある。

今後、多様化していく国内消費財需要を満たすために、国外メーカーの製品だけに依存していくのではなく、国内メーカーが成立し輸入品と競争しながらモンゴル国民のニーズに応えた製品を供給していくことが望ましい。そうしたとき、人口240万人の限られた国内市場において、大量生産を前提とする大工場のモノづくりは成立しにくい。第2ステージに登場し始めた中小メーカーが多くの障害を超えて、モンゴル市場における「適量生産」を担う主役となっていくのであろう。

（3）　ポリエチレン袋に着目する女性経営者（ヘブレル）
　国営デパートが消費者への小売りを独占していた時代が転換し10年余りが経過するなかで、末端流通や小売りの多様化が進んでいる。個人経営の小さなキオスク、巨大な自由市場（ザハ）、そしてスーパーマーケットなど数多くの商人、商店が出現した。
　ところで、モンゴルには製紙工場がなく、紙は100％輸入品である。商店は品物を包装する、あるいは紙袋に入れて客に渡すということは少なかった。消費者は自分の買物袋を持参し買物に出かけたものである。こうした販売、購買様式に新たなスタイルが導入されようとしている。供給量の増加と国際競争のもとで価格が低下してきた樹脂ペレットを原料とし、大量生産技術が確立しているポリエチレン袋がモンゴルの生活に浸透しつつある。

　モンゴルの印刷・製本業界
　ヘブレル（KHEVLEL）社の前身は、1990年に設立した通産省傘下の国営印刷・製本工場である。計画体制下では、国家機関が必要とする印刷と製本を、それぞれ管理する部門があり、1年間に印刷・製本する内容（主に教科書、文学書）と量を計画決定し、国営印刷・製本工場に生産を指令した。印刷・製本工場はウランバートルに4工場、地方に1工場があった。
　92年の体制転換で印刷・製本工場の民営化が図られ、民間株と政府株の混合所有制の段階を経て、5工場はすべて100％の民間企業となった。現在、モンゴル国内には、完全民営化した旧国営5工場に加え、新規の中小印刷・製本業

が約130社存立している。そのうち10社は、韓国、中国などとの合弁企業であり、日本の印刷機メーカーと提携している企業もある。カラー印刷設備を備えているのは2社、印刷・製本の品質レベルが高いといえるのは3～4社である。

印刷・製本の大口需要は、教育省が発注する教科書である。98年度に印刷された初・中等学校用の教科書は30点、各35,000～70,000冊であった[2]。紙、インクなどの消耗品は全て輸入に頼っており、印刷・製本を中国企業に発注する場合もある。

そうしたなかで、当社は95年の第2次民営化によって完全な民間企業に転換した。従来の印刷・製本業務のほか、印刷紙、インクなどの輸入販売業務にも展開した。しかし、当社の国営時代からの旧式な印刷・製本設備では、新鋭設備を装備した新規企業の参入にともなう市場競争に対抗できず、かつて担当していた教科書などの印刷・製本市場から締め出されてしまった。旧式の設備では競争が激しい印刷・製本市場で生き残ることはできない。当社は印刷・製本設備を更新するか、あるいは新規事業に転換するかの経営判断に迫られた。

印刷・製本業からの事業転換

当社は98年に印刷・製本事業からの退出を決定した。その後、新規事業のポリエチレン袋製造販売に関するビジネスプランの立案に取り組み、2001年8月から工場生産を立ち上げた。

事業転換という重大な経営戦略をリードした代表者、サランチメグ女史は58年生まれ、モンゴル国立大学経済学部でマーケティングを専攻し、卒業後、国営の印刷物販売部門に配属された。90年に当社の前身の国営印刷・製本工場にて、紙、インクなどの輸入・販売を担当する。そして、95年の第2次民営化で65％の株を入手し、99年に代表者に就任した。彼女の実力と信望がうかがえる。

ポリエチレン袋事業への展開に先駆けて2年間の市場調査、検討を行った結果、モンゴル国内では、一般消費者向けの小売用ポリエチレン袋は年間6,000万枚の需要が見込まれ、工場など事業所向けは、それ以上の需要が期待できると判断した。成形機、印刷機は月産150万枚の能力を持つオーストラリア製を選択し、原材料のペレットは中国製を輸入、将来は韓国製やロシア製も検討す

ることとした。こうしたビジネスプランと自己資金をもって、世界銀行の民間企業育成資金の融資を申し込み、1億7,800トゥグリグ（5年間、年利22％）を調達することができた。

　従業員19人のうちポリエチレン袋事業に8人を配置し、残りの8人で印刷資材の輸入販売、食品の卸売り、ガレージのレンタル事業を行っている。ポリエチレン袋は、設備を稼動して1カ月目の段階で100万枚を生産したところである。当初の販売計画では、20％が二つのスーパーマーケットと3社の企業向け注文生産、80％を「ザハ」で小規模店舗向けの卸売りを予定していたが、追加注文が殺到し生産が追いつかない状況にある。

　以前、2社の輸入販売業者がポリエチレン袋を扱っており、国内生産を計画していたが撤退し、現在、当社がポリエチレン袋の国内生産を独占している。

　モンゴルの市場経済化にともない発生した新たな生活様式に注目し、周到なマーケティングを重ねながらビジネスプランを立案した。そして、スタートしたポリエチレン袋生産事業は順調な立ち上がりをみせている。

3. 伝統工芸の再出発

　ソ連型の社会主義計画経済体制のもとでの約70年間は、伝統的なモンゴルの文化、技能、生活様式などを取り巻く環境を大きく改変した。あるものは否定され、あるものは文化芸術政策の下に管理され存続してきた。

　体制転換を契機に、精神的あるいは物質的な「モンゴルなるもの」への再評価が始まっている。ここでは、そうした動きを象徴するものとして、伝統工芸の復活の動きに注目する。市場経済化の奔流の中で新たな存在の形を模索しながら、皮革工芸や金銀細工工芸に取り組んでいる中小企業経営者の姿をみていくことにしたい。

（1）住宅団地の半地下の伝統革工芸（ホス・チメグ）

　ホス・チメグ（KHOS CHIMEG）社の代表者ゴンボ氏は、芸術高等学校を卒業後、ウランバートル芸術大学の革加工を専攻して修士課程まで進み、91年に

卒業した。卒業制作作品は見事な革製タペストリーであった。計画経済時代、ウランバートル芸術大学皮革加工コースでは、毎年10人の学生を受け入れ、卒業生はダルハンやウランバートルの国営革工場に勤務することが一般的な流れであった。

　ウランバートルの国営革工場は、牛、馬、羊などの革の種類別に5つの職場があり、6,000人の従業員を抱える大工場であった。1991年に民営化し、革コートや革作業服、ブーツ、帽子、スーベニアなどの生産を続けた。しかし、コメコン市場への輸出の縮小が大きく影響し、94年に操業停止の状態となった。5つの職場は分割され、一部はイタリア企業と合弁するなど、それぞれ別会社として歩んでいくことになった。

　こうした国営革工場の変転の中で、ウランバートル芸術大学を卒業した者達の多くが失業し、自営業に転じる者もあった。現在、モンゴルの革製品製造業は、旧国営工場の民営化や分割によって生まれた比較的大きな10社と、数多くの個人自営業や中小企業で構成されている。革製品を扱う小規模事業者はウランバートル市の北側のハンウル区に集積しており、製品はザハなどの市場で販売している。

伝統的革工芸の復活

　ゴンボ氏は大学卒業後、同じくウランバートル芸術大学を卒業した妻と自宅で革製スーベニアなどを作り、市場で販売し資金を蓄積していった。ミシンなどの設備、道具を少しずつ揃え、99年に彼らが住んでいるアパートの半地下室を作業場として賃借し企業創業を果たした。現在、代表者夫婦と親戚の1人、従業員3人を加えた6人の企業となっている。

　当社が創業した半地下室は、以前は建物のユーティリティ・スペースや倉庫などに使われていたが、体制転換後には居住者の共有物件となった。こうした半地下室は、貸工場や作業場として供給され、小規模企業の創業を支える苗床となっている。当社が賃借する前はパン工場が入居していたという。

　当社の創業に際して、次に紹介する銀細工製品の製造販売を行う企業経営者ニャムドルジ氏が重要な役割を果たしている。氏はゴンボ氏の卒業制作作品に

接し、彼の革工芸家としての高い能力を認めた。そして、ゴンボ氏の企業創業をアドバイスし、創業後の材料調達、伝統工芸製品の共同製作販売などの事業連携を図っている。

写真5－2　半地下工場での革工芸

ゴンボ氏はニャムドルジ氏と出会うことにより、モンゴルの伝統革工芸品の制作に活路を見出していく。伝統的なデザインを復活しながら馬具、ブーツ、ベルトなどの注文を受け制作している。日々、新たなデザインを考案し、新作サンプルを春、秋の革製品の展示会に出品する。展示会で注文を受けた後、発注者と詳細なデザインやサイズを個別に打ち合わせ、最も適した材料を調達して制作に入る。

　材料は牛皮が中心となる。なめした牛の革の規格は30種類ほどがあり、そのなかから厚いものを選んで調達する。市場に出回る革は1.5mm程度の薄革が中心で品質もよくないものが多い。2.8mm程度の厚い良質な革は、なめし工程を持っている皮革工場に、厚さやなめしの方法を指定し特注品として発注している。こうした特注材料の発注は、ニャムドルジ氏が皮革工場に代金を前払いし、ゴンボ氏が求める革を調達している。

　特注革に伝統的な手法と材料で文様と刺繍が施され、縫製して完成に向かう。一連の工程は全て手作業で行われ、製品によっては数カ月を要するものもある。これまでにモンゴル国大統領、ウランバートル市長、環境庁長官から馬具等の注文を受け、また、モンゴル相撲力士のブーツやチャンピオン・ベルトなどを制作した。伝統的な「モンゴルなるもの」の復活を象徴するゴンボ氏の作品は、市場経済化という新たな環境のもとで評価を高めているのである。

（2） 金銀細工の復活とお洒落な店舗（ライン・サービス）

ライン・サービス（LINE SERVICE）社の代表者ニャムドルジ氏は1957年生まれ、祖父、父は金銀細工の職人、労働者であった。彼自身はロシア気象大学に留学し、卒業後、モンゴル国立大学経済学部に学び、さらに今年、モンゴル国立大学政治学部の社会人コースを修了した。この間、34歳の時に体制転換を迎え、祖父、父が手がけていたのを見覚えていた金銀細工の製造販売会社を設立した。会社は「趣味で設立した」というのだが、現在、企業経営が本業となった。

彼が「趣味」で金銀細工を行う企業を設立したというのは、次のような背景があると推察される。計画経済時代には、金銀細工は一般人民に対しては奢侈品として否定されるものとなり、個人の販売はもちろん、制作に関しても生産手段（道具）を所有することは許されず、管理された芸術、技能の世界でしか生き残ることができなかった。ましてや個人がモンゴルの伝統的な工芸品を注文し、買い求めることなどありえなかった。そうした時代に育ったニャムドルジ氏にとって、体制転換によって金銀細工の制作、販売が本当に自由に許され、それが事業として成立するとは、にわかに考えられなかったのであろう。

市場経済化の中での金銀工芸の復活

伝統的なモンゴルの世界では銀細工が発達し、見事な道具を生み出していた。ダルハン市の博物館には、遊牧文化の中で洗練された器、ナイフ、馬具の飾りなどに施された素晴らしい銀細工製品が保存されていた。そうしたショーケースの中の展示品となっている金銀工芸品を制作していた祖父、父を持つニャムドルジ氏は、自身では金銀工芸の復活、さらにはモンゴルの伝統工芸の復活に意を注いでいく。

10年前に設立した企業は、現在、ウランバートル市郊外に10人の金銀細工職人を擁する工場を構えるまでになっている。指輪、腕輪、ネックレスなどの宝飾品や馬具装飾品、モンゴル相撲力士が身につけるベルトのバックルなどを制作している。従業員のうち21歳と22歳の2人は芸術専門高校を卒業し、当社に勤めて4年目となる専門技能者である。彼らはデザインを考案し、他の8人の

加工作業を指示している。

写真5－3　バックルの銀細工加工

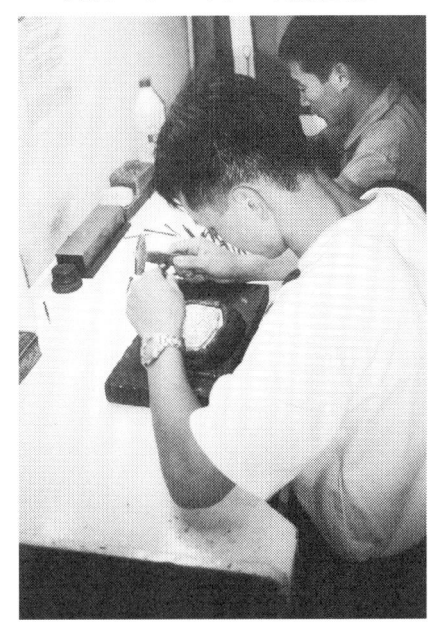

　販売に関しては、市内の中心部に直営店を構えているほか、デパートやみやげ物店で置き売りをしている。また、個人からの注文制作にも応じている。直営店は中心街のメインストリートに面して洒落た店舗が連なる一角にあり、3階建ての事務所棟の1階を改装したものである。モンゴルの伝統的なデザインを活かした自社商品のほか、社会主義体制以前に作られた古物など品揃えも豊富であった。

　デパートやみやげ物店での置き売り商品は見込み生産を行っている。当初は30種類ほどのサンプルを作成し、小売店や旅行会社に持ち込み、テスト販売を行い、売れ筋をみて量産していった。売上げの10％を取扱店に支払っている。売上げは順調で利益も出ている。

　注文制作は、資産を形成した事業家やモンゴル相撲力士、政治家からの注文がある。例えば、力士が使うベルトは、バックルの銀の重量によって価格は異なるが、概ね30～60万トゥグリグということである。注文制作品は、金銀細工と革加工を組み合わせるものが多く、そうした商品の場合、先に紹介したゴンボ氏との共同制作で対応している。

　モンゴルの自然、歴史、風土に培われた地域独自の価値観は、社会主義イデオロギーのもとで否定され、伝統的な技能や道具は計画経済体制のなかで窒息しつつあった。民主主義市場経済時代が始まり約10年が経過するなかで、モンゴルの伝統工芸は新たな環境変化に反応し、再出発を始めているのである。

4. 地域資源の見直しによる新事業の展開

　モンゴルには、石炭、石油、銅、モリブデン、金はじめ豊富な地下資源が存在していることが知られている。既に開発された資源もあれば、今後の開発を待つ資源も多い。こうした地下資源開発は多額の資本を必要とするため、国家プロジェクトや財閥系企業が取り組むものとなっており、中小企業が新規に参入するには障壁が高すぎる。

　そうした地下資源開発とは異なる視点から、モンゴルの地域資源を見直し、新事業に取り組む中小企業がある。

（1）　大草原の薬草を世界に（メドプランタ）

　モンゴルの国土の約8割は標高1,000～3,000mで、平均標高1,580mという高原地帯である。北部および西部国境地帯にはダツルン山脈からアルタイ山脈が連なり、国土の中央部にはハンガイ山脈が聳え3,000～4,000m級の山々が峰を連ねている。山岳の北斜面には針葉樹林帯タイガが発達し、南斜面には草原が広がる。山岳地帯に源を発する河川は1,200を数え、バイカル湖に流入するセレンゲ河水系とオルホン河水系で全河川流量の約51%を占める。

　年間降水量が200mm以下の南部には「ゴビ」が広がる。ゴビの大部分は半砂漠で、我々がイメージする「砂の砂漠」の純砂漠は一部に点在するだけである。まばらに生えるゴビの草は、草原地帯の草より栄養価が高いといわれる[3]。

　このように、モンゴルの自然環境は乾燥と寒冷な気候を共通項とし、植生は草原、タイガ、ゴビの三つに代表される。草原が卓越しているものの、植物の種類は豊富で2,800種以上が確認されている。そのうち、約800種が薬効成分を含み、100種ほどが薬草として活用されている。ここでは、モンゴルの自然環境が育てた薬草に注目した事業化の取り組みをみていくことにする。

モンゴルの医薬品産業事情

　計画経済時代、モンゴルが必要とする医薬品の多くは、ソ連、ハンガリーか

らの輸入に依存していた。特に、ハンガリーの医薬品開発の水準は高く、七大医薬品メーカーの製品は、世界120カ国に輸出されていたという。モンゴル国内では、モンゴル科学アカデミーで医薬品の研究開発や薬効分析を行い、セレンゲ、ザブハン、ゴビアルタイの三つの国営医薬品工場で加工、調合していた。しかし、国営医薬品工場は1991年に民営化した後、倒産してしまい、現在、モンゴル国内には医薬品メーカーはない。

モンゴル科学アカデミーでは、天然薬材による生薬開発の実験、分析は行っていたが、医薬品として生産、販売するところまでには至らなかった。しかし、医薬品原料として2種類の薬草を一次加工し、外国投資貿易庁経由で日本に数十トン輸出したこともある。この事業も現在は動いていない。

このように、今日のモンゴルの医薬品産業は空白となっており、輸入薬と天然薬材の採取、販売、自家伝統薬に頼っている状況である。

シニアベンチャーのビジネスプラン

こうしたモンゴルの医薬品事情を少しでも改善しようと設立したのが、メドプランタ（MEDPLANTA）社である。代表者のダンダイ氏は1939年生まれ、63～70年までハンガリーの大学に留学し医薬品分野の研究を行った。帰国後はモンゴル科学アカデミーにて薬草に含まれる化学物質分析を担当し、その成果は出版されている。40年間の研究をモンゴルの医薬に役立てようと、定年退職した98年に当社を創業した。

モンゴルの薬草に関する第一人者の氏は、自宅を改装、増築し、薬草から薬効を抽出する圧力釜やタンクを自作して生薬の生産に取り組んでいる。原料の薬草は、季節になると家族で地方に出かけ採取してくる。また、個人の採取者からの買い付けも行っている。既に、いくつかの生薬は液体、粉末、塗薬などとして市販している。昨年、横浜でのモンゴル物産展示会に出展し、事業パートナーや医薬品メーカーへの販売ルートを探っている。

2001年8月に、モンゴル商工会議所のビジネスプラン・コンテストに事業計画を提出し、高い評価を得ている。商工会議所の認定を得ても、直接、事業資金を得られるわけではないが、認定事業としてのアピール効果が期待できると

写真5−4　薬草から抽出した生薬サンプル

している。

　当社のビジネスプランによると、当面の必要事業資金は、工場設備に14万ドル、43人の従業員の年間人件費1,836万トゥグリグ（代表取締役月給12万トゥグリグ、専門技術者、経理担当者10万トゥグリグ、一般工員8万トゥグリグ、臨時雇用者6万トゥグリグ）、人件費を除く5年間の経費1.6億トゥグリグとしている。これに対し、自己資金3,200万トゥグリグ、7年間、年利3％の長期融資1.4億トゥグリグ、3年間、年利6％の短期融資6,100万トゥグリグで資金手当てを行う計画である。

　生産、販売計画によれば、100～150種類の薬草、動物性原料を加工して医薬品、健康食品、化粧品を製造する。国内市場では、百貨店、薬屋、病院、診療所へ販売する。海外市場では、中国、韓国、日本をターゲットとして輸出し、12種類の製品で年間14.7億トゥグリグの売上げを目標としている。

　モンゴルの地域資源として薬草に注目し、その薬効成分や含有率を良く知るダンダイ氏は、生薬生産によってモンゴルの医薬品事情の改善に貢献しようとするとともに、海外市場への供給をも視野に入れた事業に挑戦しているのである。

（2） リサイクルと新事業の展開（トヤ・トレード）

　モンゴルには、馬、牛、羊、山羊、駱駝の「五畜」が3,000万頭以上飼育され、1999年には史上最高の3,357万頭に達した。毎年300～400万頭が食肉として処理され、5万トンの骨が産業廃棄物として廃棄されていた。また、ウランバートルでは定住化が進み、家庭や飲食店、食肉店から排出される骨を野外に放置すれば様々な菌が繁殖し、都市環境に悪い影響を及ぼすことが懸念されていた。

　一方、モンゴルは生活必需品の洗濯石鹸を自給できず、毎年650万トンも石鹸を輸入し、限られた外貨が流出している。廃棄物として捨てられている骨を地域資源として見直し、都市環境の維持と石鹸の輸入代替、および骨粉の輸出を図ろうと考えた企業家がいる。

廃棄骨を産業原材料に

　トヤ・トレード（TUYA　TRADE）社の社長バッタンサン氏は1958年生まれ、国際法の専門家である。モスクワの国際関係大学に留学し、卒業後、モンゴル法務省海外協力局に勤務した。91年に退職し、衣料販売や「包子」レストランの経営を始めた。事業は順調で日本車を購入し資金の蓄積もできた。多くの事業経営者は順調な事業に再投資していたが、自分は誰も手がけていない分野を切り拓こうと考え、廃棄されている骨を原料とした事業に着目した。計画経済時代には、廃棄骨から骨粉を生産する工場が一つあったが、民営化後に倒産してしまっていた。

　バッタンサン氏は、廃棄骨から13種類もの製品を作っている日本の技術に注目し、将来の取引の可能性検討も含めて日本企業4社を訪問した。そのうちの1社で研修し、生産技術や環境衛生基準などを学んだ。取引先として日本企業をターゲットとしたのは、日本の品質基準や環境衛生基準は高水準で、これをクリアし販売することができれば世界で売れる、と考えたからである。

　95年に当社を設立し、生産設備は中国製を導入した。従業員は以前、国営骨粉工場で働いた経験のある10名を採用した。生産技術と生産設備、従業員は整った。問題は原料（廃棄骨）の調達である。こうしたリサイクル事業の場合、

原料を、いかに安定的にコストをかけず調達できるかがポイントとなる。

当社では、ウランバートル市と協力し、失業対策と環境整備を組み合わせた「ゴミ・プロジェクト」を立ち上げ、廃棄骨を回収することとした。現在もこの活動は続いている。その後、各地の食肉工場から安定的に原料を調達できるようになり、現在、従業員34人、2交替で24時間操業している。

工場に集積した廃棄骨は、130～140度の蒸気で洗浄した後、釜で煮沸して油脂分を回収する。油を抜いた骨は乾燥してから粉砕処理し、3mm粒までと3～6mm粒のものに分別し、袋詰めして保管している。また、回収した油脂分は洗濯石鹸、観光みやげ用石鹸として約50トン／年を生産している。

深い日本との関係

現在、モンゴルの骨粉事業には当社と中国企業10社が参入している。後発の中国企業は原料調達面で当社に圧倒され、設備稼働率は低い。当社がモンゴルで最大の骨粉製造工場となっている。年間生産量は約3,000トン、全て輸出しており、そのうち約半分が日本向けである。日本企業では中間材料として購入し肥料、豚、鶏用の飼料、土壌改良剤などに再加工している。

当社から発生する年間3,000トンの輸出貨物量は、モンゴル最大である。現在、小袋をコンテナに積み込んでいるが、将来、1トン袋による輸送を検討している。ロシア内を経由しナホトカから日本まで、英国の輸送会社のサービスを使うと21～25日かかる。中国国内経由だと輸送時間は短縮できる。しかし、中国政府は国内通過貨物に対する税金を20％アップするとしており、モンゴル・日本貿易の拡大にとって障害となっている。

日本との貿易はドル建てで行われ、港に陸揚げされ数量、品質検査が確認されてから入金される。日本企業との取引は契約が成立するまで時間がかかるが、その後は比較的安定した長期取引となる可能性が高いので期待をしている。

当社は、こうした貿易以外にも日本と深い関係を形成している。当社では、継続的に従業員を日本での技術研修（全農の関連企業）、機械操作研修（徳岡商会、荒川区）に送っており、品質検査の委託（富士化学）も行っている。今後、日本の大学や研究所との共同研究にも期待している。例えば、骨の成分か

写真5—5　トヤ・トレード社長バッタンサン氏

らゼラチンの抽出、骨の発育に効果のある化学成分の抽出、動物性油脂からの抽出物に関する研究と商品開発などである。

　廃棄物であった骨を地域の資源としてとらえ、骨粉と石鹸という製品に再生し一つの事業に仕立て上げたバッタンサン氏は、限られた資源を有効に活用するリサイクル思考の重要性に注目している。リサイクルに関する子供向けパンフレットを1,000ドルかけて作成し配布している。市場経済の波が押し寄せ、大量生産、大量消費の魅力に翻弄される危機感が、氏の事業や行動を突き動かしているのである。

5.　中小工業の健全な発展への期待

　新興財閥の登場と国営企業の民営化に代表される体制転換後の10年を経て、モンゴルには個人の事業意欲と努力によって、生業的経営から企業経営に転じた新たな中小企業が創生し始めていた。中小企業は、それまで空白だったサービス事業分野をはじめ、多方面にわたり新規事業を立ち上げており、市場経済化の第2ステージともいえる状況を創りだしていた。

　特に、商業資本から産業資本に展開する動きがみられるなど、モノづくりの

分野に中小企業が登場し始めている点に注目する必要がある。輸出型の大規模、大量生産を前提として配置された旧国営企業が、小規模な国内需要に応じて柔軟な供給を行えるようになるためには、いっそうの大胆な改革を必要としよう。しばらく時間がかかりそうである。

新たに発生し始めた中小工業には、国民生活に必要な消費財や国内産業の維持、発展に必要な資本財の国内生産を担うといった大きな役割が期待される。

また、都市就業や事業創業などの面で、専門知識や技術を身につけ、これから国造りに参加してくる若者達に、前向きな可能性を示すものとして中小工業の成長は極めて重要である。

中小工業の発生と発展は、モンゴル固有の工業化の道筋をたどるための重要な要件である。新中間層ともいうべき中小企業家や中小工業が登場し始めたことを、モンゴルが自立的な産業構造に向かうための転機として関心を寄せていく必要がある。そして、中小工業の発展環境の整備は、産業政策の主要なテーマとなろう。

過剰な輸入構造からの脱却

表5－1をみると、2000年のモンゴルの貿易収支は約1億5千万ドルの大幅な赤字であった。カシミヤなどの繊維産品や皮革・毛皮、畜産物などの畜産部門の輸出産品は健闘したものの、国際価格の低迷によって銅、モリブデンなどの鉱産物の輸出額が大きく落ち込んだことが原因の一つである。

もう一つの重要な原因は、輸入の増加である。電気製品・同部品、石油製品、繊維製品、自動車・同部品で輸入全体の約65％を占め、輸入額が増加している。

加工食品、野菜・同加工品、日用耐久消費財の輸入額も増えている。石油製品については、原油の生産が始まっていることから、将来は輸出に回る可能性があるが、その他の工業製品はモンゴルの経済発展や都市化にともない、さらなる需要の増大が見込まれる。

電気製品や自動車の完成品の国内量産を追求していくことは現実的ではないが、その補修部品や付属品の加工・生産や、消費財系製品の生産をモンゴル企業が担っていく意味は大きい。

表5−1　貿易収支と主要輸出入産品

区分	1995	構成比	2000	構成比
輸出額合計	473,300	100.0	466,100	100.0
[主要輸出産品]				
繊維・繊維製品	80,934	17.1	192,499	41.3
鉱産物	310,012	65.5	188,771	40.5
皮革・毛皮、同加工品	23,665	5.0	42,415	9.1
生体家畜・畜産物	10,413	2.2	23,305	5.0
輸入額合計	415,300	100.0	614,500	100.0
[主要輸入産品]				
電気製品、部品	85,137	20.5	133,347	21.7
鉱産物（石油製品）	83,060	20.0	120,442	19.6
繊維・繊維製品	28,240	6.8	79,885	13.0
自動車、部品	63,126	15.2	66,981	10.9
加工食品	18,689	4.5	47,317	7.7
野菜、同加工品	15,366	3.7	46,702	7.6
化学工業製品	36,131	8.7	28,267	4.6
金属素材・金属製品	34,885	8.4	22,737	3.7
日用耐久消費財	5,814	1.4	20,893	3.4
[貿易収支]	58,000		−148,400	

注：千ドル
資料：National Statistical office of Mongolia, *Mongolian Statistical Yearbook 1997, 2000*

　一次資源の賦在量が豊富で人口が少ない、労働力や国内市場規模が相対的に小さい、一次資源の輸出が国民経済の主軸となっている、国民生活に必要な工業製品の多くを輸入に依存している、といった経済構造にある国家や地域は少なくない。例えば、中東の原油産出国やブルネイ、オーストラリア、ロシア極東地域などがあげられよう。一方、国土が小さく一次資源は希薄で人口が多い日本、台湾、韓国などでは、工業化は死活問題であった。国際競争力のある工業製品を輸出し続けることが経済成長を可能とする不可欠の条件であった。

　今後、モンゴルが一次資源輸出国として、戦略的に国際市場にかかわっていくことは選択肢の一つであろう。日本や韓国のように、できる限り全ての工業製品を自前で生産し、それを輸出する経済構造だけが国民経済の厚生をもたら

すものではないのである。

しかし、プリミティブな一次資源輸出に依存し、必要な工業製品を過剰に輸入し続けるといった経済構造が望ましいわけではない。自国の企業が事業成立させ得る可能性のある範囲から、モンゴル国民が必要とするモノの生産に挑戦し、輸入代替を進めていくことが必要である。モンゴルは、新たに創生し始めた中小工業の発展環境を整え、彼らの成長を原動力として過剰な輸入依存構造からの脱却に向かうことが期待される。

モンゴル型の中小工業の発展

自国に必要なモノは可能な範囲で自国の企業が生産する。自由貿易の下で入手する輸入資源や輸入工業製品は、市場経済が生み出しやすい浪費を回避し、補修、改良しながら長く大切に使い切っていく。そうした抑制を効かせたモノづくり、モノの使用、モノの消費がなされる経済社会は、今後、モンゴルが追求するに値する国民経済の姿ではないかと思う。

利潤の極大化をめざす大量生産が成立するために、大量消費を前提とする前世紀までの近代工業化のスタイルは、決して普遍的なものではない。そうした近代工業化のスタイルによる経済発展は、未来永劫続くものではないことは明らである。

確かに市場経済は計画経済よりも効率的な資源配分を可能とする。しかし、これまで資本主義下で培ってきた市場経済の「かたち」が、経済発展の時間差を抱える国々、地域にとって、必ずしも最適なシステムであるとはいえそうもないことが解ってきた。

新たな工業化に向かうモンゴルであればこそ、循環的な適量生産、適量消費によって、国民の経済厚生を高めていく経済社会システムの構築に挑戦しやすい条件がある。そして、市場経済における新たな経済社会システムを構築し動かしていく主役の一人が、新たに創生し始めた中小工業なのである。

大量生産、大量消費、大量輸出に依存する工業化とは異なる工業化の下で、中小工業の発展を求めていくことが重要である。そこでは、中小工業は大企業の下請けとは異なる存在となり、国民生活の充実を目指した多品種適量生産を

担い、モノを大切に使い続ける姿勢をサポートすることが重要な存在意義となっていこう。

　そうした工業化思想に裏付けられた中小工業のモノづくりは、成長至上主義、過剰消費を促す大量生産システムからみれば非効率と映るものもあるだろう。しかし、「効率」が必ずしも充実した生活の豊かさを約束するものではない。「先進工業国」がたどった工業化の経路が唯一のものではなく、充実した生活の豊かさを提供するモノづくりのしくみは、複数あると考えることが重要である。

　モンゴルの中小工業は、国民の求める適量生産すべきモノは何か、ユーザーが納得する価格、使い勝手、サービスは何かを探りつつ、独自の発展経路を歩み成長していくことが望まれる。そして、産業政策においては、モンゴル固有の工業化を支える中小工業の活躍しやすい環境整備が急がれている。

1）　都竹武年雄「モンゴル教育事情」（日本貿易振興会海外調査部『続・新生モンゴル』2000年11月）101頁。
2）　都竹、前掲論文、103頁。
3）　モンゴルの自然環境に関する記述については、青木信治編『変革下のモンゴル経済』アジア経済研究所、1993年、3〜10頁、および金岡秀郎『モンゴルを知るための60章』明石書店、2000年、32〜35頁。

第6章　モンゴルへの外資企業の進出

　モンゴルは体制転換の少し前の90年に、すでに「外国投資法」を制定、さらに、転換後の93年7月には外国投資法を改正、より具体的な優遇策を盛り込んでいった。そして、94年以降、モンゴルへの外資企業投資は急速に拡大していく。外国投資法の内容や課題に関しては、後の第9章で検討することにして、この章では、進出外資企業の現状と当面する課題等をみていくことにしたい。

1.　外資企業進出の現状

　外資投資企業に関しては、第8章で扱うモンゴルと旧ソ連とのエルデネット鉱山などの70年代のケースもあるが、体制転換前後の90年の外国投資法制定以後に関しては、2000年末現在で1,652件、投資額約3億5千万ドルとされている。90年から92年の頃は3年間で34件しかなかったが、93年の外国投資法改正以来、93年だけで41件、その後、年々増加し、99年には339件、投資額7,230万ドル、2000年には290件、投資額1億0724万ドルとなった。この年間300件前後の件数は、この20年ほどの中国経済を見慣れた目からすると、92年頃の瀋陽、長春のレベルのようにみえる[1]。中国の各都市は92〜93年頃から急速に外資企業の導入が活発化するのだが、人口規模からすると中国の主要都市の半分程度のモンゴルが、今後、どのような展開になっていくのか興味深い。ここでは、まず、幾つかの統計表から、モンゴルへの外資企業投資の輪郭をみていくことにする。

（1）　投資国別、業種別の状況
　表6—1は、2000年末までのモンゴルへの投資国別の累積件数、累積投資額を示している。これによると、投資件数では隣国の中国が553件（構成比、

表6―1　外国企業投資の国別概要（2000年末）

外国投資国	外資投資 (件)	(%)	投資額 (1,000ドル)	(%)
合計	1,652	100.0	349,905	100.0
中国	553	33.5	106,796	30.5
ロシア	257	15.6	16,635	4.8
韓国	214	13.0	38,935	11.1
日本	102	6.2	48,452	13.8
アメリカ	56	3.4	27,355	7.8
ドイツ	52	3.1	2,725	0.8
シンガポール	34	2.1	7,497	2.1
香港	32	1.9	12,430	3.6
チェコ	31	1.9	3,160	0.9
イギリス	29	1.8	12,048	3.4
カナダ	20	1.2	7,558	2.2
台湾	19	1.2	8,581	2.5
スイス	16	1.0	3,782	1.1
カザフスタン	13	0.8	355	0.1
マレーシア	11	0.7	859	0.2
トルコ	11	0.7	816	0.2
ブルガリア	10	0.6	12,099	3.5
イタリア	9	0.5	8,661	2.5
ポーランド	9	0.5	1,646	0.5
アンティグア&バルブダ	9	0.5	653	0.2
バハマ	7	0.4	25	0.0
北朝鮮	7	0.4	559	0.2
ベトナム	6	0.4	105	0.0
ニュージランド	6	0.4	1,234	0.4
ハンガリー	6	0.4	720	0.2
フランス	6	0.4	164	0.0
オーストラリア	6	0.4	23	0.0

資料：モンゴル外国投資貿易庁

33.5%）で第1位であり、以下、ロシア（257件、15.6%）、韓国（214件、13.0%）、日本（102件、6.2%）、アメリカ（56件、3.4%）と続いている。投資額でも中国が1億0680万ドル（構成比、30.5%）と最大であり、以下、日本（4,845万ドル、13.8%）、韓国（3,894万ドル、11.1%）、アメリカ（2,736万ドル、7.8%）、ロシア（1,664万ドル、4.8%）となっている。この中国、日本、

韓国、アメリカ、ロシアの5カ国で、投資件数の71.5％、投資額の68.1％を占めている。

北東アジアで活躍している香港、台湾勢は相対的に少なく、チェコ（31件、316万ドル）、カザフスタン（13件、35万ドル）、トルコ（11件、81万ドル）、ブルガリア（10件、1,210万ドル）、ポーランド（9件、165万ドル）、北朝鮮（7件、56万ドル）など、社会主義に関連した国々が並んでいることが興味深い。ただし、ブルガリアを除いて、これらの国々の投資規模は小さい。ブルガリアの場合は地下資源探査であり、投資規模が大きくなっている。

資源利用型の進出が多い

表6―2の外国投資企業の業種別概要をみると、件数的には、商業・飲食業（260件、構成比15.7％）が最大であり、以下、建築・建材製造（210件、12.7％）、地質探査・採掘（174件、10.5％）、食品製造（140件、8.5％）、軽工業（119件、7.2％）、畜産物加工業（118件、7.1％）などとなっている。いずれもモンゴルの地下資源、畜産資源等に着目した進出である。

全体的にみて、いわゆる製造業といえるのは、表6―2の食品製造から電子機器製造までの8業種だが、その件数は655件、構成比39.6％であった。隣の中国の場合は70％程度が製造業であることからすると、モンゴルは相当に事情が異なることが推察される。中国の場合は12～13億人という巨大な人口を背景に「安くて豊富な労働力」を提供、さらに「巨大市場」として世界の製造業を引き付けているのに対し、人口が少なく、市場も小さいモンゴルへの進出外資企業は資源利用型ということができる。

中国、アメリカ、カナダ、ロシア、ブルガリアなどは地下資源、特に石油資源の探査で進出している場合が少なくない。もう一つのモンゴルの資源であるカシミヤ、羊毛等の加工に投資しているのは、中国、日本、イタリアなどであり、食肉加工にはアメリカ、中国、そして馬肉については日本企業（若丸）も進出している。また、モンゴルは通信部門も開放しており、日本（住友商事、KDD）、韓国（鮮京グループ）が携帯電話事業で進出している。また、韓国は飲食店、スーパーマーケットの進出も目立っている。日本はこうした分野では

表6-2　外国企業投資の業種別概要（2000年末）

外国投資業種	外資投資（件）	（%）	投資額（1,000ドル）	（%）
合計	1,652	100.0	349,905	100.0
食品製造	140	8.5	7,493	2.1
畜産物加工業	118	7.1	37,926	10.8
軽工業	119	7.2	67,360	19.3
宝石等	8	0.5	1,264	0.4
日用消費財	10	0.6	487	0.1
家具製造	32	1.9	2,243	0.6
建築・建材製造	210	12.7	26,475	7.6
電子機器製造	18	1.1	1,852	0.5
商業・飲食業	260	15.7	34,678	9.9
運輸	88	5.3	13,786	3.9
通信	28	1.7	14,672	4.2
エネルギー	33	2.0	3,597	1.0
観光	49	3.0	9,293	2.7
健康・美容	34	2.1	2,900	0.8
文化・教育等	55	3.3	10,501	3.0
金融	22	1.3	16,350	4.7
地質探査・採掘	174	10.5	71,118	20.3
公共サービス	29	1.8	1,395	0.4
農業	75	4.5	7,104	2.0
その他	150	9.1	19,410	5.5

資料：モンゴル外国投資貿易庁

ホテル（長谷部産業）、日本料理店が数件が目立っている。さらに、中国系企業の中には、アメリカへの繊維輸出に関し、クォーター制の枠の残っているモンゴルに進出し、非関税の優遇を受けようとしているところも少なくない。近年、中国の対米繊維輸出は膨大なものになり、中国の非関税枠は残っていない。そうした点に着目して、中国繊維業が大量に進出しているのである。

（2）　日本企業のモンゴル進出

　2000年末現在、日本企業のモンゴル進出は、先の表6-1、2によると、件数では102件、投資額は4,845万ドルで、国別でそれぞれ第4位、第2位につけている。モンゴルにとっては重要な投資国となろう。ただし、日本企業投資も

写真6―1　韓国資本のショッピングセンター

　1件当たりの投資額はわずか47.5万ドルにしかすぎない。日本企業の中国投資の場合、平均的には200〜300万ドル程度ということからすると、かなり規模の小さい投資ということになる。その全貌はみえないが、個人の投資などが多いのではないかと思う。

　現地でリサーチしても、日系企業として浮かび上がってくるのは、携帯電話のMOBICOM（住友商事、KDD）、フラワーホテル（長谷部産業）、馬肉加工（若丸）ぐらいであり、その他は飲食店（タケちゃんラーメン、三四郎、フジレストランなど）の飲食店が目立つ程度である。その他としては、カシミヤの買い付けのための小さな商社の設立などが聞こえてくる程度であった。本格的な日本企業の進出はされていないといってよさそうである。

　だだし、日本はモンゴルに対する最大の援助国であり、それに関連して、日本の有力企業が機械設備の設置、稼働をサポートし、さらに総合商社の融資などが行われている。例えば、カシミヤのゴビは日本の無償援助により機械設備を導入し、信州大学繊維学部にこれまで6人の技術者をODAのプロジェクトで留学させている。ダルハンの食肉工場（ミート・エキスポ）もJICA（国際協力事業団）の援助により機械設備を導入している。また、カシミヤのブヤンは丸紅からの融資により、セーター編機（島精機製）を大量に導入した。ダル

表6—3 日系企業投資の業種別概要（2000年末）

外国投資業種	外資投資（件）	（％）	投資額（1,000ドル）	（％）
合計	103	100.0	48,458	100.0
食品製造	7	6.8	814	1.7
畜産物加工業	5	4.9	1,301	2.7
軽工業	3	2.9	28,140	58.1
宝石等				
日用消費財				
家具製造				
建築・建材製造	6	5.8	1,151	2.4
電子機器製造				
商業・飲食業	20	19.4	2,504	5.2
運輸	11	10.7	1,180	2.4
通信	2	1.9	8,003	16.5
エネルギー	1	1.0	50	0.1
観光	13	12.6	296	0.6
健康・美容	1	1.0	259	0.5
文化・教育等	12	11.7	2,915	6.0
金融	1	1.0	10	0.0
地質探査・採掘	3	2.9	669	1.4
公共サービス	4	3.9	172	0.4
農牧業	2	1.9	95	0.2
その他	12	11.7	899	1.9

資料：モンゴル外国投資貿易庁

ハンの鉄鋼工場は伊藤忠商事が技術支援して建設し、その後はJICAの専門家派遣により、神戸製鋼所の技術者が7年間も駐在して指導している。

このように、日本の対モンゴル関係は、直接投資は少ないものの、多方面の援助を提供し、モンゴルの基幹産業に一定の影響を与えているのである。

現在、モンゴルには留学生を含めて約300人ほどの日本人が滞在している。このうち100人程度で日本人会が結成されており、2カ月に1回の会合には60～70人が出席してくる。大使館、JICA関係、企業、それに海外青年協力隊（12人）などである。これらの中で世話役となっているのが総合商社であるが、2001年9月現在、伊藤忠商事（駐在日本人1人）、丸紅（1人）、日商岩井（日本人ゼロ）の三つが事務所を構えている。そして、住友商事は北京事務所が対

応している。財閥系の総合商社にとっては、それほど魅力がないのかもしれない。

ただし、モンゴルの石油が話題になり始め、また、希少金属、希土類の存在にも光が当たり出し、今後、三菱商事、三井物産、豊田通商が進出の構えである。日本の総合商社が出揃う頃には、モンゴルも新たな可能性を発散させていくのかもしれない。それがどのような道筋をたどるのかは不明だが、21世紀の早い頃には、日本企業にとってモンゴルはまた別の色合いをみせてくることになりそうである。

2. クォーター制を利用する輸出拠点の形成

製造業におけるモンゴルへの直接投資の場合、資源利用型のケースが多く、「安くて豊富な労働力」を利用する、あるいは「モンゴルを市場としてみる」というケースは非常に少ない。だが、モンゴルにはかなりの数の中国、香港の縫製業者が進出している。賃金レベルはモンゴルと中国はほぼ同じ、輸出生産拠点とすれば内陸のモンゴルの分が悪い。それでも、進出してくるのは、アメリカのクォーター制にあるという。アメリカは発展途上国からの繊維製品輸入に特別の非関税枠を設定し、各国別に割り当てている。この国別の割当比率は実績に応じて毎年調整されるのだが、最大の繊維輸出国となった中国の枠はいっぱいであり、逆にモンゴルの枠はほとんど使われていない。その枠の獲得を目指して中国、香港の企業がモンゴルに進出しているのであった。

(1) 香港企業のアジア戦略とモンゴル進出（テムジン・メンチ）

テムジン・メンチ（TEMUJIN MENCH）のシニア・アドバイザーであるサンガ氏の名刺には、モンゴルとイギリスの合弁企業と記載されている。サンガ氏はフィリピン人であり、合弁企業のイギリス側本社は香港にあるという。香港本社の名前はオター・メンチであり、全体のヘッドクォーターとして事務のコントロール、デザイン部門を担っている。テムジン・メンチは、この香港資本を媒介にするイギリスとモンゴルの合弁であり、本社は香港、現地駐在の責任

者が香港人、技術指導の責任者がフィリピン人という興味深い構成であった。

委託加工に従事するモンゴル工場

　モンゴル法人のテムジン・メンチは92年に設立され、同年9月からスタートしている。イギリス（香港）側80％、モンゴル（個人）側20％の合弁の形をとっている。仕事は縫製業であり、紳士用シャツ、短パン、コートなどを縫製している。モンゴルはウランバートルに3工場を展開、それぞれカッティング、縫製、仕上げの専門工場としている。モンゴル法人の従業員は全体で約1,500人、その大半は専門学校出身であり、社会主義時代からこの業種で働いていた人が多い。ほぼ27〜35歳ぐらいの人から構成されている。地方からの採用を重点的に行い、大半の従業員を寮に居住させている。賃金水準は中国の大連あたりとほぼ同じであり、50〜70ドル／月といったところである。なお、特別に技術の高い人は150ドル／月ほどになる。

　今回は3工場のうち、ウランバートル市内の工業ビルの3階の縫製工場を訪れた。この工業ビルは10階建であり、あたかも香港の工業ビルを思わせた。このビルだけでも縫製業を中心に数十の企業が入居していた。大半が中国からの進出企業だという。当社はここを借りて入居している。

　この縫製工場の従業員は388人、本縫のミシンにはJUKI製が採用されていた。この工場だけで生産量は、男性用シャツ換算で1日に12〜13枚／人平均であり、全体では4,000〜5,000枚／日が生産されている。工程での検査も徹底しており、かなりの集中力のある職場とみた。成績の良い従業員に対しては、海外旅行の報奨も用意されていた。

　材料（生地、糸、ボタン等）は基本的にはアメリカのユーザーが無償支給してくれる。香港の本社を経由して、中国、香港製の生地が非課税のまま天津経由で送られてくる。モンゴル工場では裁断、縫製、仕上げを行い、モンゴル〜天津を経由してアメリカに直接輸出される。受注から納品までは最大でほぼ3カ月とされている。なお、アメリカのユーザーとは、ヴァン・ヒューセンとエクスプレスの2社であり、いずれもニューヨークに立地している。デザインと生地の指定は先方であり、加工賃は香港に支払われ、さらに香港からモンゴル

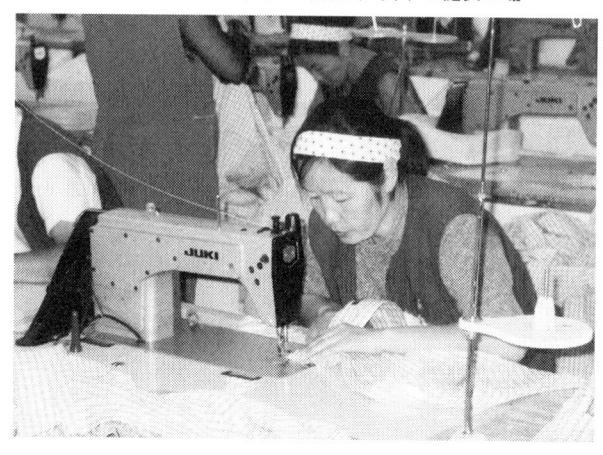

写真6—2　イギリス（香港）資本の縫製工場

に加工賃が支払われるという関係である。モンゴル工場はいわば香港のヘッドクォーターからの委託加工工場ということになろう。

アジア・ワイドの展開

　ところで、この香港資本のオター・メンチの工場展開はアジア・ワイドなものである。社長はカナダ人であり、工場はモンゴルの他にフィリピンのマニラ、中国大連に展開している。いずれも20年前に香港から進出したものである。マニラ工場は香港の100％出資であり、ベビードレス中心、従業員規模は約300人、また、そこから内職、下請にも出している。大連工場は地元資本との合弁の形態をとり、モンゴル工場と同じ物を手掛けている。従業員規模は約300人、それに内職と下請を編成している。アメリカからの受注は香港本社が一括して行い、各工場に材料一式を送り込んでいくことになる。

　また、モンゴル工場（法人）の場合、社長は香港人であるが、技術陣はフィリピン人2人、そして中国の瀋陽の人が18人を数えている。瀋陽の縫製技術は高いとの評価であった。このように、オター・メンチは香港を基軸に、中国、フィリピンなどの要素を幅広く取り込み、興味深い展開を進めているのであった。

なお、このモンゴルに進出した最大の理由は、アメリカの繊維輸入のクォーター制にある。アメリカはモンゴルに対して、輸入関税が5年間の免税、さらに5年間の半免の優遇を与えている。だが、モンゴルには対米輸出に耐えられる縫製業者は育っておらず、香港、中国企業の注目するところとなった。2001年現在では、75社ほどの中国を中心にした外国の縫製業者がモンゴルに進出している。ただし、従業員の規模では当社が最大であり、他の業者は300人以下程度とされている。そうした縫製業者がこのような工業ビルの中にひしめいているのである。

　縫製業は経済諸環境の変化を最も敏感に受け止めざるをえない業種であり、日本企業もアジアに深く浸透している。だが、日本企業の中では、このオター・メンチほど幅広く、しかも多国籍に人材を調達している企業はないのではないかと思う。また、日本の縫製業でモンゴルに進出し、クォーター制の枠を利用しているなどの話は聞いたことがない。アジアの最前線では、香港人、フィリピン人、中国人などが入り乱れ、興味深い展開をしているのであった。

（2）　中国縫製企業の展開（上海銀鴻実業）

　モンゴルの首都のウランバートルには、先の香港企業をはじめ中国の縫製企業が大量に進出している。その多くはクォーター制利用というものだが、そうした動きはウランバートルだけにとどまらず、400km先のエルデネットにも及んでいた。エルデネットの全体の構図は第8章でみるが、ここでは、中国上海の企業の進出の現状、その意味するところを探っていくことにする。

　　クォーター制の枠を求めて、辺境のエルデネットへ

　エルデネットのロンシャン縫製（融晟服飾有限公司）の本体は、中国上海市に立地する上海銀鴻実業有限公司である。この上海銀鴻実業は85年に創業した上海市揚浦区の区属の企業であり、現在では民営化されている。上海は元々繊維産業の盛んに都市であり、市街地に区属、街道属の集体企業が大量に立地していた。これらの大半は現在では民営化され、さらに生産力を拡大する企業は上海周辺の江蘇省、浙江省等に工場を展開している場合が少なくない[2]。

写真6−3　エルデネットに展開している上海の縫製企業

　上海銀鴻実業の社長は江凌女史であり、上海では紳士、婦人用スーツ、制服などを生産している。上海の本社工場は約500人規模、さらに、上海の近くの浙江省寧波市にも1,000人規模の工場を展開している。上海、寧波で生産されたものは、日本、韓国、フランス、ドイツに輸出している。また、アメリカには中国系アメリカ人による繊維製品の卸売業者が大量におり、上海銀鴻実業自身も大量に輸出してきた。

　だが、中国の縫製業者全体がアメリカ輸出に傾斜しすぎ、中国のクォーター制の非関税枠が一杯になってしまった。こうした事情から、中国の縫製業者のクォーター枠を求めてのモンゴルへの展開が急ピッチで進められつつある。

　こうした事態に対し、上海銀鴻実業は99年9月にウランバートルに進出する。このウランバートル工場は200人規模で運動服の生産に従事している。中国人8人が駐在し、指導にあたっている。このモンゴル進出の理由は、第1にクォーター制の非関税枠の利用、第2にモンゴルは中国の隣国であり近いこと、第3にモンゴルの外資企業への優遇策、そして第4にモンゴルは就業機会が乏しいため、若い人材が豊富にいることをあげている。

　99年にウランバートルに進出して1年も経たない2000年8月には、エルデネットへの二次展開に踏み切っている。ウランバートルから400km先のエル

デネットに進出した理由としては、鉄道、通信状況が良く、他の中国企業が進出していないこと、若い人材が多く、縫製業もないなどがあげられていた。それだけ、フロンティア精神に富んでいるということであろう。そして、このエルデネット工場には、上海銀鴻実業社長の江凌女史のご主人である江建明氏が責任者として赴任していた。江建明氏は上海では医師であったのだが、夫人の事業拡大を受けて、エルデネットの工場に身を置くことになった。中国人の逞しさを見せつけられる思いがした。

辺境の地での果敢な事業展開

エルデネットの工場は上海銀鴻実業の100％出資のロンシャン縫製（融晟服飾有限公司）という。訪問した2001年9月には、すでにスタートして1年以上が経っていた。従業員数は180人であった。繁閑によりパートで調整している。立ち上がりの3カ月ほどは縫製の経験のない人々を教育していくに相当の苦労を重ねたようであった。時間を守らない、無断で休むなど、たいへんな思いをしたという。当初は上海から専門家を何人も呼んで教育した。1年を経過した現在では、ほとんど問題はなくなった。エルデネットの賃金水準はウランバートルよりも安く、中国よりも安い。

現在、このエルデネット工場は紳士スーツ、上着、スラックスを生産し、全量をアメリカに輸出している。工場面積は3,140m^2、年産40万着の規模である。アメリカ側がシーズンごと（春、秋、冬の3シーズン）にデザインを決定し、上海に発注してくる。生地、副資材を上海で調達し、上海～天津～ウランバートル～エルデネットと送り込む。製品はエルデネット～ウランバートル～天津と鉄道でつなぎ、天津からは船便で直接ロサンゼルスに発送する。

発送は月2回。1回あたりコンテナで約15,000着を送る。この間の輸送期間はほぼ2週間かかる。物流上の問題はない。

以上のように、女性経営者の上海銀鴻実業は対米輸出の縫製品のクォーター制の枠を求めてモンゴル（ウランバートル）に進出し、さらに独自の存立基盤を求めて400km先のエルデネットに着地した。そして、縫製の経験のない人々を集め、技術指導を重ねながら一定の存立基盤を確保しつつある。後の第

8章でみるように、エルデネットは鉱山という男性型事業の都市であり、女性の就業機会に乏しい。そうした意味で、地元政府からも大歓迎されていた。上海の女性経営者の思い切りのよい踏み込みと、地元の期待が交錯するところに、興味深い事業展開が進められているのであった。

3. モンゴル国内市場への関心

外国企業のモンゴルへの投資の一つのスタイルは、国内市場への参入というものである。ただし、人口が240万人と非常に少ないことから、事業採算性から進出できる業種等は限られている。産業、生活の基礎インフラに関連するもの、小さな市場でも成り立ちうるものなどであろう。

（1） 韓国企業の携帯電話事業への参入（Skytel）

90年代に入ってから、世界的なレベルで携帯電話が普及してきた。アジアにおいても、香港、シンガポールなどでは、90年の頃から普及し、中国でも91～92年の頃には利用している姿に驚かされた。日本の普及は東アジアでも最も遅かったのではないかと思う。むしろ、途上国では有線インフラを整えるよりも、一気に携帯電話にジャンプしたといえそうである。逆に、日本は有線インフラ、公衆電話の充実が障害になり、携帯電話の普及が遅れたのであろう。

このように、途上国では有線電話よりも、携帯電話の普及の可能性が高い。特に、国土の広いモンゴルの場合には、有線インフラを整えることは容易ではなく、むしろ携帯電話普及の条件は整っている。しかも、体制転換後、徹底的な民営化を推進してきたモンゴルでは、携帯電話事業に関しても外資の進出を積極的に受け入れ、現状では日系のMOBICOMと韓国系のSkytelの2グループが、しのぎを削っているのである。

携帯電話事業のスタート

Skytelの前身のUNIVCOMは99年7月に設立されている。このUNIVCOMの設立者はエルデネバット氏（62年生まれ）である。設立時のメンバーは3人、

うち1人はロシア人であった。エルデネバット氏はモンゴルの高校卒業後、チェコスロバキア（現、チェコ）の工学系の大学に入り、輸送通信分野を学んだ。現在、モンゴルで新たな事業のリーダーになっている方々の大半が、旧ソ連、東欧の大学を卒業していることは興味深い。

　この点に少し踏み込むと、体制転換以前の80年代の頃の状況は以下のようであった。

　モンゴルでは高校卒業者の約60％は大学に進学する。モンゴルにはモンゴル国立大学をはじめとして一通りの分野がカバーされているものの、国内だけでは十分ではなかったため、大学進学者の10％程度を旧ソ連、東欧の有力大学に留学させている。その場合の選別の基準は統一試験の成績の順であり、外国、国内の大学を選択させていった。このような事情から、現在の30歳代中頃以上の世代の有力者の多くは、外国の大学の留学経験者ということになっている。特に、80年代に外国に留学した人々は、東側陣営の崩壊を目の当たりにしている場合が多く、市場経済化、民営化等への関心も深く、自ら事業に踏み出しているケースが少なくない。

　まさに、このエルデネバット氏などはその典型というべきであろう。エルデネバット氏は86年に帰国、しばらくは幾つかの国営企業の自動化、機械化などの仕事に就いていた。体制転換の90年以降は、通産省でプロジェクト・マネージャーの立場にあり、エルデネット鉱山と韓国の三星の合弁による銅、モリブデンの採掘事業などに関係していた。特に、輸出入に関わる契約等を担当していた。

　通産省在籍の頃から通信事業への関心が深く、公務員生活を捨てて、99年7月、UNIVCOMを設立していく。当初は付き合いのあった三星の協力を求めようとしたが、三星側があまり関心を示さず、同じ韓国のSKグループ（旧鮮京財閥）に切り換えていく。

　2001年の春には韓国の金大中大統領がモンゴルを訪問、モンゴル側から要請されたCDMAの普及に韓国側が協力していくことになる。韓国では96年にCDMAをスタートさせており、デジタル式携帯電話の実績は十分にあった。こうした事情から、モンゴルでは2001年5月から一気にCDMAをスタートさ

せることになった。その後、SK グループは中国の CDMA 事業も獲得するなど、東アジアで大きな成果をあげている。

　現在、この Skytel は韓国側 2 社（SK テレコム、大韓ケーブル）60％弱、モンゴル側 3 社（UNIVCOM、アルタイ、MCS ホールディング）が40％強という資本構成になっている。モンゴル側 3 社のうち、アルタイ、MCS ホールディングは最近になって参加してきたものである。なお、2001 年 9 月現在、Skytel の従業員は70人、うち、韓国人は副社長 1 人のみである。また、人口密度の薄いモンゴルでの支店活動はようやく 8 つの県で行われるようになってきている。現状では、ウランバートルを出るとすぐに携帯電話が通じなくなるのである。

　モンゴルにおける携帯電話の普及

　2001年 9 月現在のモンゴルの通信事業の状況は、有線のモンゴルコムへの加入者が11万人（うち、ウランバートル市内が6.5万人）、携帯電話加入者が13万人（うち、ウランバートル市内が10万人）とされている。特に、この携帯電話市場では、日本の住友商事、KDD が参加する MOBICOM が70％のシェア、韓国系の Skytel が30％のシェアとなっている。

　MOBICOM と Skytel の使用料金はほぼ同じだが、使用目的によってユーザーが分かれているようである。ヨーロッパに出張の多い人は MOBICOM、処理スピードの速さでは Skytel が好まれている。

　なお、モンゴルの携帯電話の料金体系が興味深い。支払いはポストペイドとプリペイドカードの 2 種類が用意されている。ポストペイドの場合は、加入時に入会金として100ドルを支払う。毎月の基本料金は20ドル、通話料は13セント／分となっている。これに対し、プリペイドカードはやや高く設定されており、期間などによって入会金は 8 〜30ドルの幅があり、通話料は30セント／分とされている。また、携帯からの国際電話も可能である。

　現実には90％の人はプリペイドカードを選択している。ポストペイドでは自己コントロールができない、プリペイドカードは着信をあてにしている人が好むなどとされている。通話料は国によっては受信側も支払うことがあるが、モンゴルでは発信側のみが支払う。

携帯電話のハードは韓国製が多い。ノキアも使用されている。正規の携帯電話機は新品で150～500ドル程度で販売されているが、個人が中国から輸入して安く販売しているケースも多い。このような個人販売の場合は、中身が古い世代のものであることも少なくない。

　モンゴル政府としても、通信事業の普及に意欲的であり、優遇措置も厚い。ただし、ケーブル・ネットに関しては、当初の10年間は免税、次の10年間は半免という際立った優遇があるが、携帯電話事業に関しては、外国投資法による優遇どうり、5年間免税、次の5年間半免にとどめられている。携帯電話事業は利益率が高く、回収も早いという事情からである。こうした事情はあるものの、体制転換から10年、近代化を急ぐモンゴルでは、携帯電話普及は一段と加速化しているのである。

（2）　日韓企業の農業部門への展開（オリエント・グリーン）

　韓国人がモンゴルでソフト会社を立ち上げようと家族帯同で定住したが、思うようにいかず、現在は野菜のハウス栽培に従事していると聞き、訪れた。ウランバートルの街はずれの一角のビルの2階の1室に、オリエント・グリーンの看板がかかっていた。

ソフト開発の挫折から野菜の栽培に

　迎えに出てきた許慶明氏（59年生まれ）は、流暢な日本語で語り始めた。

　許氏自身は韓国のLGにソフト技術者として16年間勤務していたが、付き合っていた日本の文化オリエント・コーポレーション（BOC）がモンゴルでコンピュータ・ソフト開発の事業を行うということで誘われ、98年春にLGを退職、家族5人（夫人、子供3人）でウランバートルに定住した。

　BOCとは仙台市に本拠を置くコンピュータ・ソフト会社であり、社長はアメリカ系日本人である。社長の父親（アメリカ人）は三沢基地の軍人であった。現在、BOCは日本の東北を代表するソフト会社として成長し、仙台本社の他に日本国内には東京をはじめ幾つかの都市に支店を開設している。日本国内の従業員数は約100人規模である。さらに、人材を求めた海外展開にも意欲的で

写真6-4　オリエント・グリーンの営業車

あり、中国上海の浦東新区金橋輸出加工区、インドにも海外法人を展開している。インドは日本よりも大きくなり300人ほどを雇用している。

　許氏はLG退職後、BOCに移籍し、98年春にモンゴルに赴任したのだが、当時はまだモンゴルでコンピュータ・ソフト開発の環境が出来ておらず、しばらくは無理との判断で、他に可能な仕事を模索していく。むしろ、先端技術の逆を意識した。

　自身、モンゴルで家族と共に生活していて困ったのは野菜が足りないということであった。この点に着目、冬期に−40℃にも下がるモンゴルで野菜生産が可能かどうかの調査を進める。冬期の長いモンゴルではビニールハウスが不可欠との結論を得て、ウランバートル郊外に土地を借り、99年秋にはハウスを3棟建設する。当初はモンゴル人に任せようとしたが無理であり、結局、中国の内モンゴルの友人から紹介された中国人を責任者にして、4～5人のモンゴル人を雇って栽培を開始した。

　2000年3月には、レタス、ホウレンソウ、葉大根が収穫された。ただし、販売の見通しがつかず、ウランバートルの会社を訪問していったが、全く売れず、トラックに積載していた野菜が凍ってダメになってしまうなどの経験を重ねていく。

野菜事業の大成功から、ソフト開発へ

　その後、ようやく大使館ルートを開発する。幾つかの大使館に出入りしているうちに、ユーザーから日本食品、アメリカ食品の取り扱いを勧められる。モンゴルに駐在している外国人にとって、ウランバートルの市場は危険であり、宅配を求められることになった。こうした食品のデリバリーの仕事は、2000年春から早速手掛けている。ソフト開発のつもりでモンゴルに赴任した許氏は、野菜生産、食品のデリバリーを主たる仕事にしていくのであった。佐川急便の中古の軽トラックを真っ赤に塗り直し、野菜、日本食用品、アメリカ食用品のデリバリー用車両として使用している。

　なお、許氏はかなり個性的な人物であり、子供3人（11歳、7歳、2カ月）は韓国時代から学校に通学させず、家庭教師を雇って教育していた。このスタイルはモンゴルでも変わらない。11歳と7歳の子供には、韓国語の他に、英語、モンゴル語、ロシア語も教えているのである。このあたりに、ソフト開発に挫折しても、次の事業として野菜の栽培に踏み込むなどの逞しさの背景をみる思いがする。

　このような事業に終始しているうちに、2001年7月に、大韓ケーブル系列の資本がウランバートル市内に大型のSKYショッピングセンター（写真6—1）を開店させる。このショッピングセンターには、私たちも滞在中、相当にお世話になったが、ここの野菜、果物は通年でオリエント・グリーンの扱いになっていった。売上高をみても、開店前の2000年7月までは、400万トゥグリグ／月が、以後はSKYショッピングセンターだけで3,000万トゥグリグ／月、全体では5,000万トゥグリグ／月へと急拡大した。

　さらに、SKYショッピングセンター以外の店でも、当方の野菜を仕入れ始めたのであった。モンゴルの人々の生活様式も急速に変わってきたということであろう。許氏の必死の努力がようやく実を結び始めた。2001年9月現在、この野菜事業には個人の出資者7人（アメリカ人1人、日本人3人、韓国人3人）でこれまで55万ドルほどを投入している。ビニールハウスも次第に増加し、現在では13棟にもなった。従業員も20人（韓国人1人、中国人1人、モンゴル人18人）の事業として成長してきたのである。

このような野菜事業の成長はまさにモンゴルの事情が変わり始めたことを意味し、BOCは本職のソフト開発を本格的に展開するために、2000年、BOCモンゴルを設立している。BOC側の出資者は3人（50％）、許氏も当然加わっている。そして、モンゴル側は地元の電器店など3人の出資（50％）となった。これまでの数年の経験から、慌てることはないという姿勢であり、現在、事業化調査を重ねている段階だが、明らかにモンゴルも「時代が変わってきた」ことを痛感しているようであった。ソフト開発から野菜生産へ、そして再び本業のソフト開発へ、このオリエント・グリーン、BOCモンゴルの歩みは、モンゴルの時代の変化そのものを象徴しているようにみえる。

（3）　中国天津企業の建材、住宅部門への参入（MCT）

　1978年末に経済改革、対外開放に踏み出した中国は、この20年で際立った発展を実現した。その発展を促した最大の要因の一つは、外資企業の果敢な導入であった。世界中の企業が進出し、中国は『世界の工場』とまでいわれるようになってきた。そして、20世紀の末頃からは、外資企業を受け入れるばかりでなく、逆に、外国に進出する中国企業もみられ始めているのである。

　ただし、これまでの外国に進出する中国企業とは、繊維系の企業が営業拠点を日本（特に、大阪に多い）に置く場合、ハイテク企業が開発拠点をアメリカのシリコンバレーや、日本に置く場合、あるいは、世界的な生産力を身に着け始めた中国の家電メーカーが生産拠点をアメリカ、メキシコ、ASEANなどに展開する場合などが報告されている。

　そして、今回のモンゴル調査でも明らかになったように、アメリカのクォーター制の枠を求めて中国の繊維企業が縫製工場をモンゴルに進出させるなども少なくない。ただし、こうしたものばかりでなく、この節で紹介するように、中国の中小企業が、新たな可能性を求めて隣国のモンゴルに進出していることが注目される。中国の産業発展も、こうした段階に踏み込み始めているのである。

モンゴル市場に新たな可能性を求めて

　ここで検討するMCTの中国側は天津市天興機械製造有限公司といい、建築機械製造、および建築材料の生産に従事している。従業員規模は200人の中小企業である。中国は近年、国有企業、集体（集団）企業の民営化を推進しているが、当社も天津市の集体企業であったものが民営化した。民営化と共に、中国の市場経済化の進展は著しく、企業間の競争も激しい。

　こうした中で、天興機械は2001年1月、2週間ほどのモンゴルに市場調査に訪れる。天津〜北京〜ウランバートルには鉄道路線がつながっており、天津からみてモンゴルはそれほどの距離感はない。建築の専門家の目でウランバートルの建物を視察し、また、市街地周辺に集まってきているゲルをみて、今後、新たな建築需要は膨大と判断した。また、視察中にウランバートル市長、副市長とも会談し、建築関連企業の進出を要請されたことも、進出の意志決定に大きく影響した。

　こうした事情を受けて、2週間の調査の中で合弁事業のパートナーを探し、ウランバートルのバッサルという企業と合弁することに決定する。そして、1月には合弁企業の登記を行った。極めて迅速な対応といわねばならない。進出形態は合弁、天津側60％、バッサル40％の出資比率にし、バッサル側は工場の現物出資とした。当初の資本金は6.5万ドルという小規模なものであった。小さく一歩を記し、しばらく様子をみながら、20万ドル程度の追加投資を考えている。そして、実際には2001年の7月に工場をスタートさせている。

　2001年9月現在、ローカルの従業員30人に加え、中国からは技術、販売、経理などを担当する14人が赴任している。当面は、住宅の基礎材、壁材などを焦点に鉄筋バー、ブロック、コンクリートなどを中国から入れている。今後、現地材を探し、国産化していく構えである。当面の販売相手は地元の建築会社を中心にしているが、個人のユーザーもアパートの壁材、内装などに関連して訪れてくる。基本的な態度としては、モンゴルの市場の特質を詳しく調査し、価格の安いものを提供しようとしている。

写真6—5　MCT／天津企業のモンゴル進出

写真6—6　ウランバートルでの展示会場

市場のあるところ、どこへでも

　私が、このMCTにめぐり会ったのは、2001年9月の14日であった。その日はモンゴル商工会議所が主催する全国的な工業展であった。早朝に駆けつけた展示会場には、モンゴルの代表的な企業は全て出展していた。カシミヤ、絨毯、皮革製品、乳製品、飲料といった伝統的なものに混じって、携帯電話会社など

も派手に出展していた。それらの中を細かくまわっていくと、新建材、教具、ポリエステル袋などのモンゴルでは珍しい工業製品を展示しているブースが幾つかみつかった。それらの個々のケースは第5章で紹介したが、モンゴルにも新たな産業、企業が登場しつつあることが理解された。

実は、この創業まもない MCT もそこに出展していたのである。その点を確認すると、MCT 側は「今回の展示会を通じて、モンゴルの市場の状況を確かめたい」「これから TV などを通じて宣伝していきたい」と言うのであった。展示会中にも関わらず、当方のヒアリングの要請にも快く応じてくれ、モンゴルの市場の可能性を語り続けるのであった。また、帰国後すぐに私宛に天津から FAX が届き、「天津の本社への訪問を歓迎したい」と記してあった。そのフットワークの良さ、スピード感には関心させられた。

私自身、ほぼ15年にわたり中国の企業の現場を歩き、約1,000社ほどのヒアリングを重ねてきた。この間、中国は外資の進出する場所であり、中国企業は中国国内にいるものと、勝手に思い込んでいた。だが、事態は大きく変わり、中国企業の先鋭的な部分は、新たな可能性を求めて外国に進出、展示会にも積極的に参加し市場のニーズに深い関心を寄せているのであった。私自身も今回のモンゴル現地調査を通じて、モンゴルの住宅需要は相当拡大するとみていたのだが、この天津の中国企業はすでに合弁で進出し、一歩を踏み出していたことはまことに興味深い。「市場のあるところ、どこへでも」という積極的な中国企業の取り組みに、新たな時代の到来を深く感じさせられた。中国企業も新たな時代を迎えつつあるということかもしれない。

4. モンゴルの産業基盤強化と外資企業

今回のモンゴル調査により、外資企業の進出状況の一端をかいまみることができた。91年の体制転換以降、外国企業投資法などの整備も進められ、盛んに外資企業の誘致を進めている。だが、モンゴル側が期待するほどには進出が進んでいるようではない。本章を閉じるこの節では、外資企業投資をめぐる諸問題と、モンゴルの産業基盤強化に外資企業がどう関わっていくかにふれていく

ことにしたい。

外資投資に関する問題への考え方

日本貿易振興会海外調査部は、2000年に『続・新生モンゴル――市場経済移行期の光と影――』と題する調査研究報告を提出しているが、その中で、モンゴルの投資環境整備の課題として以下のような指摘を行っている[3]。

モンゴルへの投資の利点としては、

① 鉱物資源・畜産資源・観光資源が豊富
② 識字率が高く、教育水準の高い廉価な若年労働力の確保が容易
③ 米国はモンゴルからの輸入規制枠を設定しておらず、米国輸出に有利
④ 中国という巨大市場を睨んだ生産拠点となる、と指摘し、

課題としては、

① 運輸・通信インフラ整備の遅れ
② 内陸国であるため港がなく、海外への輸送コストが膨大
③ エネルギー供給が不安定
④ 人口が250万人足らずで、国内市場が小さい
⑤ 金融機構が未整備で資金調達が困難、などがあげられている。

また、JICAのモンゴルの市場経済化支援の調査報告書である『モンゴ国市場経済化支援調査――開発戦略／公共投資計画部門最終報告書[5]』でも、世界銀行の指摘をベースにモンゴルの外国投資阻害要因を以下のようにまとめている。

① 過度に複雑なライセンス、登録、認可手続き
② 政府機関による規制の裁量的実施
③ 汚職
④ 政策と規制の頻繁な変更
⑤ マクロ経済運営の不手際
⑥ 製造業に不利な徴税機構
⑦ 銀行サービスの不在

以上のような点は、途上国、あるいは移行経済の国には共通してみられる。

そして、先進国、援助国側からの度重なる指摘も十分に理解されており、必死に改善に努めている。後から来る国は極めて短期間のうちに、こうした課題を乗り越えることを期待されている。

　先進国の側もそうした問題指摘は続けながらも、走りながら改善していかざるをえないという状況を理解し、一歩踏み込んだ付き合い方を模索していく必要があるように思う。問題の改善には経済そのものの活発化が不可欠なのである。沈滞したままでは改善の意欲は高まらない。経済が活発化し、そこで問題が生じるのであれば、それを取り除こうとするインセンティブは高まる。そして、その経験が新たな可能性を生み出すことはいうまでもない。

　新たな可能性にかける
　本章を通じて、以上のような利点と課題をくぐり抜けながら進出している外資企業の実態をみてきたのだが、それらの企業群は明らかに「利点」の部分に新たな可能性を置いているようにみえた。むしろ、課題の中に新たなビジネス・チャンスが潜んでいる。運輸、通信、エネルギーなどの産業・生活インフラの整備に寄与することが必要であろうし、小さいといわれる市場にも供給すべきものもある。第5章でみたような新たな中小企業の登場にも注目し、共に歩もうとすることも必要なのではないか。

　また、金融機構の未整備状態に対しては、マイクロ・ファイナンス[4]の可能性を探ることも必要だと思う。一般に途上国では通信、金融等の部門への外資の参入は規制される場合が多いのだが、モンゴルの場合には全分野で民営化、外資導入が見通される。そうした状況の中では、小口の金融部門で日本の協力できる部分もあるのではないか。このあたりは、NPOが参加できる条件を整備していくことも必要であろう。

　日本はモンゴルに対しての最大の援助国とされている。ただし、それだけの援助国といわれながらも、モンゴルの産業事情、新たな中小企業の誕生などの事情は全く伝わってこない。むしろ、日本の中小企業が関心を抱けるような情報を伝え、関心を高めていくことが重要なのではないかと思う。モンゴルの産業、生活インフラの整備は急務であるし、住宅事情の改善も重要な課題である。

さらに、モンゴルの人々の企業化、産業化への取り組みを促すことも必要であろう。そうしたことに日本の中小企業が協力できるあり方が必要とされている。それは閉塞状態にある日本の中小企業に新たな可能性をもたらすものであり、また、モンゴルの普通の人々が自立的に新たな事業化に取り組み、課題となっている産業基盤の強化に寄与することはいうまでもない。

1) 中国の外資投資状況に関しては、関満博『アジア新時代の日本企業』中公新書、1999年、同『日本企業／中国進出の新時代』新評論、2000年、『世界の工場／中国華南と日本企業』新評論、2002年、を参照されたい。
2) このような上海の縫製業をめぐる状況は、関満博『現代中国の地域産業と企業』新評論、1992年、同『上海の産業発展と日本企業』新評論、1997年、を参照されたい。
3) 日本貿易振興会海外調査部『続・新生モンゴル』2000年11月、61頁。
4) マイクロ・ファイナンスの問題は、バングラディシュのケースを扱った、中村まり「バングラディシュにみる小口金融機関と新しい産業発展の方向性」（関満博編『アジアの産業集積』アジア経済研究所、2001年）、が有益である。
5) 大和総研・野村総合研究所『モンゴル国市場経済化支援調査——開発戦略／公共投資計画部門最終報告書』2000年3月、19頁。

第7章　北方の工業都市ダルハンの企業

　ウランバートルから北に約240〜250km、ロシア国境に100kmという地点には、モンゴル第2の都市とされてきたダルハンがある。ウランバートルに1週間ほど滞在しているうちに、この国には内需用の食品、建材の他にはカシミヤ製品、絨毯などの輸出品しかないのではと思っていたのだが、ダルハンが輸出工業基地ということがわかってきた。旧ソ連にとっても、1955年に完成させたモンゴル縦貫鉄道の拠点であるダルハンに輸出工業基地を建設することは、モンゴルの自立のためにも、またコメコン諸国への食料等の輸出という点でも大きな意味を帯びていた。

　50年代の中頃前後の時期は、旧ソ連と中国が蜜月時代であり、両国のモンゴルへの援助競争が繰り広げられていた。だが、60年代に入ると中ソの対立は鮮明なものになり、ソ連側についたモンゴルと中国の関係も悪化していく。以後、モンゴルの工業化は旧ソ連を中心とするコメコン諸国の手によって推進されていくのであった。

1. ダルハンの産業の輪郭と課題

　55年のモンゴル縦貫鉄道の完成、さらに、75年には銅鉱山開発に沸くエルデネットとの連結線も完成し、ダルハンの拠点性は高まっていく。ただし、それもソ連、コメコン諸国への食料、鉱物資源の供給という役割を帯びたものであった。ダルハンばかりでなく、第8章で検討するエルデネットも含めて、モンゴルの北方に展開した工業基地はコメコンの中に深く組み込まれていったのである。

（１） 1960年代に大草原の中に街を形成

　ダルハンの街の建設は61年の頃から開始される。大草原の穀倉地帯を背景に、64年にはモンゴル最大の穀物倉庫が建設されている。その後、74年にはブルガリアの援助による食肉の包装工場、84年にはハンガリーの援助による製粉工場、88年にはチェコスロバキアによるセメント工場が建設されている。さらに、体制転換後は94年に日本の援助（日本輸出入銀行の融資）により鉄鋼工場が建設されるなど、モンゴルの中では大規模な工業基地が形成されていったのであった。

　このダルハン市を中心とするダルハン・ウール県は一つの市と三つの郡から構成され、全体の人口は約96,000人、中心のダルハン市は65,000人とされている。ダルハン市は大草原の真ん中に作られた街であり、市街地から一歩外に出ると限りなく大草原が広がっている。あるいは、市街地と大草原の境目がない不思議な構成になっている。むしろ、大草原の中に街が浮かんでいるといった趣である。

　県全体の面積は32,750km^{2}であり、ほぼ日本の11分の１の面積を占めている。日本最大の県である岩手県（15,278km^2）二つ分より広い。標高は海抜700m程度であり、ウランバートルの約1,350mに比べて低く、年間平均気温は18～20℃程度、最低気温も－18～25℃とかなりしのぎやすい。こうした気候条件を背景に、周辺の大草原は小麦等を栽培する穀倉地帯となっている。また、郊外のシャリンゴル郡は炭鉱、金鉱山等があり、ウランバートル～ダルハン～エルデネットの間の発電所に石炭を供給している。このように、ダルハンは小麦、石炭等の供給地としての性格が強かった。

　こうした地域状況を背景に大規模工場を建設し、ダルハンという新たな街を作り上げていった。市の中心には４～５階建の政府関係の施設、７～９階建の中層住宅が並び、その背後には戸建ての平屋の住宅が点在していた。ロシアのイルクーツクとウランバートルをつなぐ鉄道のダルハン駅はロシア風の駅であり、極東のゆるやかな時間が流れていた。

　市街地はゆったり構成されており、ロシア料理の小さなレストランも幾つか点在し、ロシア人の老婦人が経営していた。夕暮れ時などは、北方の厳しい冬

写真7—1　北方の街／ダルハンの街なみ

を思わせる、どこか物悲しさを感じさせる街でもあった。

(2)　ダルハンの基幹産業

このダルハンの基幹産業は、食品、軽工業、重工業の三つとされている。

食品工場としては、後に事例研究でみる食肉加工業のダルハン・ヒシグが代表的な存在であり、主としてロシアに食肉を輸出している。その他としては、製粉工場（グリル・テジェール）、さらに牛乳（生産能力、600万リットル／年）、飴（8,000トン／年）、ウォッカ（30万リットル／年）、パン（6,000トン／年）などを生産する食品工場もある。この3工場は元々国営工場だが、近年はその他に民営のパン、ハム、ソーセージ、ウォッカ工場等が成立、モンゴル全体の中では、ダルハンは食品工場の盛んな街ということになっている。

第2は軽工業であり、特に皮革製品、服装などの工場が20社ほど展開している。これらの中には香港、台湾、中国、イギリスなどの外国資本の入っている工場も少なくない。後の事例研究でみる革コート工場保有の工場ビルにはイギリス、中国の企業も賃借で入居していた。

第3は重工業であり、特に建設資材に関してはモンゴルで1番の評価を得ている。セメント、レンガ、鉄鋼（建設用の鉄筋バーなど）などである。現状で

はセメントは順調に運んでいるが、レンガ、鉄鋼は稼働率が芳しくない。

　これらの中で外国からの投資がみられるのは軽工業であり、服装に関連して香港、台湾、イギリスは100％出資の独資企業、その他に三つの合弁企業がある。ダルハンは2000年までにウランバートルまでの道路の舗装を完成させ、運輸条件が飛躍的に改善されたこと、若い労働力が多く、賃金水準も低い（5〜6万トゥグリグ／月）ことなどから、この3年ほどは工場建設が活発化している。

　また、ダルハンには4年制の技術大学があり、食品、建築系の技術者を養成していることも一つの特徴になっている。

ダルハンの工場の困難と新たな取り組み

　コメコンが解散した90年代初頭以降、輸出市場の縮小、喪失、材料調達の困難、さらに運転資金不足がダルハンの大規模工場を苦しめている。特に、コメコンへの輸出の主力であった食肉、小麦に関しては、輸出市場が縮小し、取り残された工場の生産能力過剰に悩んでいる。従来、モンゴルはコメコン体制の下で食料の加工輸出の役割を与えられ、ハンガリー、ポーランド等の国の機械設備を供与され、製品を提供してきた。だが、コメコンが解散した現在では、老朽化した過剰な機械設備、余剰人員を抱え、市場経済化の著しい国内市場にも対応できない状況である。

　主力輸出商品であった食肉も、コメコン市場の縮小により、現状ではロシア国境地帯の地方に輸出する程度にとどまっている。また、小麦に関しては、体制転換以降、むしろ収穫量が減少、さらに老朽化した過剰設備を抱え、稼働率は著しく低下している。現状ではダルハン市内からウランバートルに供給する程度で糊口をしのいでいる状況である。

　もう一つの主力である建材関係も、屋根用の断熱材の輸出供給基地でもあったのだが、現状では過剰設備に悩んでいる。

　このような状況からすると、ダルハンはモンゴルの中でもコメコン体制の崩壊の影響を最も厳しい形で受けている地域といえる。原材料基盤に加え、ロシア国境に近接することにより、ロシア〜コメコン諸国への輸出加工基地を形成

したのだが、そのことが、他への転換の障害にもなっている。国内市場を視野に入れるとしても老朽化した過剰設備が目立ち、コメコン以外の国への輸出もままならない状況である。

さらに、近年の傾向として、遊牧民の都市への集住が進みはじめ、雇用の場の提供も地方政府としては頭の痛いところである。

こうした事態に対し、閉鎖している工場の再開や中小企業の育成が強く意識されていた。そのためには設備改善が必要であり、設備資金、運転資金の調達が課題としてあげられ、県の担当局としては金融機関に働きかけ、「中小企業育成と金融機関のあり方」を問う会議を2001年末に開催する運びになっていた。当面、県内の各企業の必要資金を算出させ、会議に提出し、打開の道を開こうというのであった。日本の援助もこうした地方から出てくる「必死な思い」にきめ細かく行っていくべきではないかと思う。北東アジアの辺境のモンゴルのさらに辺境で、そうした「思い」が深まっているのであった。

2. ダルハンの代表的企業

2001年9月10日の早朝に訪問したダルハン・ウール県長官のエルデネバット氏は、ダルハンの主要企業を視察したいとする当方の申し出に積極的に応えてくれ、食肉工場のダルハン・ヒシグ（DARKHAN KHISHIG）、製粉工場のグリル・テジェール（GURIL TEJEEL）、革コートのネーヒー（NEKHII）、セメント製造のエレル・セメント（EREL CEMENT）、そして、ダルハン鉄鋼工場の五つの工場を手際よく手配してくれた。この日は早朝の9時から夜の9時すぎまでの文字通り12時間のマラソン・ヒアリングとなった。

（1） 大型食肉工場の現在（ダルハン・ヒシグ）

ダルハン・ヒシグ（DARKHAN KHISHIG）は1974年、ハンガリーからの援助によって設立され、当初はダルハン食肉包装工場といわれていた。この工場はダルハン、エルデネット、セレンゲ、ウランバートルに食肉及び加工品を供給することを目的に設立された。設立時は年900トンのハム、ソーセージを生産、

写真7−2　日本の無償援助を受けた食肉工場

その後も順調に拡張していった。80年代末の頃までは稼働率100％であり、約1,200人の従業員が2交代で働いていた。

だが、体制転換以来、新興の中小企業との競争、さらに材料調達に悩み、人員削減を重ね、現在では従業員規模はわずか360人に縮小している。95～96年には日本の無償援助（213百万ドル）により冷凍設備の更新、部分肉ラインの設備更新等を実施したのだが、大型設備を抱え、対応に苦慮しているのが実情である。さらに、日本の無償資金が入っていることから民営化も思い通り進めるわけにもいかない点も問題にされていた。

材料調達の困難、委託加工への転身

体制転換以前の計画制の頃には、農林省が年間計画を作成し、これに基づいて材料が調達された。工場側は計画通りに投入された材料を加工して終わりであった。特に、材料調達に関しては、地方の県の機関が調達を担当し、工場まで家畜を運んできたのであった。

だが、90年代以降、地方に組織されていた遊牧民の小規模組合が解散し、地方から家畜が来なくなった。かつては組合がまとめて運んできたのである。そのため、90年代の初めには地方の三つの県（バインホンゴル県、ブブスグル県、

ブルガン県）に代理店を設置し、家畜を集めてきた。

　他方、社会主義時代には国の補助金が潤沢であったのだが、90年代に入ってから国からの補助金や融資は次第に減少していく。そして、早くも92〜93年の頃から運転資金の問題が生じ、代理店から来る家畜も減少していった。95年頃から代理店契約が切れはじめ、98年には全ての代理店との関係が無くなっていった。さらに、体制転換以降は民営の中小企業が大量に参入したが、彼らの方がコストが低く国内では勝負にならないものになっていった。

　こうした事情から、自社で材料調達をすることが難しくなり、97年からは委託加工の加工賃仕事と倉庫を利用した保管業務に転じている。委託加工を受けている会社からは家畜を提供され、屠殺、加工、保管に従事することになる。かつては小型家畜を主として扱っていたのだが、現在ではモンゴルの食肉市場も大型家畜の牛の需要が高まっており、現在では年間4万頭の大型家畜を処理し加工賃と保管料を得ていることになる。

　元々、当社はモンゴル最大の食肉加工工場であり、3,500トンの保存用冷蔵庫も保有しているのだが、その他の加工設備は74年の設立時に入れたハンガリー製の機械設備が現在でも使われているなど、設備的にも問題が生じている。人員を大幅に削減し、委託加工と保管業務によってかろうじて息をついているというのが実情のようである。

事業再建への取り組み

　現状の稼働率は25〜30％程度であり、委託加工からの脱却、設備態勢の改善等のためには新規の市場を開拓しなければならないとして、現在、盛んに新たな試みを重ねている。現在、資本金の51％は国家が所有している。早急に100％民営化にもっていきたい意向のようだが、日本の無償資金が入っていることから、政府の民営化のリストには載っているものの、なかなか全面的な民営化に踏み込めないでいる。現在の役員は国家からが5人、民間から4人の態勢であり、社長は国家資産管理委員会から指名されている。ただし、4人の民間の役員の同意がなければ社長に就任できないなど、制約も大きい。

　90年以降も、計画制以来の社長が継続して就いていたが、2000年の政権交代

によって、現在の社長であるダバーンヤム氏が2000年10月に就任している。ダバーンヤム氏は60年生まれ、モスクワの軍事大学を83年に卒業、91年までは軍に所属していた。体制転換後の91年にはウランバートルで食肉販売、カシミヤの販売等の会社を設立している。2000年に国家からの要請により、この企業の社長に就任している。「大手メーカーの経験も自分のためになる」と考えて引き受けた。ウランバートルの会社は親戚に任せ、現在はノータッチであり、この食肉工場の再建に専念している。

　ダバーンヤム氏は現在、盛んに外資との共同事業の模索、新たな西側市場への可能性を模索している。

　日本のヘルスプロモート社とは99年からフィージビリティ・スタディ（企業化調査）を重ね、馬肉を使ったペットフード、牛の干肉（ビーフジャーキー）、牛タン干肉への関心を深めている。このヘルスプロモートとは2001年9月4日に合弁の契約を行っている。社名はダルハン・フーズという。当面の資本金は1万ドル（出資比率はモンゴル側51％、日本側49％）でスタートしたが、将来的には総投資額で100万ドルを意識している。

　その他、現在ではASEAN市場に関心を寄せている。牛、馬、ヤク、羊肉の市場調査を実施中である。特に、現在は牛の干肉のサンプルを送り嗜好の調査を実施中であり、また逆にASEANで売れている干肉を取り寄せ、分析を重ねている。成分分析などにはハンガリーの大学に留学していた技術者が対応しているが、分析機器等が遅れていることが悩みである。

　当社としては、枝肉や干肉だけでなく、缶詰その他に加工した食肉を輸出したい希望であり、機械設備等も調査中である。そのための資金調達も今後の大きな課題になっている。

　以上のように、当社は体制転換以降、市場や材料調達に問題が発生し、設備過剰、老朽化に悩んでいる。そのため人員規模も大きく縮小し、委託加工と保管で糊口をしのいでいる状況であり、モンゴルの国営大工場に共通する悩みを抱えている。人民革命党政権になり、国営工場の民営化の最後の局面を迎えているが、当社の場合も民間経験の深い経営者を投入し、外資との新たな関係の形成、ASEAN市場の開拓などで突破口を切り開こうとしている。そうした取

り組みが実を結ぶかどうか、それは後に続く国営工場の今後に重大な影響を及ぼすことが予想される。

（2） 民営化後の操業に苦慮する製粉工場（グリル・テジェール）

製粉工場のグリル・テジェール（GURIL TEJEEL）は、大型国有工場が展開しているダルハンの中でも代表的な企業の一つである。モンゴル東北のダルハンからセレンゲにかけては大穀倉地帯であり、交通の拠点となってきたダルハンに、1964年、モンゴル最大の穀物倉庫が建設された。さらに、ダルハンの輸出工業拠点形成の中で、84年にはハンガリーの援助によって製粉工場が建設された。これがグリル・テジェールの前身であった。小麦生産地帯の中で材料調達が容易という判断であった。

ダルハン周辺の大草原を観察すると、牧草地と小麦畑が地平線まで広がり、畑なのかどうかの区別もつかない。小麦畑などもそばに寄ってみても草地との境界も定かでない。一面に小麦が自生している雰囲気である。日本でイメージする畑とは全く異なったものなのである。

モンゴル第3の製粉工場の現状

現状のグリル・テジェールの生産能力は、小麦粉55,000トン／年（3シフト、24時間操業の場合）、倉庫の保管能力5,400トン（小麦粉）、従業員220人というものである。

このダルハン～セレンゲ周辺は穀倉地帯であり、モンゴルの農業会社が集中している。材料の調達は農業会社と春に契約し、種蒔き時に前払い（10%）、秋の収穫時に50%、そして倉庫に納品された時に残りの40%を支払うことが慣例になっている。また、最近では、製粉後の後払いのスタイルもある。

農業会社は計画経済時代は国営のソフォーズ、集団経営のコルホーズであったのだが、90年代に入ってから民営化し、また分社化、小型化している。当社の場合も、仕入れ先の農業会社は中小規模の約40社ということになる。ただし、農業会社の民営化以降、収穫量が大幅に低下していることが問題にされている。収穫量減少の理由としては、分社化による機械設備のバランスの悪化、農業技

写真7－3　製粉工場／ダルハン

術の低下、休耕地が少なくなり収穫量減少、種の劣化などが問題にされている。全体的に農業技術が後退していると指摘されていた。

　社会主義時代にはモンゴルの製粉工場は三つであった。ウランバートル、セレンゲ、そしてダルハンの当社であった。だが、体制転換後、小規模の民営製粉工場が林立し、輸入品も増加するなど、状況はかなり異なってきた。モンゴル全体の小麦粉の年間消費量は約30万トンとされ、年々、増加している。かつては当社のシェアは10～15％を占めており、第3位であったのだが、運転資金不足を理由に99年から2001年9月現在まで事業を停止している。2001年9月の工場視察の際も停止しており、84年にハンガリーの援助の際に導入したとされるロシア製の製粉機40台も動いていなかった。9月の末には材料が入るということであった。なお、事業停止中、従業員には賃金の50％を支払っていた。

　稼働時の売先はウランバートルが中心であり、50％はパン工場、50％は食料品店であった。売上の回収はなかなか難しく、納品後1週間で振込という契約が多いのだが、遅くなることがしばしばであった。モンゴル全体の信用制度の未成熟が当工場にも深い影を落としているのである。

民営化の一つの典型

　当工場の民営化は第1次として、93年に青色バウチャーによって49％の株が放出された。93年の段階ではモンゴル全体にこのスタイルが一般的であった。98年には第2次民営化が実施され、政府が保有していた残りの51％も放出され

た。

　この93年から98年までの間に、マンダル・インターナショナルという民間企業集団が当社の株式の28％をかき集めていた。さらに、98年の残りの51％放出時には、証券取引所のオークションでマンダルが全てを取得した。その結果、現在ではマンダルが全体の約80％の株式を所有している。ただし、モンゴルでは一般的なことだが、残りの20％の株式の保有者は不明となっている。

　モンゴルの新興財閥のほとんどは金鉱山を保有しており、そこで得た利益で放出される国有資産を買いまくっている。このマンダル・インターナショナルも金鉱を保有し、自動車部品の販売等に従事している新興財閥の一つである。こうした事情から、グリル・テジェールの役員会（7人）は、全てマンダルのメンバーで構成されている。

　このグリル・テジェールをあずかる社長のセンデンホロル氏（1958年生まれ）は、モンゴル国立大学経済学部を卒業後、ダルハン市役所、ダルハン国有交通会社を経て、94年から当工場に勤務していた。その後、副社長を経て、2001年4月に社長に就任している。「農業会社に顔が効く」ということがポイントであったという。

　約2年間の操業停止から、2001年9月末以降、ようやく再開の見通しがついたようであった。再開に向けて3年計画が提示されていた。第1年目は化学研究室、計量器等のリニューアル、第2年目は製粉工場のリニューアル、そして第3年目は未利用スペースを使った新規事業としてパン工場、ジュース工場が計画されていた。資金調達に関しては、最近まで金利は4〜5％／月という高率なものであったが、2001年に入ってから、政府が産業振興を課題として融資条件の緩和をうたっており、それに期待しているようであった。

　以上のように、グリル・テジェールのケースはモンゴルの国営工場の民営化の一つの典型であり、新興財閥の傘下に組み入れられたというものである。また、体制転換以降の市場の混乱、材料供給の不安定性などに災いされ、操業停止に追い込まれていた。そして2年を経て、ようやく再開に踏み出すようだが、事態はそれほど楽観できる状況でもなさそうである。小麦粉市場への小規模民営企業の参入、外国からの輸入など市場サイドの状況は大きく変わり、設

備が老朽化し、資金調達もままならない状況で再開したとしても、将来を切り開けるのか、不明な点も多い。

老朽化しているとはいえ大規模な設備が残されていること、従業員もいることなどから、モンゴルの状況では再開は必至だが、オーナーであるマンダル側がどこまで踏み込んでくるのかがポイントになるように思える。モンゴルの民営化された大規模国有工場の困難の一つを、このグリル・テジェールの現在に典型的にみることができるように思う。

（3） ビッグバン型民営化後の革コート工場（ネーヒー）

ここで検討するネーヒー（NEKHII）も先のグリル・テジェールと同様に、ダルハンの有力国営工場であったのだが、93年に民営化され、その後、大きな困難に直面していった。モンゴルではビッグバン型の民営化が推進されたが、各地に大きな波紋を残したのである。

新興財閥による建て直し

ネーヒーの設立は1972年、モンゴルで生産される羊の革を用いて主としてロシアに革コートを輸出する工場として設立された。革のなめしから、染色、裁断、縫製を行ってきた。民営化以前には従業員約1,000人を抱え、年間70万枚を生産する大規模かつモンゴル唯一の革コート工場であった。

93年の第1次民営化の際、バウチャーを3万人に配付した。無償で3万人に株を配分したことになる。その後、株が動き、株主は次第に減少、96年頃には5,000〜6,000人に落ち着いていった。

だが、95年頃には銀行からの融資に対する利息が増加し、債務が拡大、マネジメント能力にも欠けていたことから、97年には一時的に操業を停止している。民営化が早すぎたとの認識であった。モンゴルの大規模国営工場の民営化の場合、このようなケースが少なくない。

社長のバットサイハン氏（1961年生まれ）は、モスクワ技術大学留学後、7年間モンゴル技術大学の教員をしていた。その後、モスクワ技術大学で修士号を取得、93年、ガザル・ホールディング設立に参加している。ガザルは新興財

閥の一つであり、地質調査、金鉱、教育（観光関係の私立大学、中学校等）、韓国企業との合弁（メガネ）、レストラン、ショッピングセンター等を経営している。99年には新規のビジネスということで、革コート製造に参入した。モンゴルでは材料調達が容易という判断であった。

写真7－4　革コート工場／ダルハン

99年10月、証券取引所で100万ドルを投入してネーヒーを取得した。現在はガザルが株式の82％を保有している。役員会（9人）の構成は、現社長、現社長の親戚2人、ロシア留学仲間2人、モンゴル技術大学の同僚1人に加え、残りの3人は従業員代表、商工会議所、法律専門家からなっている。一般株主の影響はない。現社長のバットサイハン氏はガザル・ホールディングの中でナンバー2の位置にある。ナンバー1の人物は当社の会長職に就いている。ガザル・グループの幹部の一人として、バットサイハン氏はこのネーヒーの建て直しに入ってきたということのようである。

ガザルが取得する前の96～99年の頃までは、社長が8回も変わり、事実上、マネジメントが停止していた。この間、機械などの資産を売却しながら、食いつないでいた。ガザルが取得後、現社長が2000年に就任、再建5カ年計画を立案、2年間で債務解消を計画、すでに2000年は単年度で黒字となった。かつて1,000人を数えた従業員も約160人に縮小している。なお、2001年9月末頃には稼働が本格化することから、今後はパートを含めて300人態勢になっていく模様である。なめし部門約140人、縫製部門約100人、その他は洗い、運送関係等となる見通しである。

このように、ビッグバン型の民営化により、一時期荒廃していたネーヒーも

写真7―5　革コート工場／縫製の段取り

新興財閥の傘下に入り、人員削減などを通じて再出発に向かいつつある。なお、ネーヒーを訪問した際、アメリカ、中国等の国旗が掲げられていたが、実は余剰のフロア（工業ビルの4～6階）を香港（カシミヤ加工）、中国（カシミヤ加工）、アメリカ＋モンゴルの合弁企業（カシミヤ加工）に5年間の契約で賃貸していたのであった。

再建の方向

　国営工場時代はハンガリー、ポーランド、東ドイツ、ロシア、フィンランドなどに輸出する輸出専門工場であった。ほとんど98％程度は輸出していたとされる。体制転換後は小規模な民営工場も発生しているが、競争するほどの相手ではないとの受け止め方であった。今後の市場としては、当面は国内市場とシベリアへの輸出を柱としていく。そして、ロシア、ヨーロッパへの輸出拡大のためには品質改良が不可欠との認識であり、業界内の世界的メーカーであるスペインのラダナ社と技術提携、なめし用の薬品もかつてはロシア、中国から入れていたが、現在ではスペインから輸入している。ロシアを突破口にヨーロッパ全体への輸出を視野に入れている。すでに欧米各国にはサンプルを送っている。なにもよりも、モンゴルは材料の羊革の入手が容易であることが指摘されて

いた。

　機械設備もなめし関連ではドイツ製、チェコ製が目立ったが、縫製には日本のJUKIのミシンが採用されていた。ショールームをみると、デザインはやや古いが、素材の豊富さを実感させられた。欧米市場でもまれていけば、かなりのものになっていくのではないかと推察された。

　当面、ターゲットとしている価格帯は、ハーフコートで1着25万トゥグリグ、長いコートで1着30万トゥグリグというものであり、国内市場向けとしては高い。主力を輸出向けに考えている。そのため、従来は茶1色であったのだが、欧米市場を意識し、スペインの技術を入れて多色展開を可能にしている。

　2000年には再建5カ年計画を作成、早急に稼働率100%にもっていくことを至上命題としている。初年度の2000年には稼働率40%の水準を達成している。2001年にはロシア輸出も再開し、またアメリカからの引き合いもくるなど、ようやく光が見え始めてきた。日本からは過去に帽子、ジャケットなどを受注したことがあるが、97年の一時停止以来、関係が途絶えてしまっている。JETRO主催の東京池袋の2001年10月のモンゴル展に出品するなど、日本との関係回復にもおおいに関心を寄せているようであった。

　以上のように、材料基盤（羊、牛革）を背景にコメコンへの輸出工場として設立されたネーヒーは、体制転換後のビッグバン型民営化で振り回され、一時期、操業停止にまで追い込まれたが、99年に新興財閥のガザル・ホールディングの傘下に入り、2000年以降、再建に向けて踏み出している。人員の大幅削減、遊休不動産の賃貸、スペインからの技術導入などにより新たに蘇ろうとしている。おそらく、欧米市場との交流を重ねながら、技術、デザイン等を学ぶことにより、新たな可能性が開けてくるのではないかと思う。なによりも、モンゴルには良質な材料が豊富なのであり、その存在感は圧倒的に大きい。材質の良さに技術、デザインが加われば、興味深い企業として注目されていくことが期待される。

（4）財閥傘下に入ったセメント工場（エレル・セメント）

　ダルハンの代表的国営工場の一つであったセメント工場は、1988年にチェコ

の援助により建設されたものであった。機械設備は全てチェコ製が投入されている。他のダルハンの大規模工場の多くはコメコンへの輸出を目的に建設されたのに対し、このセメント工場は国内市場向けとされていた。

93年には民営化され、その後、モンゴル最大の新興財閥であるエレル（EREL）グループの傘下に入り、比較的順調に経営されている。他の多くの旧国営の大規模事業所が民営化後、事業停止を経験しているが、このセメント工場は一時期は苦しかったものの、それなりに継続しているものとして注目される。

モンゴル最大の新興財閥エレル・グループ

88年にチェコの援助により建設された国営セメント工場は、94年に民営化される。当初は80％の株式が対象にされた。20％はモンゴル政府が保有していた。96年頃にはエレル・グループがこのセメント工場の株式を買い集め、ほぼ50％を所有するほどになっていた。98年には政府が残りの20％をオークションに出し、それを取得したエレル・グループは、ほぼその時点で100％の株式を取得している。

グループの総帥のエレル氏は1959年生まれ、ロシアの地質大学を卒業後、国家地質研究所に勤務し、モンゴルの天然資源図作成の担当に従事していた。体制転換直前の89年、8人で小さな民営の企業を設立する。当時、モンゴルは改革が始まってはいなかったが、旧ソ連の改革の影響を受けて、個人の自営業的な会社を作ることが可能になっていた。その適用の最初のケースの一つとしてスタートした。国家の融資を受けて、金の探索事業に踏み込んでいった。

第1号の金鉱は93年から金を産出し、93年は36kg、94年160kg、95年502kg、96年780kg、97年1,400kg、98年1,660kgと増産を続けている。さらに、第2番目に開発した金鉱からは、97〜98年の2年間で3,140kgを産出している。近年は、二つの金鉱で年間3トン以上も産出していることになる。かつて世界最高とされた日本の佐渡金山が江戸時代約250年で約100トンということからすると、エレル氏が保有している金鉱はたいへんなものであることが理解される。これら採掘された金はモンゴル中央銀行に販売している。

この二つの金鉱を背景に、エレル氏は次々と事業を拡大していく。建設会社、そして、それに関連するレンガ、セメント（当社）、生コン、砂利など。さらに、鉱物研究所、印刷業、石油販売、自動車販売・修理、農業会社などに加え、病院、中学校、保険会社、銀行、エレル基金なども保有している。これらは全てエレル氏の個人所有である。グループ全体の従業員数は約4,000人にのぼる。チェコとアメリカにも支社を構え、97年、98年のモンゴル国税庁の優良納税企業の第1位となっている。モンゴルにおける最有力企業ということであろう。

　現在では事業は夫人に任せ、自身はモンゴル民主新党の党首として国会議員の職に就いている。まさに、エレル氏は体制転換後のモンゴルを代表する人物ということができる。モンゴルにおける新興財閥形成のモデルといえよう。

比較的スムーズに民営化を実現

　96年の頃には、ダルハン・セメント工場は事実上、エレル・グループの傘下に入っていた。現社長のツェレンバルジル氏は96年から赴任しているが、当時は年間生産能力18.5万トンに対して、実際の生産は4.6万トンにすぎず、債務も抱えていた。材料の石灰石は7km離れている自社保有の鉱山から投入している。現状、モンゴルではセメント工場は2社にしかすぎない。当社以外は、ここから60km離れたセレンゲ県フトウルにも100％国有の1社が存在している。このフトウルのセメント工場はエルデネット鉱山の専属であり、一般市場には供給していない。したがって、モンゴル国内市場に対して供給しているセメント工場は当社のみということになる。

　販売先としてはウランバートルが中心であり、建設会社、個人企業などであり、約400～500件を数える。モンゴルの人々の都市への集住が進み、建設需要は旺盛であり、セメント需要も大きい。ただし、国内ではライバルはいないものの、中国からの輸入が多い。そのため、価格も原価に加え、市場調査を実施し、中国製品との関係で形成されていく。全体的な傾向としては、民営化以前に比べ、価格はほぼ倍になっている。生産量も2001年現在では年間8万トンに達した。生産能力に対してはほぼ50％水準ということであろう。なお、セメント工場の従業員はほぼ400人である。

写真7―6　セメント工場／ダルハン

　元々、モンゴル市場で独占的な位置にあったセメント工場であり、設備もそれほど古いものでもない。体制転換、民営化の推進以降、中国製のセメントの流入も始まり、独占体制は崩れたものの、他方での建設需要の拡大もあり、比較的順調に推移している旧国営工場といえそうである。

　実際にエレル・セメントの事務棟に入ると、かなり余裕のある雰囲気が感じられた。社長室の調度類はかなり豪華なものであり、モンゴルで訪問した政府機関、企業の中でも第3章で検討した MCS に次ぐ豊かさを感じさせた。他の多くのダルハンの大規模工場は輸出向けに建設されていたのに対し、当初から国内市場向けであったことが幸いしているのであろう。民営化による混乱もほぼ収まっているようであり、当面の課題は中国製との競争であり、生産方式として省エネ型のドライ式に転換したいという点が指摘されていた。最有力のエレル・グループの一員であり、経営はかなり安定しているものとして注目される。

（5）　日本が支援する鉄鋼工場（ダルハン鉄鋼工場）

　モンゴルへの援助は、体制転換以前は旧ソ連をはじめとするコメコン諸国から行われていたが、90年代以降は日本からも活発化する。先にみた食肉工場の

ダルハン・ヒシグへの援助などもその典型である。ここで検討するダルハン鉄鋼工場は本格的な大規模工場の建設に日本が深く関わったものとして注目される。

国家プロジェクトの推進、稼働率は20％

　日本とモンゴルは1972年2月に外交関係を樹立しているが、社会主義体制のモンゴルに対して、目立った援助は行われていなかった。その後、体制転換が進み始める90年代に入り、具体的な援助が実施されていく。モンゴル側としては、鉄鋼工場の建設が悲願の一つであり、日本側との間で調整が進められ、90年には日本輸出入銀行の融資の見通しがたち、伊藤忠商事主導のもとで事業が開始される。

　91年から94年にかけて人材育成が課題とされ、日本側からの専門家派遣、機械据付けなどが行われ、94年から稼働している。25トンの電炉2基を基本とし、年間生産能力10万トンというものであった。当初の計画ではダルハンから約160km離れた鉄鉱石鉱山から材料調達を予定していたのだが、思わしくなく、実際にはスクラップを利用して熔解、コンクリートの鉄筋バー9種類（10～32mm）、建設用のフランジ2種類を生産している。

　設備的には、電炉2基で熔解（1,700℃）し、連鋳機（1,550℃）にかけ、ビレットを作り、そして加熱炉で再加熱（1,200℃）、圧延、仕上ミルと続いて製品が出来上がる。ただし、電炉2基を同時に稼働させると、ダルハン・ウール県全体の電力使用量を上回るため、1基しか稼働させていない。従業員規模はほぼ500人である。

　材料のスクラップも年々減少し、材料調達に問題が生じている。また、市場が狭隘であるため、現在の稼働率はほぼ20％にとどまっている。さらに、元々狭隘な市場に加え、ロシア、中国から劣悪な廉価品が輸入されており、品質が高いがコストも高い当工場製は苦戦している。建物の骨格となる鉄筋バーはキチンと圧延・熱処理されていなければ安全性にも問題があるのだが、中国製などでは鋼板を切断して成形するなどの劣悪なものもみられる。引っ張り試験機などは当方には50トンのものもあるのだが、モンゴル国の試験機関には20ト

写真7－7　日本が支援する鉄鋼工場

までのものしか設置されていないなど、問題の解決にはまだ時間がかかりそうである。

　現状では、当社はロシア、中国よりも厳しい日本のJIS規格に基づいて生産している。日本の援助によって建設される建物などには当社製の採用を求めているが、他は乱戦状態であり、当社のシェアは50％程度とみられる。むしろ、現状では国内販売は50％程度、残りの50％は中間材の形で中国に輸出しているのが実態である。材料も乏しく、市場も小さく、稼働率も低いというのが現状である。

　このダルハン鉄鋼工場は、国営のモンゴル・インピックスという企業と伊藤忠商事の合作の形態である。伊藤忠側は直接投資は行わず、日本の輸出入銀行の融資を媒介に、機械導入、技術支援、専門家派遣で対応してきた。モンゴル・インピックスとは外国投資・貿易などを仲介する国営企業であり、この事業は国家プロジェクトとして推進されてきた。現在でもこのモンゴル鉄鋼工場は100％国営企業のままである。鉄鋼工場建設にあたりダルハンが選択されたのは、鉄鉱石鉱山に近い、道路、鉄道の拠点ということからであった。だが、大規模鉄鋼工場を建設したものの、国内市場は狭隘であり、材料供給もままならない状況のままで、輸出市場を模索しているのが実情である。

駐在する日本人技術者

　現在、合作のパートナーであった伊藤忠はほとんど関知していない。現状は、JICAの援助により、94年以来、経営管理、電力、鉄鋼機械のメンテ専門家が派遣されてきている。2001年9月現在では日本人専門家2人が駐在していた。その一人である藤本氏にお目にかかった。

　藤本氏は1942年生まれ（60歳）、鉄鋼機械のエンジニア。神戸製鋼所に所属し、70年代中頃にカタールに製鉄所を建設するために海外勤務となり、その後、ミャンマー、イラン、ブラジル、ベネズエラ、アルゼンチンと海外を渡ってきた。日本の大企業の場合、海外勤務になると「海外組」といわれ、海外専門になっていく場合が少なくない。藤本氏はその典型の一人であった。現在は、技術専門家として、さらにダルハン鉄鋼工場のモンゴル人社長のアドバイザーとして働いていた。ダルハンに在住している日本人は鉄鋼工場の専門家2人と、青年海外協力隊の8人の計10人であった。

　鉄鋼機械の専門家としての目でみると「グリーン・フィールド（更地）に製鉄所を建設し、動かしていくには最低3〜4年はかかる」「経験のない国では10年はかかる」と指摘していた。藤本氏の経験では、カタールなどは当初120人のスーパーバイザーが駐在し、10年たっても十数人が駐在していたという。ダルハンもいつまでもという訳にもいかず、地元に技術を継承していくために、現在、鉄鋼技術に関するモンゴル語の辞典を作成中であった。日本語を英語に訳し、さらにロシア語からモンゴル語に訳すという作業が続けられていた。冬季には−20〜30℃になるダルハンの地で、地道な作業が続けられているのであった。「こういう所でやるには、全てすぐやること、応えることが必要」「多様な機械が入っているのだから、日本の色々な部門とすぐ話をできることが必要」という藤本氏の言葉が印象的であった。

　また、鉄鋼専門家の藤本氏はそれだけではすまない。社長のアドバイザーとして、経営の根幹に関わることにも関与していかざるをえない。「技術的にはなんとか動かすレベルに来ている」「この工場を止めないように」が最大の課題になっている。だが、稼働率は年々低下傾向にある。国内市場が狭隘であることに加え、販売しても代金の回収が容易でなく、運転資金に問題が生じてい

る。そのため、技術指導に来ている藤本氏自身が販売活動にも従事せざるをえない。「現金がすぐ入るのは援助関係ぐらい」であり、JICA案件の学校等の建設には積極的に頼み込んでいる状況である。限られた人員の駐在する技術専門家はそこまでやらなければならないのである。

　厳しいダルハンの地で、藤本氏は「イランは緊張したけれど、ダルハンの冬は辛いが、ストレスはない」と語っていた。休暇には宿舎でコンピュータをのぞいたり、釣りにでかけている。ウランバートルには月に1～2回、日本には年に1回、1カ月ぐらい帰っている。

　このような環境の下で、日本人技術者の方がモンゴルの地に事業を定着させていくために取り組んでいる。工場に訪問した2001年9月10日夜9時すぎ、別れ際に、藤本氏は「10月21日で任期満了。次の予定はない」と静かに語っていたのであった。

3. 大型工場地帯の将来

　先のケース・スタディでダルハンの主要な大規模工場の概要を知ることができた。これ以外の主要工場としては、発電所、レンガ工場程度であり、あとは革コート工場に間借りしている外資系のカシミヤ加工工場程度である。したがって、先の5工場の現状から、ダルハン工業の全体像がほぼ把握されることになる。

体制転換、民営化のもたらしたもの
　食肉工場、革コート工場にみられるように、ダルハンの大規模工場の一つの重要な特質は、モンゴルの原材料を用いて旧ソ連、コメコン諸国への輸出工業拠点を形成するというものであった。さらに、もう一つのタイプは製粉工場、セメント工場、鉄鋼工場にみられるように、やはり地元の原材料を利用してモンゴル国内市場への大規模供給拠点を形成するというものであった。こうした事情から交通のハブでもあるダルハンはモンゴルでも興味深い大規模工場による工業拠点を形成したのであった。

そして、その成立上の特質が、体制転換、民営化の推進等の中で苦しむ背景になっている。一方で、コメコン崩壊による輸出市場の喪失、技術支援の途絶が指摘され、他方で、狭隘な国内市場という現実に加え、ロシア、中国製品の競合という問題にも直面することになっている。さらに、マネジメント能力のないままビッグバン型の民営化を一気に推進したため、機能不全に陥っていることも重要な問題であろう。

　そうした中で、移行期の間隙を突く新興財閥の草刈場となっていることも興味深い。新興財閥の多くは、金鉱山開発によって巨利を得、民営化された旧国営工場を傘下に収め、そしてコングロマリット型の集団化を進めていく。当初、全国民に分配された株式は10年を経て、特定の新興財閥に集中している。かつての国有資産はいつの間にか、特定の人々の所有に帰しているのである。こうした事態をどのように評価すべきか。新興財閥の若いエネルギーで一気に旧い体質を踏みつぶしていこうとするのか、富の特定個人への集中に伴う矛盾はないのか、その評価にはいま少しの時間が必要に思う。ただし、方向としては、いくばくかの危うさを残しながらも、モンゴルは内部に大きな階層分解を含む、そうした方向を選択しているようにみえる。こうした問題については、最終章でもう一歩踏み込んでみたいと思う。

ダルハンの進むべき方向

　以上のような大きな枠組みの中で、輸出生産拠点として形成されたダルハンの今後に進むべき道が模索されねばならない。

　大規模工場の今後のあり方という問題に加え、ダルハンの現在には人口の増加という問題が横たわっている。この点は「西側からの移動」という言葉で語られている。広大な西側の遊牧地帯から、ウランバートル、ダルハン、エルデネットといった都市部への移住が顕著にみられるようになってきた。それは体制転換、市場経済化のなせる技かもしれない。遊牧から都市生活への転換が急激に進んでいる。こうした現象は時代の流れとして受け入れていかざるをえない。

　その場合、地元ダルハンとしては、住宅の供給、雇用の場の提供が不可欠と

なる。特に、雇用の場の提供は急を要している。ダルハン・ウール県庁サイドでは、中小企業の育成を最大の課題にあげているようである。それは賢明な選択だが、具体的にどうするかは定かでない。マネジメント能力をどのように養成していくのか、資金的な手当てはできるのか、販売の見通しは、労働力の訓練はなど、解決していかねばならない点は限りなく多い。

　さらに、当然のこととして、伝統の大規模工場の再建をどう進めていくのか、また、外資企業をどのように誘致していくのかなども緊急の課題となろう。体制転換、市場経済に踏み込んでからほぼ10年、ビッグバン型の荒っぽい改革により、一部に富が集中し、思わぬ階層構造が出来上がってしまっている。新たな富裕層のリーダーシップに期待するのか、あるいは、中小企業の育成による新中間層の登場を期待していくのか、ダルハンは大きな転換点に直面しているようにみえた。

　人口わずか10万人弱のダルハンからすれば、域内需要はしれたものであり、移出産業、輸出産業育成が主たる政策課題となっていかざるをえない。鉱物資源、食料資源を背景に、付加価値をつけて移出、輸出するということが基本となろう。国内最大の市場であるウランバートルは日に日に要求水準が高まりつつある。外国からの輸入品が市場にあふれてきている。ダルハン周辺の原材料を加工して提供すればよいという時代ではなさそうである。そのあたりを的確に見定め、大規模工場の再建、中小企業の育成が具体化されていかなくてはならない。

　大規模工場を再建しようとしている新興財閥にも、さらに新たに立ち上がろうとする中小企業においても、ウランバートルの、そしてモンゴルの市場が急速に高度化していることを的確に受け止め、新たなポジションを見いだしていかない限り、明日はなさそうである。モンゴル、あるいはダルハンの現状からすると、体制転換、民営化をしたものの、依然として政府の役割は極めて大きい。地方政府は地域の産業をリードするものとして、大規模工場のあり方、中小企業の育成に関し、幅広い情報を収集し、的確な戦略ポイントを見いだしながら、果敢に踏み込んでいくことが求められているのである。

第8章　銅鉱山を軸にする企業城下町／エルデネット

　モンゴル第2の都市とされたダルハンから約170〜180km西に、現在ではダルハンを追い抜き第2の都市に躍り出たエルデネットがある。このエルデネットにはアジア最大の銅鉱山があり、1976年から採掘が開始されている。私達がモンゴル産業調査をスタートさせた当初、その意味がよく理解できなかったのだが、2001年9月、ウランバートルで企業訪問を重ねていくうちに、モンゴル経済の中に占める鉱業の重要性が痛感され、急遽、訪問することにした。ウランバートルから約400km、ダルハンからでも約170〜180kmの道は舗装工事中であり、大半はオフロードを余儀なくされた。

　当初はダルハンを早朝に出発し、オルホン県庁とエルデネット鉱山のヒアリングだけと考え、1泊2日を予定し、2001年9月11日午後にエルデネットに着いたのだが、ホテルの予約も県庁とのアポイントもとれていなかった。当初、戸惑ったが、状況が好転、ガンボルド長官に面談、エルデネット経済の概要を聞き、さらに鉱山以外の主要企業のヒアリングを勧められた。当方も予定を変更、2泊3日態勢で臨むことになる。

　大草原のオフロードを4時間をかけて到着したエルデネット郊外は、いかにも鉱山を核として鉱工業都市を形成している雰囲気であったが、市街地に入るとロシア風の実にこざっぱりした街であった。中心部には県庁、シティホール、博物館、ホテル、ショッピングセンター、7〜9階建のアパート群が整然と展開していた。イメージしていた辺境の暗い鉱山都市ではなく、人口約73,000人の素敵なヨーロッパ風の地方都市が内陸アジアに隠れていた。

　ヒアリングを重ねるうちにわかってきたのだが、エルデネットの街は鉱山開発（76年）に伴って人工的に形成されたものであった。当初から鉱山開発の規模を想定し人口70,000人、そのための市街地展開、また、男性労働中心の鉱山に対し、女性労働用の絨毯工場を用意するなど、旧ソ連時代の都市計画手法が

全面的に取り入れられていた。銅鉱山、絨毯工場、そして、住民に生活用品を提供するための食品工場などが計画的に編成されているのであった。

1. 人工的に配置された企業城下町

旧ソ連の中の共和国、さらに東ヨーロッパ諸国などは、コメコンの枠の中での専業化、分業化が求められてきた[1]。モンゴルの場合は、食肉、小麦の供給が義務づけられ、工業製品は旧ソ連、東欧諸国から購入するという立場に置かれていった。だが、この間、旧ソ連を中心に地質調査が各地で続けられ、エルデネット銅鉱山の発見により、モンゴルはもう一つの輸出商品として銅、モリブデンを持つことになる。以来、エルデネットは銅鉱山の開発を軸に新たに興味深い鉱工業都市を形成していくのであった。

(1) エルデネット開発略史

エルデネット・オボーという小高い丘は、地元では300年前から知られており、1702年には仏教寺院が山頂にオボー(崇拝のために小石を積んだもの)を建て、立ち入り禁止地域にしていた。このことが近代以前に乱掘されることなく銅鉱山が保存された最大の要因とされている[2]。モンゴル全体は20世紀中頃から地質調査が開始されていく。特に、63年、旧ソ連がエルデネット地区の地質調査を申請することからエルデネットがモンゴルの産業史に登場してくる。64年からソ連、チェコスロバキア、そしてモンゴルの共同調査が開始された。66年には調査団用の居住地区も建設されている。

71年から73年にはエルデネットで銅、モリブデンの大規模鉱床の存在が確認され、埋蔵量の計測、モンゴル天然資源担当委員会の承認と続き、76年6月から露天掘りがスタートしている。この間、68年にはコメコンの代表団も視察に来るなど、その期待は大きなものであった。

ソ連との合弁による選鉱場の建設

モンゴル政府とソ連政府の合弁の選鉱場の建設にあたり、73年には政府間の

合意がなされ、将来の都市建設の場所の選定、技術者による現地調査プロジェクトが開始された。この間の事情を、当時、エネルギー、産業、鉱山を担当する副大臣であり、前大統領のオチルバト氏は『回想録』の中で、以下のように述べている。

「エルデネットは、モンゴル、ソ連の関係で以前に取り決めていた慣例を破り、まったく異なる原則によって建設がなされた。作業全体を分割せず継続的に進めた。鉄道、高圧線調査および敷設、架設作業と並行し、生産基地、鉱山建設作業員の都市エルデネットの建設が同時に開始された。エルデネット鉱山施設の設計を進めるに際し、ソ連側の40余りの設計機関が参画した。……工場建設には、ソ連側の10余りの省庁、20余りの建築機関が参加し、ソ連、モンゴル両国の関係者の数は14,000人近くになった[3]」。

「エルデネット鉱床・選鉱場が完成した頃、モンゴル・ソ連双方合わせて3,470人の労働者が確定した。64種類の専門分野の技師424人、16種類の専門分野の機械工184人、34種類の専門分野の労働者及び役員2,331人である。事務職員373人を養成する以外に、モンゴル技師204人、機械工71人、専門職員1,606人、役員213人がいた。専門職員養成のための集中的計画が1975年に承認されて実行され、事務職員を養成するために国内外の大学、専門学校、養成コースで新たに再教育する。工場で実地訓練して専門性を向上させる。普通学校の卒業生、除隊になった青年、工場労働者からの希望者を採用するなどした。」「現在（引用者：1996年頃）、この工場の全労働者の78％、技師の62％、部長、課長の90％はモンゴル人専門家が占めている[4]」とされている。

（2）　エルデネットの都市形成

66年頃には、調査団用の居住区は形成されたものの、一帯は大草原地帯であった。開発が決定後の74年にはエルデネット村とされ、以後、急ピッチで都市建設が進められていく。75～76年の頃にはソ連から約43,000人の技術者、労働者がエルデネットの都市建設に携わった。この間、モンゴル側も20,000人の技術者、労働者を投入したとされている。約2年間で現在のエルデネットを作り上げたのであった。76年には、エルデネットは市に昇格している。

写真8—1　エルデネット郊外の工場地帯

写真8—2　エルデネット中心部の公共施設

　市街地中心には、県庁等の公共施設、ホテル、ショッピングセンター、7～9階建の中層住宅が密集する住宅区が6カ所が形成されている。また、96年には、鉱山技術者養成のための大学エルデネット校（教員20人、学生数250人）も設立されている。
　エルデネットのホテルとしてはセレンゲ・ホテルの他、小規模なホテル2～3軒が目についたが、いずれも満室であった。私たちの団の宿泊先が見つから

写真8—3　エルデネットの住宅区

ず困っていると、紹介されたのが住宅団地の3階を改装したホテルであった。体制改革以後、モンゴルでは住宅の所有権は居住者に与えられ、市場経済化している。エルデネットの住宅団地のあちこちに住宅を改装したホテルが点在している。こうしたホテルの場合、レストランは無く、バス、シャワー等の施設も十分ではない。一般のホテルが満室で、住宅改装ホテルが多数出来ていることは、観光地ではないエルデネットへのビジネス客がそれなりの数であることを物語っている。

市街地のレストランは個人経営の小規模なものが多いが、全体としてロシア人が約2千人ほど居住していることを反映してロシア料理が中心であった。

また、ショッピングセンターには、食料品、衣料品等の売り場があったが、その多くはロシア、東欧、中国からの輸入品であり、パン、乳製品、肉加工品などがモンゴル製に過ぎなかった。

モンゴル第2の都市エルデネットは人口73,000人の小都市だが、旧ソ連の都市計画の粋が生きている興味深い都市であった。

連鎖的な工場展開

このエルデネットを産業的にみる場合、基幹となるのは当然、エルデネット

鉱山だが、その他の工場展開の仕方も興味深い。

　従業員数約6,800人とされるエルデネット鉱山は採掘、選鉱から構成されているが、男性労働中心であり、従業員の70％は男性である。そのため、女性の雇用創出を意識して、81年には絨毯工場を設立している。この絨毯工場（エルデネット絨毯）は2001年現在、従業員1,150人規模、女性の割合は80％を占めている。

　さらに、辺境の地に鉱工業都市を建設したことから、食料、嗜好品の供給も必要となり、食品工場（エルデネット食品）も、84年に設立されている。この食品工場はウォッカ、ビール、パン、乳製品といった基本的な食品を製造している。さらに、この食品工場は酪農場も経営していた。なお、この酪農場は民営化以降、廃止された。

　このように、辺境の地で自立的な産業化が必要となり、核となる銅鉱山を中心に、絨毯工場、食品工場を展開、雇用の創出、基本的な食料供給が連鎖的に展開されていった。このエルデネットに関しては、モンゴルの中でも唯一自立可能な都市とされているのだが、後の事例研究でも明らかにされるように、銅鉱山の設備の老朽化、生産性の問題、また、絨毯工場、食品工場の民営化への転換等の問題、さらにコメコンの崩壊により市場を失ったことなどにより、産業構造調整が不可避の状況にある。

　ただし、以下の事例研究でみるように、新たな動きもみられ始め、銅鉱山を中心とする企業城下町が少しずつ変わりつつある。現状、エルデネット鉱山がモンゴルにおける最大の輸出企業であり、その重大性は依然として高いが、今後、ダルハン〜エルデネットの道路も舗装されてくれば、モンゴル北方の魅力的な都市として、世界の関心を呼ぶのではないかと思う。

2. エルデネットの主要企業

　エルデネットでは、中心は鉱山であり、早い時期から、その周辺には絨毯工場、食品工場が展開していた。この３工場がエルデネットの基幹的な企業であった。これに加えて、最近では、鉱滓を再利用する純銅工場、あるいはスイ

スとの合弁のカシミヤ工場、そして中国からの進出縫製工場などが建設されている。ここでは、それら主要工場のヒアリングと現場視察をもとに、その現状と課題というべきものをみていくことにする。

(1) アジア最大の銅鉱山(エルデネット鉱山)

先にみたように、エルデネット鉱山は76年6月から露天掘りを開始した。選鉱工場のスタートは78年12月であった。当初から最終製品の純銅、銅製品、モリブデン製品の完成品の生産ではなく、精錬前の中間製品である銅精鉱(精錬前の粉末状態)、モリブデン精鉱の状態で旧ソ連を中心とするコメコン諸国に輸出することが求められていた。この点に関しては、付加価値の高い精錬を旧ソ連が認めなかったとされている。体制転換後、精錬工場の建設も検討されているが、資金的に難しい状況が続いている。エルデネット鉱山は銅鉱石を採掘しながらも、精錬まで出来ないという問題をスタートの時から抱え込んでいたのである。

ソ連との合弁による中間製品製造

このエルデネット鉱山は、モンゴルと旧ソ連の合弁企業としてスタート、当初の出資比率は50:50であった。だが、体制転換後の92年には、モンゴルの重要な企業であることから、出資比率をモンゴル51%、ロシア49%に変更している。当初の設計能力は年産16万トン(銅精鉱、銅含有量30%)であったが、その後、拡大を続け、2001年は48万トンを産出している。モリブデンは約3,000トンとされている。これらは100%輸出されている。かつては旧ソ連を中心とするコメコン諸国向けであったが、現在では、旧社会主義国に加え、アメリカ、日本、韓国、オーストラリア、スイスなどにも輸出している。

合弁企業の取締役会は14人で編成され、モンゴル側7人、ロシア側7人である。91年の体制転換により、モンゴルの多くの企業は民営化されたが、依然としてモンゴル、ロシアの政府の出資のままである。代表取締役社長はモンゴル側(4年任期)が就き、副社長はロシア側となる。代表取締役社長は、現在、モンゴル国農林省事務次官が就いている。モンゴルの国営企業の中では、体制

写真8−4　エルデネット鉱山遠景

写真8−5　エルデネット鉱山／選鉱場

転換後も従来のままで維持されている数少ない企業の一つである。

　社長、副社長の下には工場長、外国貿易担当局長、社会政策担当局長（従業員対策）、経済政策担当局長の四つのポストが置かれている。また、工場長の下には、技術担当部、地質担当部、マーケティング部、化学研究室が置かれ、さらに、採掘場（露天掘り）、交通担当（輸送）、火力発電所（スチーム供給）、修理、濃縮銅が展開、また、保養所、スポーツセンター、文化センター、病院、

技術学校、食堂、幾つかの合弁企業などが編成されている。エルデネット市の人口の約半分は鉱山に関連し、またエルデネット市の予算の60〜70％は鉱山に依存している。2001年9月段階の従業員数は約6,800人、うちロシア人が約700人である。

採掘を開始して約25年が経過しているが、埋蔵量はまだ40年ほどが推定されている。また、この25年間に採掘し、放置されている鉱滓にはまだ相当の銅が残されているとみられ、鉱滓のリサイクルにも大きな可能性が残っている。

生産工程は、採掘——粉砕——濃縮——銅とモリブデンの分離（比重）——濾過——乾燥（粉末状）——包装、ということになる。モンゴルに精錬工場、加工工場が存在していない現状では、製品は全量を輸出せざるをえない。エルデネット鉱山は創業以来、原料供給の役割にとどめられていたのであった。

エルデネット鉱山の課題

JICA（国際協力事業団）による『モンゴル国市場経済化支援調査開発戦略／公共投資計画部門最終報告書』（2000年3月）は、エルデネット鉱山の現状と課題を以下のようにまとめている[5]。

「エルデネット銅鉱山の生産コストは77セント／ポンド（1998年）と、世界の銅鉱山（露天掘り）の平均生産コスト70セント／ポンドに比べてかなり高い。」「鉱業セクターの民営化の方針が標榜されてから久しいが、金以外は民営化が遅々として進展していない。このため、銅、蛍石では国営企業の独占的生産が行われ、生産コストが世界的に高いものになっている」。

そして、エルデネット鉱山の生産コスト高の理由は以下のように指摘されている。

① 自国に精錬施設がなく、ロシア、中国、韓国などに委託精錬を行っているため、委託精錬コストが30セント／ポンドと世界平均の12セント／ポンドより高い。
② エルデネット鉱山がエルデネット市の公共施設（学校、病院）の一部を負担している。
③ 内陸に立地しているため、輸送コストがかかる。

④　一部ロシアから割高な輸入電力を使用しているため電力コストが高い。

さらに、ここ数年、世界的な銅の価格の低下が著しいことも、エルデネット鉱山を苦しめている。特に、2000年夏には純銅の価格は1,812ドル／トンであったのだが、2001年夏には1,450ドル／トンと、1年で400ドル近くも低下した。現状、機械設備の老朽化も指摘されており、中長期的にみて業績の回復も期待できない見通しである。

このような状況に対して、先のJICAの『報告書』は、以下のように提案している。

「エルデネット鉱山のリストラ策として、エルデネット鉱山が負担するエルデネット市の公共施設費の切り離し、水力発電による輸入電力コストの低減、設備の近代化と従業員の削減などがある。加えて、エルデネット鉱山の民営化として、モンゴル政府は、ロシア政府の協力を得て、エルデネット鉱山のロシア側持分とモンゴル側持分の民間への段階的放出を検討する必要がある。………エルデネット鉱山は海外での委託精錬コスト削減と付加価値向上のため精錬工場の建設をかねてから希求しているが、低収益性に加えロシアとの合弁事業という体制が海外からの借り入れを困難にさせている。エルデネット鉱山のリストラと民営化の推進がなければ、精錬工場建設のための資金調達は困難である」と断じている。

以上のように、モンゴル最大の国営企業であり、輸出貢献企業であるエルデネット鉱山は、精錬工場を保有せず、電力の一部をロシアに依存するという、旧コメコンの枠の中で形成された歴史的な構造条件の下で苦しんでいる。JICAの判断では、民営化とリストラが基本とされているのだが、モンゴル側がどのように対応していくのか興味深い。面談した経営陣の一人である工場長（ガンバートル氏）の見解は「91年の体制転換も当鉱山にはさほど影響はなかった。これからも、あまり変わらない」というものであり、気掛かりは昨今の銅の国際価格の低落のようであった。

1995年には国家への配当と法人税納入が8,000万ドルという巨額なものであったが、2005年には3,600万ドルに低下することも予想されており、企業改革は必至のようにも思える。そして、企業改革が直接的にエルデネット市に与

える影響も大きく、そのあたりの処理も合わせて考慮していくことが求められている。このエルデネット鉱山の民営化は、国営企業改革の最後に残されているようだが、それだけ難問が多いことはいうまでもない。

（2） 鉱滓から純銅の抽出（エルドミン）

精錬工場を持たないエルデネット鉱山は、選鉱し、粉末にした中間製品を生産しているが、その鉱滓を近くに廃棄していた。その規模は膨大なものであり、郊外の廃棄場に蓄積されている。ただし、この鉱滓の中にはまだ銅がかなり残っており、そのリサイクルが課題とされていた。国会議員（人民革命党）でもあったエルデネット鉱山の元社長オトゴンビレグ氏（2001年、NHKのヘリコプター墜落事故で死去）が、94年、アメリカの銅鉱山を視察した後、鉱滓を再利用する純銅技術の導入を図っていく。

外資企業との合弁、丸紅も参加

当初は、アメリカのニースコー・ミネラル社に合弁を持ちかける。そして、この件に関し、日本の総合商社である伊藤忠商事と丸紅が参加を表明してくる。この2社はいずれもエルデネット鉱山の銅、モリブデンの販売に従事していた。モンゴルでの実績では伊藤忠商事の方が大きかった。体制転換の混乱期の92年には、エルデネット鉱山は伊藤忠商事から2,000万ドルの融資を受け、困難をしのいだとされている。この2社を比較したエルデネット鉱山側は、後から入ってきた丸紅を選択する。丸紅の場合は、アジア、ペルー、ミャンマーの銅加工工場への融資実績が多いことが評価の対象になった。エルデネット鉱山側は新しい企業と取引したいとの考えであったとされている。

97年には、アメリカのRCM社（出資比率49％）、エルデネット・コンツェルン（51％）の合弁で、資本金1,600万ドルの新会社エルドミン（ERDMIN）を設立している。モンゴル側の投資に対しては丸紅が700万ドルの融資を行った。

だが、設立直後、RCMは持ち株をニースコー・ミネラルに売却する。さらに、生産開始直後の97年、オーストラリアのアルマーター・ゴールド社に売

写真8—6　エルドミン／純銅の生産

却される。また、2000年には、米キャピタルリソース社に売却されるという変遷をたどった。これらの結果、2001年4月以降は、キャピタルリソース(65%)、エルデネット鉱山(25%)、エルデネット・コンツェルン(10%)という構成になっている。エルデネット・コンツェルンはエルデネット鉱山等の親会社であり、国有持株会社であることはいうまでもない。

　キャピタルリソースのオーナーは時々、モンゴルに来るが、仕事には口出ししない。また、当面、配当は出していない。実際の社長には、取締役会で指名されたダムディンジャブ氏が就いている。ダムディンジャブ氏は55年生まれ。81年に旧ソ連のレニングラード鉱山大学を卒業、81〜92年までエルデネット鉱山の技術者として働いていた。93〜94にはアメリカのコロラド大学に留学。帰国後、エルデネット鉱山の対外貿易担当局長を経て、95年5月から事実上、エルドミンの社長職に就いている。エルデネット鉱山にとっての新規事業であるこのプロジェクトに、最初から携わってきた。

　97〜99年の頃は外国人技術者が滞在していたが、現在では完全にモンゴル側で経営している。従業員数は75人、エルデネット鉱山の鉱滓を原料に、アメリカの最新技術を導入し、純銅(99.9%の純度)を年間約3,000トン生産している。

リサイクルとしての意義は大きい

　97年のスタート当時、販売を担当する丸紅との間で工場の拡大が契約されていた。実際、製品の100％は丸紅が販売し、60％は日本に、40％は韓国、中国に輸出されている。当初、丸紅から融資された700万ドルのうち600万ドルは返済している。

　98年末には、丸紅が市場調査を実施し、6,400万ドルの投資により鉱滓を１日に50トン処理できる工場の建設が計画されたが、その後の国際市場での銅価格の低落、モンゴルの政権の不安定さから事業実施は見送られている。ただし、競合先のチリ、アメリカ、メキシコの銅加工工場の設備の改善は急ピッチであり、当方もそれに追随していかざるをえない。最近、やや政情が安定してきたことから、改めて事業実施を検討することになる。2001年10月からは、丸紅から派遣されて来る２人の技術者が機械設備の調査等を実施し、評価していくことになる。エルデネット鉱山側もこの事業への期待は大きく、2000年に赴任したエルデネット鉱山の新社長も支援を表明しているところである。

　国際的な銅価格の低迷にも関わらず、エルドミンの生産は2000年の末頃から順調に立ち上がり、2001年８月末の実績では、１日に6.6トンの純銅を生産している。生産方式は、電気メッキの逆であり、鉱滓を溶かした液に電極を入れ、±イオンで吸着させるというものである。

　現場視察では、この25年間放置されてきた鉱滓から、これだけの純銅がとれるのかと不思議な思いがした。それだけ、これまでのエルデネット鉱山における銅精鉱技術は無駄が多いことを示している。今後、エルデネット鉱山の精錬工場がどうなるのか不明だが、膨大な量が堆積している鉱滓のリサイクルとなるエルドミンの事業の意義は、かなり大きなものだと評価することができそうである。

（３）　女性労働吸収のための絨毯工場（エルデネット絨毯）

　エルデネット絨毯工場は、男性型労働の色合いの強いエルデネット鉱山に対して、女性の雇用創出を目的として81年に設立された。国営企業の時代には約1,200人を雇用、女性労働者が約80％を占めていた。機械設備や技術は旧ソ連

から導入し、原料の羊毛（80～85％）は地元調達、残りの15～20％は旧ソ連から合成繊維を入れていた。当時はモンゴルの数少ない輸出商品であり、90年まではほぼ100％旧ソ連に輸出していた。

　民営化への歩みと現状
　だが、91年の体制転換以降、民営化の推進、コメコンの崩壊による輸出市場の減少などに直面し、大きな構造改革を迫られてきた。
　このエルデネット絨毯の民営化は92年に一気に実施されている。まず、資産評価委員会により資産評価され、有価証券取引所に上場、株式が販売された。当初から100％民営化を実行した。上場以降、モンゴルの有力財閥になってきたノーミン貿易（NOMIN TRADE）が積極的にエルデネット絨毯の株式の取得を進めており、2001年9月現在では、約60％がノーミン貿易、約40％は個人株主となっている。なお、ノーミン貿易は販売商社、電器店、旅行会社などを主たる事業にしており、社長は人民革命党の国会議員のシャグダルスレン氏である。先にもみたように、モンゴルの場合は、有力企業の経営者が国会議員というケースは極めて多い。
　エルデネット絨毯の役員会は9人で構成され、社長はノーミン貿易からの指令により、99年から着任している。この人物は先にみた有力カシミヤ企業であるゴビ（第3章参照）に在籍していた。副社長は国営時代の85年からエルデネット絨毯で働いてきた人物であり、株主総会で選任された。なお、取締役会のメンバーのうち6人はノーミン貿易から派遣されている。経営権は完全にノーミン貿易にあることになる。
　従業員数は民営化以後もあまり変わらず、現状でも1,150人規模を維持している。女性は相変わらず80％の構成である。年間の生産能力は約130万㎡だが、民営化以後、コメコン市場が縮小しているため、稼働率は50％程度に減退している。元々、モンゴルにおける絨毯工場は当社の他にはウランバートルに1社、ドルノド県に1社の計3社態勢であった。ドルノド県の工場は4年前に事業停止、ウランバートルの工場は当社の3分の1規模であることからすると、当社は全モンゴルの絨毯生産の約3分の2を占めることになる。モンゴルの目立っ

た産業とは鉱産物、食品、羊毛製品、カシミア製品ということからすると、絨毯の最大企業である当社の存在感は大きい。

実際、工場視察によると、大型のジャガード（紋織）付きのドイツ製絨毯織機が60台ほど設置され、相当の生産力である。生産工程は原毛洗浄（別会社）から始まり、染色（トップ染）、乾燥、梳毛、巻き返し、サイジング、製織といった基幹の部分はやや機械設備は老朽化しているとはいえ、相当なものであった。機械設備の大半はロシア、ドイツ、イギリス、フランス製であったが、最終の整理工程には日本の岩倉製が設置してあった。

写真8－7　エルデネット絨毯／ジャガード織の絨毯

写真8－8　エルデネット絨毯／手織も維持している

第8章　銅鉱山を軸にする企業城下町／エルデネット　199

また、機械製織に加え、手織りの部分も残している。この部分は30人ほどの女性が携わっている。最近の手織製品の年間生産は445m^{2}であり、国内市場は好調だが、市場規模が小さい。むしろ、今後は輸出市場を狙っている。能力的には現在の倍ほどの生産が可能とされている。

物々交換の世界へ

　かつては旧ソ連を中心とした東欧諸国への輸出であったが、コメコンが崩壊して以来、特に93年頃から、材料調達、販売において「現物取引」の比重が増えてきたことも興味深い。

　材料の羊毛の調達は、遊牧民から直接購入する場合が多い。調達の時期は毎年6月20日頃から9月20日頃までの3カ月間である。遊牧民が直接に売りにくる場合と仲買人が介在する場合がある。年間でおよそ2,500～3,000トンを購入する。景気の低迷している2001年は2,100トンに減少した。代金の支払いは仲買人の場合は現金、遊牧民の場合は現金は10～20％程度、残りの80～90％は製品（絨毯）で支払っている。実際には生産量の約4分の1は支払いに用いられている。物々交換の世界である。この現物での支払い分は金額に直すと約9億トゥグリグほどである。これらの製品を受け取った遊牧民はザハ（自由市場）で販売することになる。

　遊牧民への現物での支払いの他、製品の販売は主体がウランバートルであり、ノーミン貿易を通じて販売している。輸出も当然、ノーミン貿易が担当する。かつては旧ソ連へのほぼ100％輸出であったが、現在はロシア向けは急減し、国内販売中心になっている。輸出は一部にロシアとカナダなどである。日本には社会主義時代には輸出したこともあるが、現在では途絶えている。外国との交流は現在ではなくなっている。

　以上のように、民営化と同時に発生したコメコンの崩壊により、主力のロシア市場が急減し、小さな国内市場向けとなってしまい、原材料調達も物々交換を余儀なくされるなど、相当に難しい状況に追い込まれている。そうした苦境の中で2001年にはモルダウからコンピュータ付き柄出機を導入、新たなデザイン開発に努めている。新柄として投入した「狼」をデザインした製品は、ウラ

ンバートルのデパートで評判を呼んでいた。こうした努力が実を結ぶことを願うばかりである。

仮に、今後、日本への輸出を考えるならば、デザイン、色調を日本の専門家から指導される必要がある。日本市場では中国製が大量に出回っており、物流条件の芳しくないモンゴル、それもエルデネットなるとかなり難しい。むしろ手織の部分の可能性が高いのではないか。ただし、手織の絨毯は中近東製の魅力的なものが日本にも大量に入っており、それといかに差別化できるかが問われることになろう。

（4）地元を支える食品工場（エルデネット食品）

男性型のエルデネット鉱山、女性労働雇用を目指したエルデネット絨毯に続き、住民70,000万人の食卓を支えるものとして食品加工工場の建設が進められる。旧ソ連の援助により、81年から建設を開始、84年には操業に入っている。主要製品はビール、ウォッカ、パン製品、乳製品といった基本的な食料品であった。体制転換、民営化、市場経済化と続く中で、ウランバートルをはじめとする他地域からの製品の流入も増えたと思うが、現在時点でも、このエルデネット食品のエルデネット市における市場シェアは相当のものである。例えば、パン類は60％、ビールは70％、ウオッカは85％と報告されている。エルデネット鉱山、エルデネット絨毯という二大輸出産業に対して、エルデネット食品（ERDENET KHUNS）は住民の日常の生活を支えるものとして建設されたのであった。

民営化の推進とその後

このエルデネット食品の民営化は二つの段階を経て実施された。第1段階は92年であり、株式の49％が民営化され、残りの51％はモンゴル政府が保有していた。第2段階は96年であり、政府の持株も放出され、民営化が完了した。当然、モンゴル証券市場にも上場している。97年時点での総資産の評価額は36億トゥグリグであった。株式の額面は1株＝100トゥグリグだが、2001年9月現在では250トゥグリグで取引されている。

現在、大株主3人で76％の株を所有している。その他の24％は一般株主である。現在の社長スヘバト氏の持株は20％、その他の大株主の2人はウランバートル人であり、一人は公務員、もう一人は企業経営者である。

　スヘバト氏は59年生まれ。82年にウクライナのキエフ工業大学を卒業、82年から95年までエルデネット絨毯に勤務、後半はマネージャーに地位にあった。95年にエルデネット絨毯を退職、友人と貿易商社をスタートさせ、中国、ロシアから商品を輸入、国内で販売を行い資金を蓄積した。そして、この資金でエルデネット食品の株を取得、97年には社長に就任している。

　モンゴルの若手の経営者の多くは、旧ソ連圏の大学に留学。帰国後しばらくは国有企業に勤務し、体制転換後、貿易商社などで資金を蓄積し、株を取得、そして、自ら経営者に納まっていくというケースが多いが、このエルデネット食品のケースもその典型といえる。

　民営化以後の変化は、市場経済化に伴い競争が激しくなり、乳製品の売上が激減したこと、それに伴い民営化以前には410人を数えた従業員を170人に減らしていること、採算の良くない酪農場を閉鎖したことなどであろう。民営化、市場経済化は市場の空間的な範囲を拡大したものの、逆に他地域の製品の進出も促している。エルデネット地域で独占的な位置にあったエルデネット食品も、稼働率の低下等に直面し、新たな対応を迫られているようであった。

モンゴルのビールの事情

　2001年のエルデネット食品の売上高は約14億トゥグリグ、商品分野別ではウォッカ50％、ビール20％、その他のパン、乳製品で30％であった。

　販売は専門店、代理店を利用している。売上の回収は現金の比重が高く、納品時に現金で回収する。一部は1カ月ほどの期間の売掛としている。当面、2億7千万トゥグリグの流動資産はあるものの、銀行から運転資金の借り入れは必要である。だが、銀行は貸し渋り状態であり、金利も月5％、期間も2～6カ月の条件であり、借入は得策ではない。モンゴルの金融は第10章でもみるように、氷河期状態なのである。こうした事情から、設備の近代化を図りたいのだが、設備投資余力はない。

写真8－9　食品工場／ウォッカの生産現場

　主力のウォッカ、ビールに関しては、当社はモンゴルでは第2位の位置にいる。モンゴルのビールの年間消費量は約2,000万リットル、第1位のウランバートル・ビールは600万リットル、第2位が当方（ハサップ・ビール）400万リットル、第3位がジンギス・ビール100万リットル、第4位がハン・ブロイ50万リットルと続き、その他中小のビールメーカー、及び輸入ビールとなっている。

　2001年4月に税法が改正され、輸入ビールには1リットル当たり20セントが課税される。それでも、ノーミン貿易が大量に韓国のカース、OBビールなどを輸入し、売掛方式で販売していることが目立っている。現実に、ウランバートルのデパートの食品売り場では、韓国ビールは相当に目立っている。

　現状、モンゴルのビール事情は、韓国からの輸入ビール（缶ビール）、比較的高級なジンギスビール、ハン・ブロイ、そして大衆向けのウランバートル・ビール、ハサップ・ビールなどに類別される。価格（瓶ビール、500cc）でみても、ジンキス、ハン・ブロイは1,600～1,800トゥグリグ、ハサップ・ビールは450トゥグリグと大きな開きがある。エルデネット食品のハサップ・ビールは労働者向けとされているのである。

　また、エルデネット食品は約60km北のセレンゲ県に600ヘクタールの小麦

農場を保有しており、原料価格は低い。輸入の小麦は約450ドル／トンに対し、当方は180ドル／トンと低コスト態勢である。なお、ビール瓶はロシア製であり、回収して再利用している。

第3回目の大きな構造変化の時期

　また、ウォッカの事情も興味深い。20世紀の初めに旧ソ連圏に入って以来、モンゴルの生活様式も劇的に変わり、都市部ではビール、ウォッカがアルコール飲料の中心になった。ウォッカの製造方式は、全国に26社というアルコール製造工場があり、全国124社とされるウォッカ・メーカーがそこから濃度98～99％のアルコールを仕入れることから始まる。

　ウォッカ・メーカーは仕入れたアルコールを水で薄め、40度ほどにし、フィルターで濾過した後、ハーブ（植物）や調味料で味付け、瓶詰め（ボトリング）する。したがって、ウォッカ・メーカーの設備は極めて簡単なものである。エルデネット食品の場合は、330km離れたズンバラのアルコール工場から仕入れていた。なお、アルコール・メーカーの中にはウォッカ製造を行っているところもある。また、エルデネット周辺にはウォッカ・メーカーは10社だが、エルデネット食品が地域ではトップメーカーであり、周辺県を含めて約80％のシェアを握っているのである。

　ビール、ウォッカ、パン、乳製品等の商品の物流は自ら行っている。ウランバートルに販売する際には、現状では列車で輸送しているが、2002年中にはダルハン～エルデネットの舗装が完了することが見込まれ、今後はトラック輸送になる予定である。なお、モンゴルではアルコール飲料のTVコマーシャルは禁止されていることも興味深い。

　以上のように、エルデネット食品は鉱山を中心とする新たな工業都市のエルデネットの住民生活を支えるものとして設立された。その後、民営化と市場経済化が進み、競争が激しくなり、大幅なリストラを余儀なくされている。現状、輸送の制約などにより、市場の空間的な広がりには制約があるが、今後、道路事情が改善されてくると、ウランバートルの企業との競争も激化してくることは間違いない。

おそらく、2002年以降はエルデネット食品にとっては、第1次民営化（92年）、第2次民営化（96年）以来の第3回目の大きな構造変化の時代となろう。そして、この第3回目の大きな変化は、全国的な競争、さらに輸入品との競争という全く新たなものでもある。そうした事態に向けて、機械設備の改善、商品開発、原材料のコスト低減等が求められてくることはいうまでもない。

（5）　スイスとの合弁カシミヤ工場（エルデネット・ノールール）

　第3章でみたように、モンゴルは中国と並ぶカシミヤの生産国として知られ、特に、国有のゴビ、民営のブヤンが中心的な存在となっている。モンゴル全体でみれば、カシミヤ加工工場約50社といわれ、特に、民営化以降、小規模のカシミヤ加工工場、外国との合弁工場が大量に生まれてきた。
　ここで検討するエルデネット・ノールールはそうした企業の一つであり、エルデネット鉱山の新規事業の一環として96年に設立されている。

鉱山の新規事業

　カシミヤはモンゴルの数少ない国際商品の一つであり、民営化以後、盛んに新たな企業が設立されている。圧倒的なトップ企業はゴビ、ブヤンの2社だが、イタリア、アメリカ、スイス、イギリス、中国などとの合弁企業の設立が盛んである。特に、中国企業の進出は活発であり、小規模なものだが30社程度に及んでいる。原毛の輸出関税は高いが、デヘアリング（梳毛）された材料は関税が低いため、近隣の中国からの加工工場の進出が活発化しているという事情もある。
　こうした中で、エルデネットの最有力企業であるエルデネット鉱山が100％出資（当初、44万ドル）して、96年6月に設立された。工場の操業開始は97年8月である。その後、運転資金に問題が生じ、株式の21％をスイス商社のハンス・バッザク社に譲渡し、現在では、残りの79％をエルデネット・コンツェルン、エルデネット建設、ウラステイテグシ（農産物販売会社）のモンゴル側3社の構成になっている。スイス側は出資しただけであり、経営にはタッチしていない。

写真 8—10　スイスと合弁のカシミヤ工場／毛の検査

　社長のツェデンソドノム氏は、53年のプフスグル県生まれ。モンゴル国立大学経済学部（数学専攻）を77年に卒業、エルデネット鉱山の会計部で働く。人事課長まで勤めた。その後、91年に故郷のプフスグル県の郡知事として呼び出される。96年には郡知事を辞任、エルデネットに戻り、エルデネット鉱山からの派遣の形で当社の社長に就任している。

　2001年9月段階の従業員規模は68人、年間38〜40トンのカシミアを加工している。ゴビやブヤンの場合は完成品（セーターなど）までの生産を手掛けているが、その他の中小のカシミヤ加工工場は、デヘアリングという紡績の前の工程までを担っている場合が多い。当社も、当面はデヘアリングまでである。

　材料調達――分類――洗浄――梳き（デヘアリング）までの工程である。材料はカシミヤ（山羊）が中心だが、ラクダ、ヤクの毛も扱っている。デヘアリングにはイタリアのコルマティクス社製の最新鋭の機械を導入している。当面はデヘアリングまでだが、近いうちに紡績、編立も視野に入れている。

　販売先はイタリアが50％、その他としては、マカオ、日本にも輸出している。日本の輸出先は大阪カシミヤ（99年から）1社のみである。なお、この大阪カシミヤはウランバートルに支店を出し、材料調達を行っている。現状、紡績、編立までを意識し、外国のパートナーを物色中である。

材料調達と今後の方向

　近年、モンゴルのカシミヤ原毛に関しては、中国からの買い付けが目立ち、国内では品薄状況であり、原毛調達が企業経営上、最大の課題となっている。この点、当社の場合、材料の調達は遊牧民から直接の場合もあるが、大半は代理店2軒を軸に安定調達を図っている。原毛の調達は現在、約80トンである。モンゴル最大のゴビは年間原毛調達は800トンとされており、当社はその10分の1水準となろう。

　当社の原毛調達の代理店は、420km離れているウラスティデクシーの農業会社と、820km離れているザブハ県であり、ここには各郡に代理人を配置している。そうした代理人が遊牧民から原毛を集めてくる。「原毛の質の良いところから調達する」が当社の原則となっている。このように地方の代理人からの調達であることから、質も良く、安定的に調達できている。

　カシミヤの原料生産地は中国が70％、モンゴルが25％、その他5％とされている。中国の材料は毛が短く、モンゴル産は細くて長い。モンゴル産が最高級とされているのである。こうした中で、経済発展の著しい中国では原毛が不足気味であり、中国の買付人が大量にモンゴルの草原に入り込み、遊牧民から直接に買い付けている。そのために、モンゴルのカシミヤ加工企業は一般的に原料調達に苦慮しているのが実情である。密輸出も多いのではないかと噂されていた。

　現在、当社は元木材工場の一部を取得し操業しているが、今後、紡績、編立にまで踏み込む計画であり、隣地の工場も取得することになる。現在、日本、ドイツの機械設備の調査に入っており、従業員も現在の67人から130人ほどに増やし、13万着のセーター生産をイメージしている。

　以上のように、当社の場合は親会社のエルデネット鉱山の多角化の一環として設立され、外資との合弁企業といいながらも、外資（商社）側は出資しただけであり、経営は全てモンゴル側が担っている。カシミヤ生産で最も基本となる材料調達には確実な線を確保しており、その不安はあまり大きくない。むしろ、当面の課題は、さらに紡績、編立まで進むことであり、資金調達が意識されている。ただし、先の第3章のゴビとブヤンのところでみたように、最終製

品まで行く場合は、デザイン、染色、風合い等、先進国の好みを的確に受け止め、それを実現していかなくてはならない。そうした力をいかに身につけていくのか、資金調達と合わせて、そうしたソフトの面でも協力してもらえるパートナーを探していくことが大きなカギになっているのである。

3. 自立的な産業都市の将来

ここまで検討したように、エルデネットは70年代中頃以降、鉱山開発を軸に新たな鉱工業都市を建設してきた。コメコン諸国への輸出産業とされた銅、モリブデン、さらに絨毯工場が建設され、そして、都市形成に伴い必需品の生産工場として食品工場が建設されていった。だが、その後、90年代に入り、体制転換、民営化、市場経済化の波が押し寄せ、新たな枠組みの中で企業のあり方を再構築せざるをえない事態に追い込まれている。国際的にはコメコン市場の喪失、新たな世界経済への参入などが課題とされ、また、閉塞されていたエルデネットも国内企業との新たな競争も強いられている。特に、今後、ダルハン～エルデネットの道路舗装が完成すれば、ウランバートルからエルデネットの400kmは4～5時間でつながることになる。エルデネットの企業が市場経済化の波に洗われていくことは間違いない。モンゴルの体制転換後10年にして、エルデネットは大きな構造転換を課題にされているのである。

こうした課題に対する個々の企業のありうべき方向は、先のケーススタディの中で検討したが、本章を閉じるこの節では、今後のエルデネットの自立的な産業都市のあり方を意識し、若干の指摘をしておくことにする。

国際市場進出への課題

コメコンへの輸出企業として特殊な性格を帯びさせられてきたエルデネット鉱山、エルデネット絨毯などは、その生産力の規模からして、今後も輸出産業として歩まざるをえない。国内にはそれほどの市場はないのである。ただし、首都のウランバートルにも遠く、世界にも遠い。価格競争力かよほどの付加価値がついていなければ、世界市場では闘えないことになる。

特に、国際商品である銅、モリブデン等は精錬工程も含めて態勢を整えていかない限り競争になりそうもない。その場合、先に指摘したように、学校、病院などの負担の切り離し、民営化による無駄の排除、そして、機械設備の近代化、精錬工場の建設といった流れを形成していかざるをえない。その場合の資金調達がカギになるが、民営化の徹底の姿勢が明確になれば、外資の関心を呼ぶことも期待される。形だけの民営化では、これまで外資企業も世界で手痛い目にあっていることから、具体的な成果は期待しにくい。外資企業をどこまで受け入れられるかが焦点になりそうである。

　第2は、エルデネット鉱山の鉱滓のリサイクルの徹底が一つの事業として期待される。郊外には25年にわたる鉱滓が積み上げられている。エルデミンのこれまでの実績をみても、可能性は相当に大きい。2001年10月以降、日本の丸紅が調査に入ることになるが、エルデネット鉱山に比べ、このエルデミンの方が企業として柔軟性に富んでいるようであり、外資の経営の仕方を受け入れていけば、新たな事業として興味深い展開になりそうである。

　また、絨毯工場の場合は、国際市場に目を向けるならば中国との競争になることを銘記すべきであろう。競争の焦点を価格に求めるのか、デザイン、品質等に求めるのかによって対応は異なってくる。賃金は中国とほぼ同等、立地条件は不利という点からすると、選択の余地はデザイン、品質ということになろう。その場合も中近東製との競合が問題になってくる。特に、デザイン面では先進国の専門デザイナー、販売専門家の指導を仰ぎ、世界の流れを実感していくことが不可欠であろう。エルデネットからの発想では国際的に位置づく場所が見当たらないと思う。この点は国際市場に向かおうとするカシミヤ工場も同じような構図の中にあるといってよい。

　新たな企業の成功を
　エルドミンやカシミヤ工場のように、体制展開以降にスタートした企業は、背負っている荷物も小さく、期待される部分が大きい。さらに、第6章でみた中国上海からの進出縫製企業の存在なども、新しいエルデネットを考えていく場合の重要な存在となりそうである。いずれも社会主義時代の重荷を背負って

いない。企業規模もコンパクトであり、市場経済の意味も相当程度理解している。このような存在が地域の中で成功し、活躍していくことが一つの刺激になり、エルデネット全体に大きなインパクトを与えていくことが期待される。

　リサイクルのような新世代型の事業、当初から西側先進国を視野に入れようとするカシミヤ工場、そして、エルデネットにまで進出してきた外資企業（中国上海企業）が成功していくことが、大きな励みになるのである。

　そうした意味では、彼らが自由に活動しやすいように、地元の側が幅広く支援していくことが必要である。エルデミンやカシミヤ工場の場合、今後、資金的な支援と国際的な販売支援が必要になってくる。その場合、外資企業の協力が不可欠となろう。エルデネットに外資企業が関心を抱き、気軽に訪問し、楽しめる環境の整備などが地元政府、市民により実行されていくことが望まれる。

　この点は、中国上海の縫製工場（第6章参照）のケースのように、外資企業の進出に関しても同様である。外資企業の進出に関しては、地の利、労働力、特定の資源等がポイントになるが、それ以上に地元の熱意が大きい。それは人々の熱心さ、ホスピタリティなどであることはいうまでもない。その表現の仕方なのである。今回の私たちの団の訪問に際しては、不意の訪問にも関わらず、県長官、エルデネット鉱山の方々、博物館館長など、実に熱心かつ温かいもてなしをしてくれた。こうしたことの積み重ねが、新たなうねりを作っていくのだと思う。アジアの内陸の辺境のモンゴル、さらに辺境と思われていた地域にエルデネットという魅力的な都市が展開していたのであった。

1)　このようなコメコン内部における専業化、分業化の実態と現在の状況の一つのケースとして、関満博「旧ソ連・カザフスタン機械工業の現状と発展課題」(『商工金融』第45巻第2号、1995年)、を参照されたい。
2)　以下のエルデネット開発に関わる記述は、オルホン県長官ガンボルド氏の談話、及び、ポンサルマーギーン・オチルバト『モンゴル国初代大統領オチルバト回想録』明石書房、2001年(佐藤紀子企画、内田敦之ほか訳、原題は P. Ochirbat, *The Heavenly Hour,* 1996)、を参考にした。
3)　前掲書、349～350頁。
4)　前掲書、354頁。

5) 大和総研・野村総合研究所『モンゴル国市場経済化支援調査――開発戦略／公共投資計画部門最終報告書』2000年3月、13頁。

第9章　市場経済モンゴルの投資環境

　1990年に開始した改革開放政策は、モンゴルの社会と経済の様相を一変させた。モンゴル経済の支えであったソ連の経済援助は、91年のソ連及びコメコン分業体制の崩壊により停止し、改革に拍車がかかった。モンゴルは中央集権型の計画経済体制を破棄し、代わりに市場経済体制とそれを運営するシステムを作り上げなくてはならなかった。そして、モンゴルは経済発展に必要な資金、技術、市場などを国際社会に広く求めていくことになる。

1.　モンゴルの外資誘致政策

　1990年に改革開放に踏みきったモンゴル政府は、IMF、世界銀行等から提言を受けながら経済改革に取り組んだ。外国投資に関する法整備も同時期に行われ、90年中には外国投資法が制定される。93年の改訂を経て、外国人投資家に対してより参入しやすい投資環境を提供するようになった。

　モンゴル政府は自国への投資の利点として、①豊富な天然資源、②豊富な動物由来の原材料、③安価な事業運営コスト、④低い関税率、⑤二大市場ロシア・中国に挟まれた戦略的位置、⑤高い教育レベル、識字率、⑥手つかずの自然、友好的でホスピタリティ溢れる文化を掲げている。一方、課題としては、①小さな国内市場、②貧弱なインフラ、③脆弱な銀行・金融システム、④厳しい気候、⑤内陸国であること、⑥限られた交通アクセスなどを示している。

　モンゴル政府が最も力を入れている産業分野としては、①鉱業、②農牧畜業、③観光業、④インフラストラクチャー関連産業があげられる。

鉱業
　モンゴル経済においては鉱業が最も重要な産業セクターであり、輸出総額の

60％を鉱業産品が占めている。政府としても外貨の稼ぎ頭として思いも強い。97年に改訂された鉱業法では他の産業分野にはない優遇政策を提供し、外資導入による探査・開発を推進している。鉱山では旧ソ連と開発したエルデネット銅山が有名であるが、その他、金、レアメタル、石油の開発が有望であり欧米豪の開発会社が参入している。

農牧畜業

農牧畜業はGDPの33.2％（2000年）を占めるなど、同国経済にとって重要な産業セクターである。家畜数は3,000万頭を越え、特にカシミア、羊毛などは主力輸出製品である。モンゴル政府は投資有望分野として、①カシミア及び羊毛製品、②羊毛加工、③皮革加工、④食肉加工、⑤酪農製品を提示している。

観光産業

モンゴル政府観光局によれば、観光産業は78百万ドルを稼ぎだしモンゴルGDPの7.4％（2000年）を占めている。政府は2000年に観光法を改定、観光開発15カ年計画を策定し、観光産業の育成に力を入れている。2000年においては33,000人（内、日本人8,318名、中国に次いで2位）の観光客が同国を訪れて

写真　9－1　ウランバートル郊外テレルジのゲルホテル

いる。現在20の外資系旅行代理店が営業している。

インフラストラクチャー関連産業

自国のウィークポイントとしているインフラ部門を、外資に対しても広く開放し、火力発電所と送電網・高速道路、鉄道と航空貨物設備・エンジニアリング・電気通信ネットワークへの投資は優遇税制を適用する。輸送部門ではロシア、中国に挟まれている地の利、極東から欧州に向けたランドブリッジという位置付けの上で空路、鉄路、道路の開発を推進する。

2. モンゴルの外資投資に関する法律など

外国投資は1990年に制定された外国投資法（93年改訂）をはじめとし、会社法、民法、破産法、独占禁止法、銀行法、外国為替法、土地利用法、保険法、消費者保護法、関税法、税法、私有財産法などによって規定されている。これら国内法とあわせて国際的法制環境も整備されている。

（1） 外国投資に関する法律・規定

モンゴルは29の国と「投資保護相互協定」、17の国と「二重課税防止協定」を調印している。日本とは2001年2月に「投資保護相互協定」を締結した。

また、モンゴルは、1996年に「国家と他の国家の国民との間の投資紛争の解決に関する条約」に加盟。更に97年からは世界貿易機関（WTO）また、99年1月から世界銀行グループの多数国間投資保証機関（MIGA）の正式なメンバーとなった。

外国投資法[1]は「第一章総則」「第二章外国投資」「第三章外国企業体の運営」「第四章雑則」によって構成されている。

法律の目的

第1条によれば、外国投資法の目的は、外国からの投資を奨励し、投資者のモンゴルにおけると権利と財産を保護し、また外国企業体の経営にかかわる事

項を管理するためとされている。

外国投資の形態

第6条によれば、外国投資の形態は、①全額外国出資の外国の企業体、現地法人、支店、②モンゴル人投資者が参画する企業体、③現存するモンゴル企業体の株式およびその他証券（投資により生じたトゥグリグ、交換性のある通貨による購入を含む）の取得による直接投資、④天然資源の開発、発掘のために、法律もしくは契約により取得した権利、とされている。

外国投資企業体の定義

第11条によれば、外国投資企業体の定義とはモンゴルの法律に基づき、外国投資者が登録資本の20%以上を所有する企業体を外国投資企業体として認めている。こめため外国投資者の出資比率が20%を下回る場合は内資企業となる。

投資優遇税制

外国の投資家のための主なインセンティブは、外国投資法第20条と関連税法において規定されている。表9－1の分野へ投資する外国投資企業体は、法人税と他の税から免税もしくは減税を受ける資格を与えられている。

また、第19条によれば、外国投資企業体が資本の一部として輸入する設備・機械は付加価値税（13%）と輸入関税（5%）が免税となる。

上記に示されてない外国投資企業体でも優遇税制が受けることができる。こ

表9－1　外国投資法第20条で規定される法人税の優遇投資分野と内容

火力発電所と送電網 高速道路、鉄道と航空貨物設備 エンジニアリング 電気通信ネットワーク	10年間の免税と、続く5年間の50%の税額控除を受けることができる。
鉱業、同加工業、石油、石炭、冶金、化学製品、機械・エレクトロニクス	5年間の免税および続く5年間の50%の税額控除を受けることができる。
上記に記していない外国投資企業体で、製品の50%を輸出する企業	3年間の免税および続く5年間の50%の税額控除を受けることができる。

の場合、政府の提言に基づいて個々に議会によって承認される。

その他、外国投資企業体で生じた利益を再投資する場合、同企業体の収入に対する課税は再投資額の合計と同額を減税の対象とする。

なお、法人税法によれば一般企業の法人税は以下の通りである。

年間課税対象利益1億トゥグリグまで：15%
年間課税対象利益1億超分　　　　：40%

また、個人所得税は10〜40%、付加価値税（VAT）は13%となっている。

外国投資に対する保護

外国投資法の第8、9と10条によれば、外国の投資家は、以下の法的な保護と良好な条件と権利を享受できる。

① 外国投資はモンゴル国内において不法な接収、国有化を受けない。
② モンゴルは外国投資者に対して投資した物件の取り扱い、使用、廃棄についてモンゴル投資者以下の処遇を与えない。
③ 企業体として外国企業が投資した登録資本の形態を持つ投資の引き上げを含む、財産の所有、使用を廃棄すること。
④ 外国企業が投資した企業体の経営への管理もしくは参加すること。
⑤ 法律に従って権利と義務を他の者に譲渡すること。
⑥ 以下の収入を適切に海外へ送金すること。
　・利益と配当金
　・資産及び証券の売却から生じたもの、財産権を他の者に譲渡して生じたもの、もしくは、企業体から撤退して生じたもの、企業が解散して生じたもの
　・法律によって明記されているその他の権利

土地の使用

モンゴルでは土地所有は認められていない。土地使用に関して外国投資法第21条によれば、土地の使用期間は外国投資企業体の経営の終了と同時に終わる。第1回目の使用期間は60年間を越えないものとする。使用期間の延長は第1回

目の使用と同じ条件で一回に限り40年間とする。使用の最初の条件は、60年を上回らない。

投資認可および登録手続き

外国投資企業体は投資手続きをとらなければならない。これらの投資企業は、すべて官公庁の認可証を含む認可手続きをとる対象となる。外国投資法によって、モンゴル通商産業省が外国投資を認可する権限を持つ監督官庁であると定められ、外国投資政策の実行の責任を有している。

認可及び登記の手続きについては、外国投資法、会社法、94年の政令第57号（外国投資法の実施方法を明記）およびモンゴル通商産業省による93年の規則第207号で定められた外国投資企業の設立、登記、解散令にて取り決められている。

改訂される外国投資法

ここまで93年の外国投資法に基づいて述べてきたが、外国投資貿易庁（FIFTA）が外国投資法新改訂案を公表しているので、主な変更点と新たに付け加わった事項を説明する。

① 外国投資の領域として麻薬の製造、販売、武器の製造、ポルノの広告が禁止。銀行・金融サービス・保険業、酒類・タバコ・化学製品・爆発物の製造、病院の設立・薬品の製造販売、学校の設立については特別な認可を得なくてはならない。

② 外国投資の出資の形態については詳細が書き加えられ、外国投資家は現金、不動産、機械設備及び補修パーツ、知的財産権、工業所有権による出資、モンゴル側は現金の他に天然資源、不動産、機械設備及び補修パーツ、土地使用権と天然資源使用権が出資として認められる。

③ 外国投資企業体の最低資本金は50,000ドルであること、その内現金出資は10,000ドル以上であること。

④ 200万ドル以上投資する外国投資者は法改正によって不利益が生じないように政府と「安定契約」を結ぶことができる。

⑤ 200万ドル以上の投資においては10年間、2000万ドル以上の投資は15年間のギャランティーを受けることができる。
⑥ 外国投資に責任を負う中央政府機関の役割が詳細に定められている。
⑦ 現投資法の中で定められていた投資優遇政策については特にふれられていない。

この改訂案は2002年1月の国会においても審議されている。この改正の大きな目的は投資家に対して安定的な法環境を提供することであるとされている。

(2) 外国投資貿易庁の役割

現在の外国投資貿易庁（Foreign Investment and Foreign Trade Agency= FIFTA）は1998年に外国直接投資と貿易を振興する政府機関として設立された。通商産業省に属する。FIFTA はおよそ20名の職員を有し、外国投資促進部、ワンストップ・サービス・センター（OSSC）、中小企業支援室、情報部、総務部に分かれる。外国投資家にとって最初の公的窓口機関になるのが FIFTA となる。OSSC は登録手続きの簡素化をはかるために2000年1月に設立された。投資情報や会社設立に必要な情報を投資家に提供する。また、投資家のあらゆる要望に応えられるように、センター内に投資に関連する政府関連の部局、たとえば国家税務総局、市税務局や国家登記局の職員が常駐し、土地管理局、環

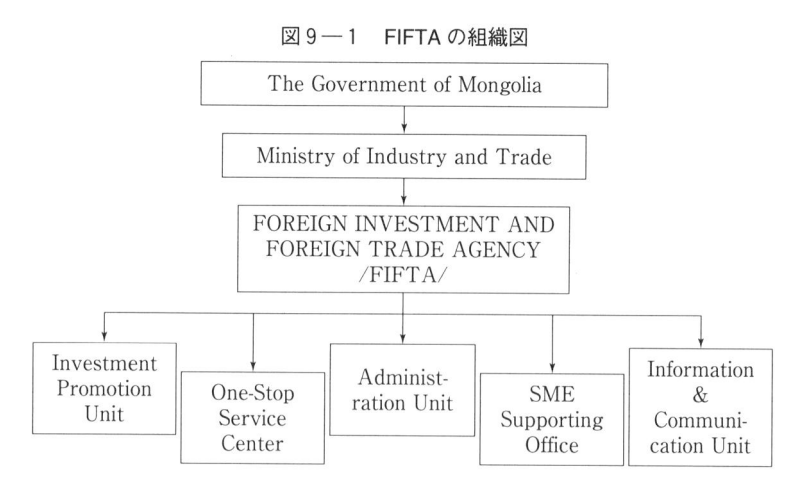

図9－1　FIFTA の組織図

```
                The Government of Mongolia
                            │
                            ▼
              Ministry of Industry and Trade
                            │
                            ▼
              FOREIGN INVESTMENT AND
              FOREIGN TRADE AGENCY
                     /FIFTA/
      ┌──────┬──────┬──────┬──────┬──────┐
      ▼      ▼      ▼      ▼      ▼
  Investment One-Stop Administ- SME      Information
  Promotion  Service  ration    Supporting &
  Unit       Center   Unit      Office    Communi-
                                          cation Unit
```

境保護局、労働社会保障センターなどの職員が週に一度センターに出勤する。

また、中小企業支援室がOSSCの隣室に設けられ、投資に関するコンサルティングを無料で引き受けている。

政府の方針としては、WTOとIMFとの合意により将来的には投資優遇税制や他の優遇政策を段階的に廃止する予定である。しかしながら、既得権の保護を重視し、投資優遇制度により利益を得ている既存の投資家は、段階的な廃止期間にその優遇の特典を奪われることはない。

3. 外資企業にとってのモンゴル

外国投資を積極的に促進し始めてそれほど年月が経たない現在、欧米、ロシア勢が鉱山石油資源開発、アジア勢は軽工業、サービス業への参入という傾向が見受けられる。いずれにせよ、モンゴルの豊富な天然資源に立脚した投資が多い。

(1) 進出外資系企業の状況[2]

1990〜2001年末の間、登録ベースでは70カ国から約2000社の企業が総額480百万ドルをモンゴルに投資している。この内71％が合弁企業であり、残り29％が独資企業である。1社当たりの投資金額は24万ドルとなっている。

1990年から2000年にかけて、アジア金融危機のあった1997年を除いて外国投資額は継続的にその数字を伸ばしてきた。

登録企業数は1999年まで順調に増えてきたが、2000年に前年比減となった。

2001年の外国投資

2001年においては、353企業が125.3百万ドルをモンゴルに投資した。前年と比較すると企業数では38％、投資額では20％の伸びを示した。この内、27のトップ投資企業が97.1百万ドルを投資しており、総額の84％を占めている。国別でみると中国、韓国、イギリスの投資が多い。産業分野別では地質探査・採掘業、銀行金融サービス業、商業・飲食業への投資が多いことがわかる。

表9―2　2001年度国・地域別投資状況

国・地域名	投資額（千ドル）	投資件数
中国	39,635.3	7
韓国	18,771.24	10
英国	16,216.40	3
英国領ヴァージン諸島	15,000.00	1
ブルガリア	3,566.64	1
米国	1,894.68	2
香港	1,000	1
ロシア	512.87	1
スイス	506.39	1

資料：モンゴル外国投資貿易庁

表9―3　2001年度産業セクター別投資状況

産業	企業数	投資額（千ドル）
地質探査採掘	19	56,248
銀行金融サービス	4	19,713
商業・飲食業	99	8,213
エンジニアリング・建設・建材製造業	23	7,715
軽工業	21	5,846
動物性原料加工	18	5,814
エネルギー	3	1,072
その他	166	20,659

資料：モンゴル外国投資貿易庁

進出企業の構造

　2001年末、外国投資企業の数は2,400社とされているが、出資者の内訳は45％が法人で、残りの55％が個人である。総投資額からみると前者が72％に対して、後者は28％にしか過ぎない。また、図9―3をみると個人の投資件数は毎年順調に伸ばしているのに対して、法人の投資は99年を頂点として2000年、2001年と2年連続減少に転じているのがわかる。また、投資額別企業数の割合は1～5万ドルの層が全体の60％、5～10万ドルの層が同じく13.4％、10～50万ドルの層が17.2％、50～100万ドルの層が4.8％、100万ドルを越える層はわずか4.4％を占めるに過ぎない。このように、投資者の多くは中小企業であり、

図9-2　モンゴル外国投資の推移（1990-2001）

資料：モンゴル外国投資貿易庁

図9-3　投資家の分類

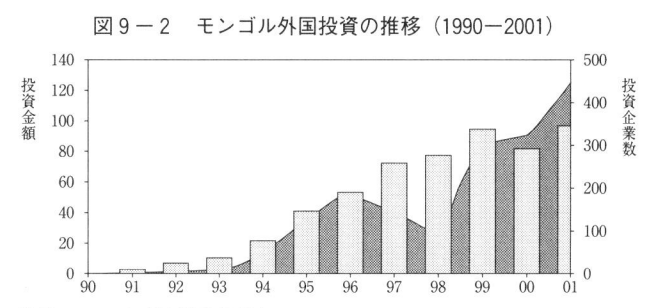

資料：モンゴル外国投資貿易庁

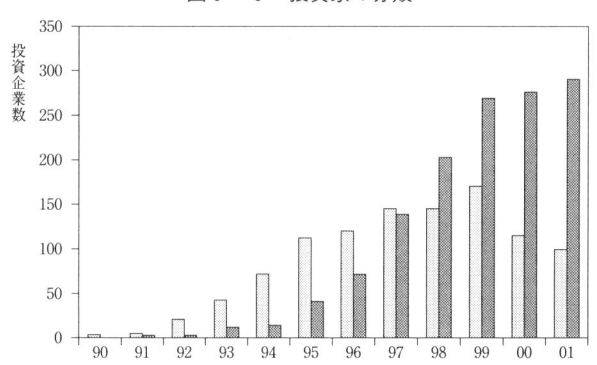

個人投資家の関心は高まれど、国際的な大型投資は低いレベルにとどまっているといえよう。

産業分野別投資

表9-4をみると、投資金額では鉱業（20.3％）、軽工業（19.28％）、動物性原料加工業（10.8％）、商業・飲食業、建設・建築材料製造業が主な投資先となっていることがわかる。

一方、投資件数では商業・飲食業への投資が最も多い。これに続き、建設・建材製造業、鉱業、軽工業、動物性原料加工、運輸、農業の順で投資されている。

表9—4　産業分野別投資状況

産業	外国投資企業数				外国投資額		
	合弁	独資	計	保留・中止	百万ドル	保留・中止	1社平均（千ドル）
鉱業	125	59	184	29%	129	6%	701
軽工業	87	56	143	17%	78	13%	545
動物性材料加工	113	20	133	26%	46	8%	346
商業・飲食業	206	143	349	31%	43	24%	123
建設業・建材製造	174	53	227	27%	38	28%	167
以上合計	705	331	1,036				334
総合計			1,955	26%	489	22%	250
シェア				53%		68%	
その他産業				47%		32%	

資料：モンゴル外国投資貿易庁

国別の投資

表9－5をみると、投資額、投資件数ともに中国が圧倒的に多い。4,600kmにおよぶモンゴルとの国境線に接する中国からの投資は、主に軽工業、農牧畜業、サービス産業が中心で小規模なものが多いとされている。最近の中国からの投資の急増については、中国に課せられている繊維製品の対米輸出割り当て制度が一因になっていると思われる。輸出割り当て制度を回避するため、その制限がないモンゴルの資本として対米輸出を図るのである。

ロシアは主に鉱業部門への進出が顕著である。特にエルデネット鉱山（銅）とモンゴルロスツヴェトメト（金）はともにモンゴルとの合弁企業であるが、両社による外貨獲得貢献度は極めて高いといわれている。米国からはSOCO社やネスコーエネジー社が石油探査で参入。SOCO社は南部のドルノゴビ県や北東部のタムスタンバシンで開発した原油を中国へ輸出している。韓国からは1995年にコリアテレコムがモンゴルテレコムの株の40％を取得し経営に参加。SKグループ（旧鮮京財閥）のSKテレコムのモバイル事業のSkytelが住友・KDDI連合のMOBICOMと覇権を競っている。また、モンゴル・日本経済促進センターから提供を受けた資料によると、現代―起亜自動車、大宇も投資企業として名を連ねている。

表9―5　国地域別外国投資の状況（1990―2001）

産業	外国投資企業数				外国投資額		
	合弁	独資	計	保留・中止	百万ドル	保留・中止	1社平均（千ドル）
中国	515	160	675	23%	145	27%	215
ロシア	238	55	293	30%	26	38%	89
韓国	135	135	270	16%	61	11%	226
日本	95	25	120	20%	50	9%	417
米国	32	30	62	22%	33	19%	532
ドイツ	49	12	61	24%	4	26%	66
以上合計	1,064	417	1,481				319
総合計	1,379	576	1,955	26%	489	22%	250
シェア	77%	72%	76%		65%		
その他の国			24%		35%		

資料：モンゴル外国投資貿易庁

FIFTA発表の外国投資企業トップ20社

この度、外国貿易投資庁では2001年外国投資企業トップ20を発表した。投資額の多い順にランク付けされている（表9―6）。

第1位の栄誉に輝いたのがブヤン・ホールディングである。日本企業の投資とされているが、この会社の詳細は第3章を参照されたい。

トップ20の内6社が鉱業関係、5社がカシミア・ウール加工メーカー、4社が通信、2社が繊維製品製造となっている。国別では韓国企業が5社、米国企業が4社、中国企業が2社ランクインしている。

外国投資企業の立地

外国投資企業の91.2%がウランバートル市内に設立され、残りの8.8%（投資総額24.86百万ドル）が地方に設立されている。地方ではオルホン県が25%、ドルノド県が18.7%、ダルハン・ウール県で8.8%、バイン・オルギィ県で5.8%の割合で外資企業が進出している。

表9―6 2001年モンゴル外国投資貿易庁外国投資企業トップ20

No.	投資企業名 企業名	設立	営業品目	総投資額 百万ドル
01	Venti Uno Company （日本） Buyan Holding Co., Ltd.	1996	ウール・カシミア 製品製造	27.9
02	IBMC Company （ブルガリア） Mongolgazar Finance Co., Ltd	1999	鉱石採掘及び探査	25.0
03	Boroo Mongolia Mining Corporation （バハマ諸島） Boroo Gold Co., Ltd.	1997	金採掘及び探査	14.6
04	Amicale Company（米国） Mongol-Amicale Co., Ltd	1996	ラクダ毛及びカシ ミア加工	6.7
05	住友商事（株）（日本） Mobicom Co., Ltd	1995	携帯電話事業	4.0
06	KDDI（株）（日本） Mobicom Co., Ltd	1995	携帯電話事業	4.0
07	Cashmerefine Limited Company （英国） Cashmerefine-Asia Co., Ltd	1998	ウール、カシミア、 皮革加工	4.1
08	Hung Ban Company（中国／香港） Mongol Hun Hua Co., Ltd	2000	繊維製品製造	3.0
09	RCM Corporation （米国） Erdmin Co., Ltd	1994	銅精錬	2.9
10	Korea Telecom （韓国） Mongolian Stahilgaan Holboo Company	1995	電話事業	2.2
11	Zarubedgstvetmet Company（ロシア） Shijir Alt Co., Ltd	1995	金探査	2.1
12	Samic Company （韓国） Mongolsamic Co., Ltd	1994	繊維製品製造	2.0
13	Tuu Mart Company （韓国） Sky Trading Co., Ltd	2001	トレードセンター	1.8
14	大韓電線電纜（韓国） Skytel Co., Ltd.	1999	携帯電話事業	1.8
15	MC Metal Investment Firm （スイス） Erdenet Metal Co. ,Ltd.	1995	銅山用爆薬製造	1.7
16	SK Telecom Company（韓国） Skytel Co., Ltd.	1999	携帯電話事業	1.3
17	Khaan International NZ Company（ニュージーランド） NZM Food Co., Ltd.	1999	ミルク及び乳製 品加工	1.2
18	Wagner International Company, Brus. S Wagner Investment Ink Industry （米国） Wagner Asia Equipment Co., Ltd.	1996	鉱山機械取引	1.2
19	Forte Cashmere Company （米国） Monforte Co., Ltd.	1994	ウール、カシミア 製品製造	1.1
20	Chen Jianhua Construction Company（中国） Bogda Holding Co., Ltd.	2000	建設業	N/A

資料：モンゴル外国投資貿易庁

写真9—2 ウランバートル中心部の中華レストランと韓国式美容院

(2) 国有企業民営化と入札

　外国企業にとってモンゴル投資のさらなる方法として、国有企業の民営化に伴う入札の参加がある。国家資産委員会では国有企業を対象にした「民営化ガイドライン」を発表し、貿易発展銀行（TDB）、石油、ガス供給のネフト・インポート・コンサーン（NIC）、モンゴル最大のカシミア工場ゴビ、保険業のモンゴル・ダートガル、航空会社MIATモンゴル航空、セメント製造のフトゥル・セメント＆チョーク、鉱業のモンゴル・ボルガー・ジオ等の国有企業の民営化を推し進めるべく、投資者を国内外から募っている。飲料・酒類のAPU社は2001年11月頃にロシア、香港、モンゴル資本2社によって買い取られた。

　また、ロシア及び中国国境地帯に自由貿易区を設置することが長年検討されているが、まだ実現されていない。

　ロシア国境地帯ではセレンゲ県が有力候補とされ、中国国境ではかつては東側のドルノド県が検討されていたが、現在は南側国境のドンドゴビ県のザミンウーデ市が有力とされている。

4. 日本企業にとってのモンゴル投資の課題

日本の民間セクターによる本格的投資は少ない。ウランバートル市内でみる日本色と言えば日本製RV車、観光客などであり、その存在感は薄い。しかしながら、日本はモンゴルに対する最大の経済支援国である。2001年秋に外務省、JETROの協力を得ながらモンゴル商工会議所、外国貿易投資庁が大デレゲーションを送り込み、東京でモンゴル展とビジネスセミナーを開催した。モンゴル側がよせる日本に対する期待は高い。

表9—7 モンゴル進出日本企業一覧

設立年	現地登録企業名（原文を音訳）
1990	Khashboll
1993	Sanshiro, New-shilen International
1994	Jamotoho, Jiguur, Mongol Airofort Service, Mongol Hanamasa Ba G.B, Nahia, Tuja, Hasebe International
1995	Daisougen, Mobicom, Soyul-Erdem, Tavan Bogd, Edelwaise
1996	Buyan Holding, Wakamaru Mongol, Goldens Capital, Monjap, G-M-T Land, Sarora, Ulaanlooli, Jamoair
1997	Blue wind, Yenchriky, Monnichi International, Komit, MSS , Nimons, S and S, Sapporo Center, STM International, Sitni, Tavanbogd Printing, Hasebe Sangyo, Honda International, UB International
1998	Asikayu, DNS Mongol Branch, JM Oil, JM Internet Motors, Orenj, T and I
1999	Epsolon, Juulchintaxi Service, Kominexservice, KOEN, Life Corporation, M Materics, Miraishouken, Mirai, Mon-Osa, Monnis-Autoservice, Mochida and Associates, Raash-Siiz, Sansarbridge, Khaanconstracion, Khaanprint, Eh-Enerel
2000	ISC, Item, Bikon, Bunkaorient Mongol, Dari, Jamotrade, Caixashucogo, Cosmonet, Palis, Plannet Mongolia, Marunitrade , Monbeed, Mongol Kaze Travel, Suzenzet, Taj Avto, SOZE, Ulaanbaatar Guril, Shyki- International, Shinmei-International, MJGI, M and J International Yunitrade, Hope
2001	Boguda, Byutikmongol, Jamomed, Japan and Mongolia, G and Arisa Infokusmongolia, Kobato, Crazy-Open International, Mat-Ichijo, Mon-Ikedo Motors, Monjap-International, Nisho, Omnika, Sar Shine International, C and A and T, Khukh Tenger Vechiry, Hobbi Tour, Hope Medical

資料：モンゴル・日本経済促進センター調べ

(1) 日本企業の投資状況

表9－4を見てみるならば、2001年末現在で120社の日本企業がモンゴルに進出している。その投資総額は約5,000百万ドルである。投資総額では3位、投資件数では4位である。1社当たりの投資額は417千ドルである。投資分野別では羊毛・カシミア加工、軽工業、通信、文化、運輸、食品加工、商業・飲食業が中心となっている。この中で代表的な進出企業としては、携帯電話事業でシェアの70％を握る「MOBICOM」の住友商事とKDDI、ホテル観光開発の長谷部グループ、中国にも事業展開しているIT企業の文化オリエント、馬肉生産の若丸、肉のハナマサ、旅行業の風の旅行社、ホテル業のサントクエンタープライズがあげられる。

その他、伊藤忠商事、住友商事、丸紅、日商岩井、コマツ、ヤマハ、鴻池組、東工コーセンなどが駐在事務所を設立している。

表9－6に進出日本企業一覧を示した。登録現地企業名を音訳したものであるが、上記に掲げた以外の企業の出自を追いかけるのは困難である。おそらくこの多くは個人ベース、あるいは小企業ベースでの投資が多いものと思われる。

このように本格的投資が少ない反面、日本は対モンゴル経済支援では91年より継続して最大の援助国となっている。国際協力事業団のモンゴル事務所が開設されており、ここを拠点に発電所、村落発電施設、道路などのインフラ整備、人材開発、教育の分野などで経済支援、人的支援が行われている。

(2) 今後期待されうる投資分野

国連モンゴル政府代表部では具体的に投資が期待される分野を発表している。今後のモンゴルビジネスの何かの手がかりになるかもしれないので、付け加える。農業（カシミア・ヤギの胚移植、甜菜、なたね油、小麦、サジ、精油、木材加工）、食品加工（食肉加工、ソーセージ、ミルク加工、バター、製粉）、軽工業（精油製造、ローソク製造、皮革加工、馬革加工、ヤク毛・ヤギ毛・ラクダ毛・羊毛加工、故紙を原料とする段ボール製造、ラノリン製造など）、石炭産業（活性炭、石炭火力発電所、無煙炭工場、練炭）、エネルギー分野（碍子、絶縁材料、電池、太陽光発電設備、太陽熱温水設備）、建築材料（採石、石膏

原料採掘及び加工、コンクリート管製造、骨材）が有望とされている。この他にも鉱物資源の可能性について取り上げているがここでは割愛する。上記の中でいくつかは横浜に事務所を置くモンゴル・日本経済促進センター（MJEDセンター）がパートナー探しを行っている。

MJEDセンターはモンゴル商工会議所の日本事務所であり日本モンゴル間のビジネスを促進している。エネルギー分野から旅行開発まで手がける分野は幅広く、日本におけるモンゴルビジネスの橋頭堡となっている。

今後、モンゴルビジネスを考える上でのキーワードは「自然」「天然資源」であろう。観光しかり、鉱業しかり、農牧業しかり、モンゴルの自然・天然資源に立脚している。市場の小ささはいうまでもないが、日本の約4倍をほこる面積のこの国の「自然」「天然資源」を背景とした潜在力は大いに期待を抱かせる。

日本モンゴル間の航空路線は、現在MIATモンゴル航空が春から秋の観光シーズンに週2便、関空―ウランバートル間で運行しているが、2002年春から成田にも直行便が就航する予定である。これを機会に観光客だけではなく、事業的視点を持った訪問者が数多くモンゴルの大地に足を踏み入れることを大いに期待したい。

1) 日本貿易振興会海外調査部『続・新生モンゴル』2000年11月、＜資料1＞モンゴル外国投資法、を参照した。
2) 2001年のデータは、モンゴル外国貿易投資庁開設ホームページ（2002年2月15日版）、を参照した。また、本文で記述してる投資件数及び投資総額は登録ベースの数字である。

第10章　モンゴルの金融構造と直面する課題

1.　モンゴルの金融構造を考える前に

　外国人としてモンゴルの金融構造を考察しようとする際には、「国際金融の視点から見た」モンゴルの国家体制を概観しておく必要がある。また、モンゴルの庶民経済に金融がどの程度の役割を果たしているかを、現場感覚から確認しておく必要もあろう。

　そこで、ここではまず、国際金融の視点、庶民経済の視点から見たモンゴルの現状を簡単に復習し、その上で、次節以下において、モンゴルの金融構造と直面する課題の考察へとつないでいくことにする。

（1）　金融的視野から見たモンゴル概況

　近代・現代におけるモンゴルの特徴を一言で述べるとすれば、「モンゴルは旧ソビエト連邦に次いで社会主義国となり、第2次世界大戦後も旧ソ連の政治的、経済的、文化的、思想的影響を強く受けながら社会発展を続けてきた国である」と総括することができよう。

　しかし、東西冷戦構造が崩れるなかで、1992年の憲法改正で「モンゴル人民共和国」から「モンゴル国」に国名を変更したモンゴルは、その後、大きく体制を転換、経済的に自立した国家を目指して動き始めた。そして、モンゴルは現在、安定的な国内基盤を確立しようとすると共に、ロシアや中国はもとより、日本、韓国、北朝鮮（朝鮮民主主義人民共和国）も含めたアジア各国との交流を拡大しつつ、バランスの取れた国際関係の構築を図ろうとしている。そして、このように国内体制を整えつつ国際社会に対して積極的に参入しようとするモンゴルの姿勢は、国際金融社会からも徐々に注目される存在となってきている。

現在、総人口は約240万人、そのうち約95％がモンゴル人であり（その他はカザフ人、漢族等）、また、公用語は一部地域にカザフ語を使う地域があるものの、憲法第8条に、「公用語はモンゴル語である」と明言されているように、モンゴルはモンゴル族によるモンゴル語の世界が中心となっていることは明らかである。こうしたことから、モンゴルは単一民族・単一言語国家に極めて近い国家である、と言える。宗教はチベット仏教等を中心としているとされており、今のところ大きな宗教的対立や混乱は存在していない。
　よって、民族・宗教・商慣習といった側面から見たモンゴルの経済インフラは現状では比較的安定的であると評価されており、国際金融社会が注意深く考察をする文化・宗教的カントリーリスクには重大な問題はない。
　国土は多くの草原や森林地帯、湖水地域を抱え、現在、モンゴル政府は観光立国を目指した動きもみせているが、経済活動の主流は、今のところ牧畜・農業、繊維、そして石油・金・ウラニウム等の地下資源開発にある。
　国内総生産（GDP）水準は約10億米ドル、また1人当りのGDP水準は約390米ドルとなっており、この水準はベトナムを上回り、インドとほぼ同水準である。国家規模、国民経済の規模からすると、必ずしも国際金融市場が高い関心を示す水準にはない。
　現在、政体は大統領制をとり、ナツァギーン・バガバンディ氏が大統領の職にあり、その配下に首相をリーダーとする内閣が存在している。表面的には安定的な政権運営がなされているようにみられるが、政界・財界内部には水面下の権力闘争があると言われている。その結果、開発途上国においてしばしばみられる政治的リスクに関しては、国際金融社会もモンゴルに対して厳しい目を向けているといわざるをえない。
　国家の主権を象徴するといわれている通貨は「トゥグリグ」、筆者が訪問した際（2001年9月）には1米ドル＝1,000トゥグリグの相場水準にあったが、いずれにしてもトゥグリグは国際金融社会で言う、いわゆる「ハード・カレンシー」の地位にはなく、国際金融市場では、流動性・交換性の極めて低い通貨であることは否めない。
　一方、最近の動向を見ていると、さすがに観光立国を目指す国だけあって、

表10—1　主要経済指標

区　　分	1998年	1999年	2000年
名目 GDP（百万トゥグルク）	817,393	925,345	1,044,581
実質 GDP 成長率（％）	3.5	3.2	1.1
GPI 上昇率（％）	6.0	10.0	8.1
財政収支（百万トゥグルク）	−94,914	−98,199	−62,725
歳出	287,016	364,694	412,927
歳入	192.102	266,495	350,202
経常収支（百万米ドル）	−129	−112	N.A
貿易収支	−61.8	−56.4	−148.4
輸出	462.4	454.3	466.1
うち日本	58.3	13.0	8.1
輸入	524.2	510.7	614.5
うち日本	47.2	57.4	73.3
貸出金利（％）	40.0	37.7	N.A
外貨準備高	103.19	136.89	N.A

資料：National Statistical Office of Mongolia, *Mongolian Statistical Yearbook 2000*

表10—2　GDP に対する産業別構成（1998年）

農林水産業	32.7％
製造業	27.6％
サービス業	39.7％

資料：日本貿易振興会『THE WORLD 2000』

表10—3　主要国別貿易構成（2000年）

区分	輸出		輸入	
	金額	全体輸出に対する比率	金額	全体輸入に対する比率
中　　国	274.3	58.9	125.8	20.5
米　　国	92.9	19.9	28.4	4.6
ロ シ ア	45.1	9.7	206.2	33.6
イタリア	14.5	3.1		
英　　国	11.2	2.4		
日　　本	8.1	1.7	73.3	11.9
韓　　国			55.6	9.0
ド イ ツ			29.7	4.8

単位：百万米ドル、構成比％
資料：National Statistical Office of Mongolia, *Mongolian Statistical Yearbook 2000*

為替相場システムの明確化、通貨の兌換性・利便性の拡大を図り、旅行客にも比較的わかりやすい為替制度を構築している。銀行はもとより、ホテル、空港等でのリテールの為替業務、両替業務も極めてスムーズにオペレーションをされており、この点は信頼感に足るとみておきたい。

しかし、いずれにしても外貨準備高の水準は僅か136百万米ドル程度と低水準に留まっており、これに対する対外債務残高が約740百万米ドルとなっていることなどを主たる背景にして、国家経済レベルで見た「外貨資金繰り」に不安がある。したがって、トゥグリグに対する国際金融市場の信頼感は決して高くないと認識しておくことが妥当であろう。

（2） 金融的視野から見た最近のモンゴル経済

以上のように、モンゴルの現状をマクロ的計数を基に概観してみたが、以下は最近の動向からいくつかのポイントを指摘する。

2001年8月には、国際機関としてアジアの地域開発に大きく関与しているアジア開発銀行（ADB）の事務所が首都ウランバートルに開設され、同行の千野総裁がモンゴルを訪問している。

ADBのこうした動きは、国際金融市場のプレーヤー達を大いに刺激し、今後、モンゴルに対する国際金融市場の関心が高まる契機となる可能性がある。

モンゴルは2000年3月にADBが準備した「貧困撲滅計画」の契約を初めて締結した国家であり、ADBはモンゴルに対してこれまで25件の融資案件、総額439百万米ドルの融資を実施している。また、技術支援プロジェクトに関しても89件、44百万米ドルが供与されている。

ADBの資金支援が実施されている分野はインフラ開発、金融部門、農業部門、教育支援、健康衛生分野、産業分野、貧困対策など広範囲となっている。今般、事務所が開設されたことにより、今後ますますADBのモンゴルに関する活動が拡大されるとの期待により、国際的な金融機関や日本の大手商社が本格的にモンゴル・ビジネスに参入してくることが予想される。

また、日本はもとより世界を代表する国際的企業であるトヨタ自動車の奥田会長も2001年8月22〜24日までモンゴルを訪問、モンゴルの投資環境に関連し

て、以下のような発言をしている。

「モンゴルには若く優秀な人材が豊富である（例えば、ウランバートル市内には130を超える大学が存在し、人口当りの大学数は先進国水準にあるとの評価も受けている。もちろん、大学数のみならず、大学教育の質の問題についても精査する必要があると思われるが、一般的には、モンゴルは高等教育を受けた若くて優秀な人材が豊富であるとの評価を受けている）」「モンゴル人は大変積極的であり、前向きである」。このように、モンゴル経済が今後発展する可能性が高いことを奥田会長自らが指摘しており、モンゴル・マスコミ界も、この奥田発言を引用しながら、モンゴルの経済発展の可能性を大きく報道した。

モンゴル政府、バガバンディ大統領は、これまで約50億円規模にとどまっている日本企業の対モンゴル投資の拡大が、モンゴルの発展に不可欠であるとコメント、奥田会長のモンゴルに対する評価を歓迎すると共に、日本企業のモンゴル投資拡大を期待している。そして、筆者の認識しているところでは、実際にトヨタ自動車のモンゴルに対する評価を注目する日本企業があり、奥田会長のモンゴル訪問が他の日本企業のモンゴルに対するビジネス意識を刺激し、これによって日本の金融機関も、日本企業のモンゴル・ビジネス拡大の動きを通してモンゴルに対する関心を高めていく可能性も期待される。

なお、モンゴルではトヨタ車に対する関心は極めて高く、街中を走るアウディなどの各種ヨーロッパ車や韓国の現代車以上にその人気は高いといわれている。特に、天津経由で輸入されるトヨタのランドクルーザーなどは超人気車となっている。

表10—4 ADBが2001年8月現在計画している対モンゴルプロジェクト支援概要

プロジェクト分野	トータル金額
インフラ開発	13,870
金融分野	6,363
農業分野	5,756
教育分野	2,585
健康衛生分野	1,800
産業開発分野	1,180
貧困克服分野	1,120
統治改革	4,048
環境分野	944
社会保障、保険分野	1,969
税制改革等	942
法律システム	2,106
会計システム	1,288
その他	4,300
合計	48,271

単位：千米ドル
資料：*MONGOLIA'S INDEPENDENT WEEKLY NEWS* (8/30/2001)

以上のように、モンゴル経済に対して、国際機関の ADB や国際的企業であるトヨタ自動車もそれなりの関心を示し始めており、また、こうした動きが拡大していけば、モンゴル経済とモンゴルの金融構造を徐々に変えていく可能性があると考えられる。だが、こうしたポイントとは全く異なる視点からもひとこと、付言しておきたいことがある。

　筆者が、モンゴルに入国、政府関係者・財界人と面談して先ず強く感じたことは、「モンゴルは中国やロシアの影響力、或いは中ロ両国に対する依存度が高過ぎることを嫌っており、バランスを取る上からも、中ロ以外の国家との連携強化を模索しているのではないか」という点であった。

　特に国際輸送インフラについては、現在、モスクワルート等を利用したロシア・東欧ルート、あるいは中国ルートを利用して天津より貿易を行うことに頼らざるを得ない状況となっているが、モンゴルとしては、こうした輸送インフラでは、国家の経済戦略上、不十分であるとの見方をしている。

　そして、その解決策としてモンゴル政府は現在、シベリアルート、中ロ北朝鮮国境線の豆満江ルート（両ルートまたはどちらか）の開発を進めたいとの意向を示しており、また、こうした視点に立ち、「モンゴル一国ばかりでなく、北東アジア全域の共同利益と将来の発展基礎を作るきっかけとなる多国間・多国籍プロジェクトを推進していくことにもモンゴルは高い関心を持っている。そして、また、これら多国間・多国籍プロジェクトを総括する北東アジア地域の金融機関の活動が活発化することを期待する」といった意見が筆者のヒヤリングの中でも出ていた[1]。

　これは複雑な国際環境・パワーバランスの下にあるモンゴルの立場が如実に示されているコメントである。しかも、こうしたコメントの通り、モンゴル政府が地域開発を優先し、その結果として、国際金融社会がモンゴル一国のみならず、この北東アジア地域全域のインフラ開発に、より高い関心を示すこととなれば、結果的にはモンゴルの経済基盤を発展させ、金融構造の国際化を加速化する可能性がある。この点は、今後、じっくり見つめていくべきポイントとなろう。

(3) 現場感覚で見たモンゴル経済

さて次に、モンゴル国内の経済活動・経済状況、即ち、実体経済を前提としたモンゴル経済の一面を捉えておきたい。

一般的に、モンゴル人に対しては、「所有権をあまり意識せず、遊牧の民の意識から抜けきれない」といった評価がなされることが少なくない。

しかし、筆者が見たところでは、ウランバートル市内のガス・水道・電気・道路といった生活基礎インフラは、他の牧草地帯・砂漠地帯・森林地帯に比し格段に整備されており、都市部におけるこうした基礎インフラの利点を享受するために、都市部及びその周辺住民の中には所得水準の向上を目指す雰囲気が出てきている。その結果として、市場経済の中で利潤をあげ、基礎インフラの恩恵を享受したい、また、生活水準を向上したいとする人びとの層が厚くなっているように見受けられた。

そして実際、このような都市市民意識の拡大を受けて、建築家であり、現在、ウランバートル市の助役をしているシャルフー氏は、ウランバートル市の人口は今後毎年1万人ずつ増加する可能性があり、そのための都市づくりとして、従来のゲル（モンゴル式テント住宅）集落を整備し、アパート建設を拡大、その中で総合的な都市建設計画を推進したいとの意向であり、旧来の都市と新型の都市の共存を図る新たなウランバートル市の建設に向けた意欲を示している[2]。

そしてまた、「トラックによる商品の大量輸送などには、まだ不十分なウランバートル市内や地方の幹線道路の整備」「更に、モンゴルには今のところ巨大な重化学工業関連の生産工場が存在していないが、もし、こうした工場が建設された場合、電力供給が追いつくのかという点には大いに疑問の余地があり、こうした将来を見据えた産業インフラの拡充プロジェクト等も当然に必要となる」と指摘されている。こうしたインフラ拡充を推進する為にも、今後、モンゴルにおける「金融」の役割、必要性は飛躍的に高まる可能性がある。

一方、ウランバートル市内の百貨店は、7～8年程前に中国の地方都市で見た百貨店と雰囲気が似ており、国内商品の他、中国製の家具やノキア、シーメンス、フィリップス、ソニー、パナソニック、東芝などの家電製品、移動通信

製品などが陳列され、国際色豊かである（因みにノキアの携帯電話は日本円で約5万円、東芝の30インチ型テレビは同3万円、ソニーの大型CDラジカセは同約8万円の価格で販売されていた）。

　また、ウランバートル市内は、こじんまりとした市内であるとはいえ、市内各所に「ザハ」と呼ばれるマーケットがある。

　ザハは露天商の集まったものと、ビルの中に小売商が入居するスーパーマーケット型のものであるが、いずれも、中国製品、ロシア製品、韓国製品、そして中国製、日本製品が店頭に並んでおり、商品に於ける国際化が進んでいる。

　そして、最近では中国製品の輸入が拡大しており、「モンゴルの国内市場も、中国製品に席巻されるのではないか」といった声が聞かれ、また、やや高級な文房具や日用雑貨の中には、中国製ではなく韓国製の商品が見られた。

　こうした点に注目した場合、商品の国際化自体はモンゴル経済にとって好ましいことかもしれないが、「ハード・カレンシー」を現状では潤沢に持たぬモンゴルにとって、外国製品の「輸入過多」が、外貨資金繰り面で国家経済に大きな負担を与えることにはならないかといった点が危惧される。

　食品は羊肉や様々な乳製品が中心であるが、「保存技術」に問題がありそうである。しかし、今後、外資を導入し、缶詰工場等を建設、食料品の保存技術を高めていけば、国内消費用のみならず、輸出製品の生産にもつながり、外貨獲得産業に発展する可能性はあろう。

　なお、モンゴルには消費税（基本的には内税）があり、税率は15％となっているが、納税はあまり厳格にされていない（正確に言うと厳格に徴税ができない）。モンゴル政府筋でもこうした課題を認識しており、徴税に於ける「金融」の果たす役割といったものが、今後検討されていく可能性があることも留意しておきたい。

2. 市場経済化と金融

　モンゴルの市場経済化とその過程における金融の役割について、ここでは考察を加えていくこととする。

（1） 市場経済化と金融の定義

まず、この考察に入る前に言葉の定義を明確にし、読者と筆者の間にミス・マッチが無いようにしたい。

本章では、「市場主義化・市場経済化」を、「財貨・サービスの生産及び消費に関する経済秩序を基本的には市場の自由な需給調節の方式に委ねていくこと」と定義する。

ソ連の崩壊によって、事実上、米国型の自由主義が世界経済の主流となり、この結果、規制緩和の必要性が指摘され、また福利厚生政策を過大に推進する国家に対する批判が高まるなど、現状では、世界経済の指導理念は「市場主義」に支えられていると言っても過言ではない。モンゴルも旧ソ連の枠組みから決別し、市場経済化を進めようとしている。

そして、国際社会でも様々な議論がなされている通り、モンゴルにおいても、「市場主義」の範囲と規模について、「生産の効率性」「分配の公平性」「経済の安定性」といった基本的な観点から決定されねばならないなどの議論がなされていることも留意しておきたい。

直接金融と間接金融

次に、「金融」についても、金融の解説書をベースに、その定義を明確にする。即ち、「金融とは資金の貸借である。資金の余っている黒字主体（貯蓄＞投資）が資金の不足している赤字主体（貯蓄＜投資）へ資金を融通することを意味する」とここでは定義をする。

そして、「金融」は直接金融（黒字主体が赤字主体に直接資金を融通する方式）と間接金融（黒字主体と赤字主体の間に金融仲介機関が介在し、貸し手と借り手の資金融通を取り持つ方式）に大別されるが、資本市場が未発達で個人の金融資産ストックが不十分であるといった、いわゆる発展途上の国家・地域にあっては、黒字主体と赤字主体双方の信用力を補完する為に金融仲介機関が果たす役割は一般的には大きい。モンゴルにおいても、現状を見る限り、金融の中心は「間接金融」にある。

一方、「金融」を国民経済の側面から見る必要もある。

国民経済は、一般的に「生産→分配→支出」といったステップを経て循環するといわれており、この循環過程において貨幣・金融は大きな役割を果たす。

　通貨はまず、財貨・サービスの交換・決済手段として生産された財貨・サービスの流通に対応する形で流通する。そして、これを通貨の産業的流通と呼んでいる。

　通貨の産業的流通を企業部門と家計部門のやりとりの中で見ると、企業は設備の償却・原材料費を企業間で支払い、利潤・賃金を家計に支払う。そして、家計部門は企業部門から財貨・サービスを購入して消費する。

　こうした視点からモンゴルを眺めると、モンゴルにおいては企業部門が未だ発展途上にあり、企業部門と家計部門間に見られる通貨の産業的流通は未成熟といえよう。そして、モンゴルでは最終消費財の売上がそのまま企業部門に還流されるとはいい切れない。

　通貨の流通

　ところで、金融にはモノの流れを直接伴わない通貨の貸借の流れというものがあり、それに触れる必要がある。

　通貨の貸借とは、通貨そのものが取引され、債権や証券と交換されるケースを指し、これを金融的流通という。通貨の産業的流通の過程にあって、企業部門や家計部門に余裕資金が生じると、この段階において、通貨は産業的流通から離れて貯蓄という形態に変化する。そして、この貯蓄は投資の為の通貨需要が生じると再び投資という形で産業的流通に投下、還流されることになる。

　貯蓄が企業に直接向かっていくことを直接投資（Direct Investment）というが、このケースを除いて、一般的には貯蓄は金融機関に集積され、これに信用創造が加わって、金融機関から通貨は企業部門に投資されていくことになる。そこで、通貨の金融的流通の側面からモンゴルを見ると、現状では、企業部門においても家計部門においてもモンゴルでは余裕資金が潤沢に形成されている状況はなく、したがって、貯蓄→（＋信用創造）→投資といった通貨の流通は弱いものと認識しておくべきである。

（2） データから見た金融システム概況

　ここで、モンゴルの金融システムの概要をご紹介する。これを基に、モンゴルの金融システムの全体像を確認していくことにしよう。ただし、ここに「概要」としたのは、情報が必ずしも充分ではないからである。

　モンゴル滞在中、政府関係機関、金融機関などを訪問し、英文によって示されたモンゴルの金融システム体系（図）といった情報を入手しようとしたのであるが、どこからもこうした情報を提示して貰うことができず、モンゴル政府のデータ中にある金融関連情報及びヒヤリングによって得た情報を基に、以下の内容を報告せざるを得ない。

　今後、さらに詳細な情報の収集に努めたいと考えているが、本章においては、とりあえず、モンゴルの金融システムを以下のように概観する。

　まず、モンゴル政府の発表した公式データによる金融関連情報を要約すると、以下の通りとなる[3]。

① モンゴルの金融システムでは、現在、厳格な意味で公的金融機関は中央銀行一つであり、もう一つ、その他商業銀行（Commercial Banks＝政府が出資していようとも中央銀行以外はこの範疇に入る）とに二分される。

② モンゴルの銀行は、全てモンゴルの銀行法に依拠して設立されなければならない。

③ 全ての商業銀行は、融資、預金統計などのデータを毎月中央銀行に報告する義務を有している。

④ 中央銀行はAnnual Reportを発行する義務を有し、モンゴル全体の金融状況に関して、国内外に情報の公開に行う必要がある。

⑤ モンゴルの株式市場は1991年にスタートし、証券市場のデータは毎月モンゴル統計庁に報告される。

⑥ モンゴル証券取引所は、株式市場が開設された3年後の94年に設立された。

⑦ 現行の金融業関連従事者は約6,800人である。

⑧ 商業銀行の融資残高は2000年末基準で677億トゥグリグである。

⑨ また、金融機関の2000年平均預金金利（モンゴル貿易発展銀行をサンプ

ル）は7.2％／年である。
⑩　これに対して金融機関の2000年平均融資金利（同上）は32.9％／年である。
⑪　一般的に言うと、各民間金融機関共に、預金・貸出金利マージンが20％を超え、これが銀行の大きな収益源である。
⑫　金融機関の不良債権規模は159億トゥグリグであり、また不良債権の定義は国際スタンダードに基づいて発表されているとの説明をヒヤリング・ベースで受けたが、その定義は統計表には明示されておらず、実態は不明である。
⑬　証券市場上場企業数は2000年末現在410社（うち国営企業69社）である。
⑭　証券市場の規模は2000年末現在40,482.8百万トゥグリグである。

（3）　ヒヤリングから見るモンゴル金融

次に、政府機関等からヒヤリングしたモンゴルの金融状況を国際取引に関連した側面から2点ご紹介する。なお、金融機関から聴取した具体的なヒヤリング内容については、後述する事例において採り上げることにする。

モンゴル商工会議所

事例として先ず、モンゴル商工会議所でのヒヤリングを採り上げる。モンゴル商工会議所は、設立後40年を超える歴史を持ち、現在、日本のJETRO（日本貿易振興会）とほぼ同様の業務に携わっている。また、特許関連事務窓口になるなど、政府の経済政策とは極めて緊密なる関係を有する組織であり、モンゴル経済の中核的存在の一つといえる。

現在、モンゴル商工会議所に加盟している企業は約500社である。これら加盟企業に対する商工会議所の主要業務は、外国ビジネスの窓口、国際展示会の開催アレンジ、大統領他政府要人外遊随行、外国とのビジネストラブルに関する調停・仲裁、原産地証明、外国製品の輸入ビジネスに関するアドバイス、中小企業支援など多岐にわたっている。そして、これらの重要な業務を約100人のスタッフで担当している。

特に、91年以降、市場経済化に合わせて貿易・投資に関連する幅広い業務を展開することとなり、モンゴル経済の国際化の窓口的存在にもなっている。そして現在、国内事務所8カ所、海外事務所10カ所（アメリカ、カナダ、ドイツ、ロシア、イギリス、中国、インド、韓国、オーストラリア、日本）を抱え、これらの業務を推進している。

また、政府・国会がビジネス関連法を成立しようとする際には、これに対するアドバイス業務、実際に意見具申といった影響力の強い活動を行っており、こうした意味からもモンゴルの経済政策に強い影響力を与えている組織であると認識すべきであろう。

また、会議所の収入源は、加盟企業からの会費の他、調停関連手数料、特許事務関連手数料、加盟企業に対する各種サービス業務に関する手数料、展示会開催アレンジメント手数料、通訳・翻訳事務手数料等となっており、幅広い収入源を確保している。

さて、こうした組織であるモンゴル商工会議所とのヒヤリングを通して、筆者が最も関心を持った点は、「モンゴル商工会議所がモンゴルの経済法務に関連する役割を果たし、また、これを基にモンゴル企業の国際的な信用力、信認の補完的業務を担っていること」である。

モンゴル商工会議所の会頭は仲裁代理人（Arbitration Chairman）を兼任している。また、弁護士を傘下に置き、国際法務面から見たモンゴル企業の国際ビジネスのサポートを行うと共に、会計監査的業務も行っている。これは、明らかに急激な市場経済化の中で組織や人材が不足し、その結果として商工会議所がこうした業務をせざるを得なくなったことから発生しているのであろう。

信用補完機能の欠如

一般に、国際ビジネスにおいて、外国人同士・外国企業同士が自らの信用を補完しようとする際には、金融仲介業者である金融機関に与えられた信用力の利用（例えば、信用状を利用した貿易取引など）、国際法や国際会計基準に基づいた定量データに基づいた法的・論理的な情報を弁護士・会計士が整理、確認し、これによる信用力によって当事者の信用力が補完されるわけであるが、

モンゴルにおいては、この役割の一翼を商工会議所という組織が担っているのである。そして、その果たしてきた役割はこれまで極めて有効であったと認めたい。

しかし、筆者の一連のヒヤリングの結果では、「モンゴルでは、いわゆる国際弁護士（International Lawyer）が不足している」「会計士事務所も極めて不足しており、一般的には企業の財務面を中心とする情報公開も不足している」。従って「モンゴル企業の国際的な信用力を補完する際には、時には中央銀行がその保証を行い、税務署がまた当該モンゴル企業の会計内容を補完して説明する場合もある」といった事態が見られる。こうした状況を観察する限り、法律・契約ベースに基づく国際ビジネスの展開を前提とする際には、モンゴルは金融関連の基礎インフラに欠けており、現状ではその発展に限界があるといわざるを得ない。

外国投資貿易庁

次に、モンゴル国外国投資貿易庁におけるヒヤリングを事例として採り上げる。

モンゴル政府は、外国人投資を積極誘致しており、外国投資貿易庁は貿易の拡大と共に、現在、投資誘致に大きな力を注いでいる。モンゴル政府が外資誘致を図る背景として、外国投資貿易庁は、以下のように指摘している。

① 輸出拡大及び外貨獲得
② モンゴル国内産業発展を誘引する為の資金吸収
③ モンゴル国内産業基礎技術発展誘引
④ 総合的インフラ開発
⑤ 失業対策

外国人投資は、93年に制定された「外国投資法」を根拠としており、現在、外国投資貿易庁はワンストップ・サービス・システムを採用している。外国投資に関するコンサルティングから投資手続きまで一括管理、投資許可承認までの権限を有しており、外資導入手続きは簡素化されている。

外資企業認定は外資比率が20％以上でなければならず、これを下回る企業は

国内企業とみなされる。また、外資出資比率規制はなく、100％出資も可であり、情報通信、電力、ガスなどについても外国人投資規制は無い。現状では79％が外資・国内企業合弁形態をとり、残り21％が100％外資出資企業となっている。

　土地は国有形態を採用している。したがって、外資企業は土地の使用権を買取る。使用期間は60年間、その後40年間で更改可。また、最新の地価情報はモンゴル政府のウェブサイトに掲載されている。最近では外資のリース、フランチャイズビジネスも許可する方向にあり、これら業種への外資導入が増加傾向にある。

　外国人投資企業に対する外国投資法上の配当金送金規制、外国為替法による送金、外貨交換規制などは一切ない。

　また、モンゴル政府では現在、外資企業がモンゴル政府の朝令暮改的法改正を危惧していることを意識し、今後、「安定契約」を外資企業とモンゴル政府間で締結することを検討している。対象となる外資のうち投資金額200万米ドル以上、1,000万米ドル未満の外資企業は法改正による不利益を回避される期間が投資後10年間、投資金額1,000万米ドル以上の外資企業は同15年間、投資時に適用された外国人投資関連法規が適用されることとなる見通しである（なお、日本との間には法人税等の二重課税防止協定が既に締結されている）。

　さらに、外資導入を拡大する為に、モンゴル政府は外資に対するインセンティブを用意しており、基本的には税制優遇が準備されている。そして、最近の傾向としては、電力・通信・鉱山開発など、モンゴルの国益に資する分野や輸出拡大効果のある分野について、以下のような優遇が付与されている。

　① 投資後10年間：法人税免除
　② その後10年間：法人税50％の減免

なお、モンゴル国内企業の法人税は以下の通りである。

　① 売上高1億トゥグリグ未満の分：15％
　② 売上高1億トゥグリグ以上の分：40％

　また、優先分野に対する輸入設備関税と付加価値税は免除、さらに、優先分野の輸出事務に関連する諸税も免除となっている。

また、モンゴル政府は国境地区のセレンゲ、ザミングデ、ツァガンノラ地域にフリーゾーンを造成し、外資を誘致する予定であり、今のところは中国との貿易投資関係を重視し、中国国境に近いザミングデ地域の開発を優先する考えである。

モンゴルへの５大投資国
　モンゴルに対する５大投資国と特徴は以下の通りとなっている。
米国：鉱山開発やリース、電力等インフラ開発に関心を示している。なお、モンゴル電力の100％民営化案をモンゴル政府は現在検討中であり、AES（総合エネルギー関連のいわゆる多国籍企業である）が既に入札に参加している。
日本：これまでの累計投資件数は約100件、累計投資額は約50百万米ドルとなっている。住友商事が出資している携帯通信サービス会社 MOBICOM、トヨタ自動車のディーラー会社をはじめ、カシミア製品製造、雑貨・レストランも多い。最近では観光・語学学校などに関する投資増加も目立ち始めている。
中国：投資金額は相対的に小額であるが、投資件数は多く、繊維など多種多様な投資を展開中。
ロシア：地質調査、鉱山開発、建設が中心となっている。
韓国：レストランをはじめとするサービス業中心となっている。
　さて、国際金融の世界では、開発途上国が積極的に外資を誘致、これに伴い先進国企業がその国とのビジネス関係を拡大しようとする際に関心を示し始める。
　モンゴルも、今、上述の通り、国を挙げて外資を誘致する姿勢を明確にしており、まさにこうした段階にある。
　そして、外資は主として、「モンゴルのインフラ開発」「金・石油などをはじめとする鉱山、エネルギー開発」に高い関心を示し、国際的なビジネスを展開する金融機関は、こうしたモンゴルの状況に関心を抱く外資に対してモンゴルの情報提供、情報分析を行い、ビジネス・チャンスをうかがいはじめるという

姿勢を示しており、モンゴル金融機関もこのような視点から、外資・外国系金融機関のビジネス展開に応えられる体制を構築し始めているのである。

政治的状況と金融

本節ではここまで、モンゴルの金融状況を概観してきたが、以下、こうしたモンゴルの金融が市場経済化において果たしてきた役割を考えてみたい。

モンゴルの市場化は前述の通り92年より開始した。96年6月に国民大会議選挙（国会議員選挙）が実施され、建国以来、初めて非社会主義政党によるエンフサイハン内閣が成立したことによって本格化した。

しかし、98年4月には同内閣が総辞職し、その後政治的空白が長引き、混乱、大統領の出身母体と首相の出身母体・議会与党が異なるという「ねじれ現象」が起こるなど、水面下での政情混迷が見られた。

表面的には、「政局混迷と国内に於けるリーダーシップの欠如、国際的信用力の低下」といった大きな混乱には至らなかったが、市場経済化進展の中で、モンゴルでは水面下で政局に今も不安要因がくすぶっていることを付言しておきたい。

さて、98年の政局の混迷はモンゴルの金融システムに一つの大きなインパクトを与えた。即ち、当時のエリベグドルジ首相は、「不良債権処理」を理由に、国立銀行と民間銀行の合併を進めようとしたが、これに対して既得権益も絡みながら、与野党が激しく対立し、結果として銀行合併の多くのアイデアは具体化されずに終わった。銀行合併が頓挫した余波はさらに拡大し、世銀・IMFとアジア開発銀行が予定していた対モンゴル投資も凍結されてしまったのである。

また、モンゴルでは主要銀行やエネルギー部門についての市場経済化は民主連合が手がけたが、従業員の多い基幹部門であるだけに改革に対する反発が強かった。そのため、民主連合離れが起こり、人民革命党に対する回帰の動きが見られるなど、市場経済化の流れがモンゴルの政治にも大きな影響を与え、これがまた経済にも跳ね返って、モンゴル金融システムの発展を遅らせる結果となったことを忘れてはならない。

本来であれば、中国において見られるように、市場経済化に際して、「金

融」は極めて重要な役割を果たし、その推進役として大きな期待が寄せられるべきものであろう。だが、モンゴルでは、これまで、金融は市場経済化に対して際立った活躍をしてきていない。むしろ「金融を巡る政治的対立」が、社会発展の影の障害要因にすらなっていたともいえよう。

しかし、2000年6月の総選挙以降は政治的不安定が徐々に解消され、経済も回復基調に入りつつある。現政権は、99年6月に採択された「民営化法」に基づいて、国家の重要産業（電力、通信等）や国有銀行の民営化を促進するという方針を改めて明確にしている。後述するが、モンゴル貿易発展銀行も、この方針に基づいて完全民営化がなされる予定となっている。

また、社会資本への投資誘致を図る為の法改正も進められ、巨額な資金が必要なインフラ投資を推進するための金融機関の役割が、見直されている。こうした動きが拡大していけば、金融機関の信用力が高まり、「黒字主体から吸収した資金を、信用創造を伴いながら赤字主体に仲介していく」という金融本来の機能が高まる。そして、この結果、市場経済化が加速的に進展していくことが期待される。

3. 国民経済に於けるモンゴルの金融

経済とは、「人間の共同生活の基礎をなす物質的財貨の生産・分配・消費の行為・過程、並びにそれを通して形成される人と人との社会関係の総体」を指すと広辞苑では定義されているが、経済活動を行うに際して最も重要なポイントは「信用」にある。

この点、モンゴル社会では市場の安定化が進むと共に、政治、そして通貨に対する信頼感が強まり、また経済活動を行う経済主体相互の信頼関係も深まりつつあることから、経済が発展していくための基礎要件は整ってきたとみてよい。

しかし、その経済をさらに発展させる担い手である金融に目を向けると、「間接金融に大きく依存しており、また、その間接金融自体もまだ初期段階にある」「通貨の金融的流通が未発達であり、また通貨の産業的流通の規模も限

定的である」といわざるを得ず、全般的に見ると、「モンゴルの金融は初期段階にある」と認識しておく必要がある。

　また、モンゴルの金融を考える場合、その歴史的、民族的背景から眺める必要もあるのではないかと思う。モンゴルの人々は、全般的な傾向として、土地をあまり耕さず、都市もあまり形成しない。そして、必要最低限のモノを保有、必要に応じて移動を行うという。

　今後、都市化が進むにつれ、意識、行動パターンも大きく変化するとみられるが、現状は、資本主義社会に慣れた者からすると、「物欲があまり強くない」ように見える。

　そのため、金融の世界で言う黒字主体や赤字主体が生まれる幅も小さく、また、例えこうした必要性が生じたとしても、東アジアの各地でみられる頼母子講のような庶民金融形態によって、黒字主体と赤字主体を仲介するに十分なレベルでもあろう。

　したがって、一般庶民の生活レベルに立ってみた場合、これまで、金融発展の必要性をあまり意識する必要も無かったのであろう。この点は、今後の都市化の進展、市場経済化の進展の中で、新たな課題を発生させそうである。

（１）　パン工場のビジネスに見られたモンゴルの金融

　以上のようなポイントを意識しつつ、ここで、モンゴル有数のパン工場を例に、モンゴルの金融状況をみておきたい。

　このパン工場はアタル・ウルグーという企業で、1941年に設立されたウランバートル唯一の国営パン企業を前身としており、83年まではウランバートルの全てのパンを生産していた名門企業である（詳細は第３章）。

　83年に、モンゴル政府は当社を専門工員養成・実験専門企業とし、パン生産専門の企業として、もう一社のパン工場タルク・シケル（TALKH SHKER）を設立したが、結局、当社もそのまま工員養成・実験専門工場とはならずにパン生産を続けた為、市場経済化以前までは、この２社体制（50：50）でウランバートルのパンを生産・供給していた。

　だが、市場経済の移行後は、民営のパン工場が次々と設立され、現在は約50

社のパン工場がウランバートルに存在している。

　当社の現在のパン生産能力は70トン／１日だが、生産量は45トン／１日となっており、50種類のパンとクッキー、チョコレート等約30種のお菓子も生産している。従業員は現在450人、うち50人が技術者である。また、パンを生産する機械は、設立当初には自社製を使用していたが、市場経済以降後はドイツ製、韓国製、中国製の機械を使用するようになっており、生産能力の向上を図っている。

　モンゴルにおけるパン生産ビジネスは、現在、過当競争であり、利益率は３～４％と決して高くない。競争相手との価格競争から、市場原理が働き、パンの価格（現在、標準食用パンの価格は240トゥグリグ）を上げられない。

　一方、当社の資本関係に目を向けると、当社は92年に資本の60％が民営化された。さらに、その後97年に完全民営化をされ、ベレンという企業が51％のシェアを持ち、その他は３人の個人投資家が保有している。

　平均賃金水準は10万トゥグリグ（約90米ドル）となっており、業界一である。また、離職率は低く、退職者は自らビジネスを求めて辞めていく者が中心である。因みに、リストラ解雇の場合は、退職金を積み増しし、新規雇用紹介を行うなどの配慮が示されている。

　就業時間は２直４交代制で１人の１日平均労働時間は６時間前後である。生産は24時間態勢となっている。

　新製品開発は自社開発が原則で、マーケティング後、サンプルを各小売店に配布、その結果を見て本格生産を行うか否かを決定する。販売店は全部で約500カ所あり、このうち10カ所を直営店として保有している。そして、これら販売店に販売をしたパンや菓子の代金回収は、パンの運送時に現金回収形式で行い（振り込み入金は殆ど無し）、またその際に翌日の注文を聞いてくるというシステムを取っている。

　社会主義時代からの正の遺産を引き継ぎ、社会保障制度は比較的整っている。社会保険料は給与の29％となっており、生命保険は個人の希望で加入する体制としている。

　原材料の約70％を占める小麦粉は国産：輸入＝70：30、玉子、食用油、塩、

バターなどは原則として国産、砂糖、味付け香辛料、パウダーなどが原則輸入となっている。そして、これらを保存し生産をする。尚、輸入は米ドル建て決済を行っているが、為替リスクにさらされることが多く、また、資金繰りは厳しい。

こうした説明を聞き、筆者は、「何故このパン工場は金融を最大限活用しないのか」という疑問を抱いた。

代金回収を全て銀行振込にする。資金を金融機関に集中し、ビジネスに必要のない資金を預金という形で金融機関に置き、その金融収入拡大を図る。金融機関に預け置いた資金を担保に融資を受け、短期運転資金の資金繰りに少しでも余裕を持たせる。モンゴルの金融機関の国際的信用力を活用して国際取引を行い、諸外国との貿易決済リスクをミニマイズする。このような市場経済における金融の常識をモンゴルの企業は、なぜ活用しないのだろうか。

モンゴルの金融機関もこうした取引に対応するシステムと人材を基本的には有しており、このパン工場がこうした依頼を金融機関に対して行えば、対応することは十分に可能であると筆者は理解している。

しかし、筆者のこうした疑問に対して、「現金決済が最も安全・確実である」「資金繰りも厳しいがとにかく循環している」「原材料等に関わる貿易決済もこれまでの信頼関係から大きな問題を感じていない」といった反応が見られた。モンゴルの産業界は「現金主義」に基づく健全主義を指向し、信用創造といった「バブル経済造成」につながりかねないとの認識の下、本来の金融の発展体系の必要性というものを、これまでのところあまり感じていないようである。

（2）　先端ビジネスと金融（MCS）

しかし、経済発展の過渡期にあるモンゴル経済は、現在、大きく変化していく可能性を示している。そして、新しい動きを示す代表的な企業の一つに巡り会った。

その企業の名前は Mongol Consulting Service（以下、MCS）と言い、電力関連コンサルティングビジネスを元に急拡大したモンゴル有数のソフト関連企業

として評価が高い（詳細は第3章）。社長は現在37歳の新進企業家であり、キエフ工業大学を卒業したエネルギー関連エンジニアである。MCS は企業グループを構成しており、現在、16社を傘下に抱え、グループ従業員は約1,000人となっている。

　主要業務である電力関連コンサルティング業務はもとより、最近ではコンピューターソフト開発、セキュリティーシステム開発と管理、インフラ関連ソフトビジネス、流通管理システム構築、コマーシャル関連ビジネス、印刷、理工系専門家などを育成する学校を小学校から高校までの経営（生徒数合計約300人）、建設関連設計図作成ビジネス等を展開しており、財閥経営形態となっている。また、MCS 自身は現在、いわゆる持ち株会社となっている。そして法律事務所、ADB モンゴル駐在員事務所を自社ビル内に置き、事業多角化のベースを確立しようとしているのであった。モンゴルにおいても、こうした広範囲・多国間・巨額資本・財閥的経営を進めようとする企業が登場するにしたがい、産業界から金融界に向ける要求も変化し、モンゴル国内経済における金融の役割が大きく変化していく可能性が拡がっていくことが期待される。

4.　モンゴルの金融機関

　本節ではモンゴルの金融機関に対するヒヤリング内容を報告し、モンゴルの金融の実態を眺める。ヒヤリング先はゴロムト銀行とモンゴル貿易発展銀行である。

（1）　ゴロムト銀行

　面談をしたゴロムト（GOLOMT）銀行の役員は先ず、「モンゴルの金融機関の歴史は浅く、92年の市場経済化推進から始まったといっても過言ではない」と切り出した。その上で、「市場経済化以前のモンゴルの金融機関は、国策銀行1行のみが存在しており、それまで現行の国際金融体制に対応できる金融システムが確立していたとは考えていない」ともコメントしている。

　以下、ヒヤリングによって得た情報から、モンゴルの金融体制を概観してい

写真10—1　モンゴル中央銀行

くことにする。

　モンゴルの金融発展の歴史を振り返ると、92年以降、モンゴルの金融界は政界の混迷に引きずられる形で96年まで混乱し、金融機関の設立と倒産が繰り返された。その後、金融機関の倒産が国民経済に悪影響を与えぬよう、政府がこれに深く関与・介入することになった。現在もこうした基本方針は貫かれており、金融機関の破綻に関しては、原則的には政府がこれに深く介入し、実質的には公的資金を投入、金融機関の破綻が国民経済に多くの悪影響を与えないようにしている点を注目しておきたい。

　その後、政権の安定化と共に、市場経済化の流れがより明確となり、この過程で、現在、モンゴルの金融システムも整理・統合が進められている。

　そして過渡期ではあるが、モンゴルの金融システムは、国際化＝国際金融システムに沿う体制の確立が必要であるとの認識の下、体制が整いつつあり、現行では1行の中央銀行と一般銀行に分類される。そして一般銀行は2行の国策銀行（貿易発展銀行と貯蓄銀行）、その他の一般銀行となっており、またノンバンクも存在している（なお、国策銀行を除く金融機関であっても、一部の金融機関については、まだモンゴル政府が株式を保有しているケースがある）。

　また、外国銀行国内支店、外銀との合弁銀行はなく、国際化に向け、国内の

金融体制をある程度整えた上で、外資系金融機関の参入を受け入れて、国際化の進展を加速化させるというステップを踏んでいく見通しである。ただし、ロシアとの特別プロジェクトにあわせてロシア系銀行が現在設立されている。

モンゴル国内において支店網が充実しているのは農業銀行であり、国民経済に果たす役割は大きいといわれているが、ゴロムト銀行も国民経済により深く食い込み、今後、預金・融資の拡大を図っていくという意欲を示している。

金融の実態

次に、モンゴルの金融機関の実態、そしてこれを取り巻く最近のビジネス環境については、次のような情報、見方が示された。

① モンゴルは間接金融、特に、銀行が中心の体制となっており、保険、証券会社、リース会社などは、まだまだそのビジネス活動範囲が狭いと言わざるを得ず、国民経済に対する銀行の役割は極めて大きい。

② 企業や個人の資金調達はほぼ銀行融資によって行われており、その他は一部個人投資家（＝主として市場経済化の流れにあって富を得た新興富裕層）から出資を受ける、あるいは庶民金融からの資金調達となっている。

③ 現行（2001年9月現在）の預金金利水準は0.4％～1.2％／月、企業向け貸出金利は1.5％～2.8％／月となっている。また、個人向け貸出金利は5％／月となっている。

④ 一般的に見ると、一般銀行の貸出先を取引先数の比率で見ると、一般企業が60％～70％、国策機関が5％～10％、その他が個人向けローンとなっており、筆者の予想より、個人向けローンの比率が比較的高いことが注目された。この点については、融資対象となる一般企業・国策機関の絶対数が少ないという背景があるものと考えられる。なお、融資金額別の比率をチェックしようとしたが残念ながら関連情報が得られなかった。

⑤ 外貨資金業務に関してみると、その取引は米ドル建てが大半であり、その他ユーロ、日本円取引がある。

⑥ モンゴルに進出した外資系企業が融資等の与信実行を依頼してきた場合、原則としては、信用力のあるその依頼顧客の取引銀行の保証を徴収し、そ

の保証を元に与信業務を実施している。仮に、その外資系企業がいかに有名で国際信用力があろうとも、原則としては、その依頼先の取引銀行の信用力を背景とした取引を展開している。

写真10—2　ゴロムト銀行入口

⑦　また、一部中小企業向け貸出や特殊融資案件（環境インフラプロジェクト・貧困撲滅プロジェクト等）などについては、世銀・ADB等より借り入れた低利安定的な資金をベースに優遇貸出を実施することもある。

⑧　一方、住宅ローンについては、銀行が個人に対して融資をするというよりも、銀行が一旦、企業に融資、その企業が自社の従業員に対して住宅ローンを実施するという形態が多く、純粋な個人向け住宅ローンといったケースは少ない。

⑨　さらに、銀行間マネーマーケットは基本的には存在しておらず、金融機関は資金繰り管理に大きな注意を払っている。

⑩　為替相場は中央銀行が週初に発表した中値水準を元に各銀行が発表しており、週間に大きな為替変動がなければ、中央銀行は一週間の為替相場水準を変更せず、一方、大きな市場が動いた場合は、週央にも新たな中値ベース為替相場水準を発表するという単純明快システムを原則として取っている。なお、最近は経済動向が安定しており、為替相場水準も安定的に推移している。

（2）　モンゴル貿易発展銀行
モンゴル貿易発展銀行は91年1月に設立された当地唯一の政府系貿易・開発

写真10—3　モンゴル貿易発展銀行本店内部

銀行であるが、2001年10月に公開入札、完全民営化を行う段階に入っており、既に会計法人であるKPMGが同行の資産内容を調査、公開している。即ち、現在、同行の株式の24％は従業員株主が保有しているが、残りの76％は政府が保有しており、国家資産庁の指示に従い、こうした資本構成を転換し、完全民営化を行う段階に入っている。

　従業員は2000年末現在で323人、2001年末には350人程度に増加する予定である。また、男女比率は35：65となっており、若手行員の大半は大卒行員である。労働組合は無い。平均年齢は25歳、給与水準は一般企業よりも高いと認識されているが公開されていない。

　国内に8支店を持つが、貿易発展サポート業務を司る国策銀行でありながらも、海外店舗はない。そして、海外店舗網の未拡充を補う形で、これまで海外コルレス勘定を拡大する動きを示してきており、これまでコルレス先は東京三菱、香港上海銀行（HSBC）、スイスユニオン銀行（UBS）、ドイツ銀行、中国銀行、アメリカン・エクスプレス銀行等30行・支店に増えてきている。

　銀行収益の多くを金利収入に依存しており、また金利収入の50％はローンマージンとなっている。また、手数料収入の38％は送金手数料等の一般手数料であり、為替手数料は手数料収入全体の13％に留まっている。

こうした収益構造より、預金、融資ビジネスに重点を置くビジネス展開をしているが、預金獲得については、国内における信用力が浸透していることから、多大な労力を費やすような厳しい状況にはない。

融資の実態

　一方、融資についても、モンゴル国内においては企業や個人の資金調達方法として「銀行借入」以外の適切なるスキームが確立していない。そのため、ある程度のまとまった資金を調達する際には、資金を必要とする者は銀行借入に依存せざるを得ぬ状況にあり、この結果、現行ではいわゆる Lenders' Market（貸し手市場）の状況となっている。この為、融資を実行する際、銀行は担保を徴求することが一般的であり、無担保信用貸出は稀である。また担保は不動産・機械・鉱山採掘ライセンス等を求めており、先進諸国のそれとあまり変わらないが、証券市場があまり発展していないことから、株式・債券などを担保とする信用取引は積極的には行われていない。

　また、融資の内容についてみると、融資期間は1年までが普通である。しかし、国際金融機関やドイツ復興金融公庫（KFW）等海外の金融機関から長期資金を借り入れられた場合には、これを原資として一般顧客・プロジェクトにこれらの資金を転貸することもあるが、これも基本的には1年までの運転資金貸出が中心となっており、金利水準は現行約2.5%／月（2001年9月現在）となっている。

　モンゴルの金融界全体を考えた場合、郵便貯蓄をベースとした金融、証券会社、保険会社などが発展しておらず、銀行が唯一の金融プレーヤーであるといっても過言ではない。その一方で、頼母子講のようなウラ金融市場が発達しており、庶民金融が発展しているとのコメントもあったが、この点については実際の調査ができておらず詳細は不明である。

　以上のようなコメントをベースに考えると、企業が設備投資を行う際の資金調達については、直接金融市場から資金調達が出来ないことはもとより、間接金融市場からも長期の資金調達がほとんど出来ない状況となっており、産業資本の発展を阻害する一つの背景になっていると見受けられた。また、金利水準

も年利30〜40％と高く、借入人の負担が大きいことも否めない。

　銀行間のマネーマーケット、為替市場も未発達で、モンゴル国内金融市場においてはあまり市場原理が働いていないと見るべきである。

　さらに、会計監査制度も整っておらず、公認会計士等第三者による会計監査システムも整っていない。モンゴルの国家経済発展の基礎を築く為には、まずは金融システムの整備が不可欠である。

　尚、同行の主要経営指標は以下の通り（資料：KPMG年報2000年）。

適正資本比率	35.9％
流動比率	77.3％
１社当たりの貸出限度	16.0％
外貨資本限度	16.3％
利子収入	7.8百万米ドル
利子以外の収入	5.5百万米ドル
営業収入	13.3百万米ドル
引当金	0.06百万米ドル
税引き前利益	10.2百万米ドル
当期純利益	6.0百万米ドル
総資産	88.8百万米ドル
総負債	76.3百万米ドル
総資本	12.5百万米ドル

モンゴル金融の当面する問題

　以上がモンゴルの金融機関との主たるヒヤリング内容である。

　証券会社他、様々な種類の金融機関とのヒヤリングの必要性を筆者は感じているが、今回の現地調査においては、「モンゴルでは銀行が金融の中心であり、その他のヒヤリングはあまり意味をなさない」との現地の声もあり、以上の銀行２行からのヒヤリングのみを実施するに留めた。

そして、これを基に総括するならば、以下のような点が指摘される。
① モンゴルにおいては金融機関の果たす役割は限定的であり、黒字主体と赤字主体をつなぐ仲介的機関の役割を果たし始めた段階にある。
② 通貨の産業的流通を促進する役割がこれまでの主たる役割であり、国内の産業界、企業の発展段階に合わせて、その役割をこれまで果たしてきた。
③ ただし、通貨の金融的流通に関する役割に関しては、国内の産業界、企業が、そこまでの役割を金融機関に強く要求していなかったこともあり、あまり発展していない。
④ さらに、通貨の金融的流通があまり発達していないことから、信用創造は必ずしも活発ではない。
⑤ モンゴル金融界のメイン・プレーヤーである銀行に関しては、銀行の基本的機能と言われる信用媒介機能、決済機能、信用創造機能のうち、信用媒介機能の役割は拡大しているものの、決済機能、信用創造機能については、今ひとつその役割を果たし切れていない。
⑥ 金融機関の市場経済化、民営化、現代化が政治の混乱に巻き込まれ、順調に進まなかった。現在、形式的・システム面では国際金融市場に通用する体制を確立しようとしているが、実態面ではまだ、不充分である。
⑦ 国際的な信用力を持つ金融機関が不在な中、国内他行に比べると相対的には規模が大きく国策銀行として活躍してきた貿易・開発銀行である「モンゴル貿易発展銀行」を民営化してしまうと、モンゴル企業の信用力を補完するに足る金融機関がなくなってしまう懸念がある。
⑧ 国内の金融システム、産業資本が未発達な段階において、金融機関を対象に、まず市場経済化・合理化・収益中心主義を導入しようとする政策方向が見られるが、金融機関が産業界に先行してこうした方向に走ると未成熟な産業分野の発展をサポートする機関が欠けてしまう懸念も生じる。
⑨ そして、実際に国際金融社会の実態を知るバンカー、法律家、会計士等の人材も不足している。
⑩ しかし、今後については、国内の巨額な資金を要する開発・インフラプロジェクトが増加するであろうこと、企業が大きく成長していく可能性が

あること、そして、こうした流れを受けて、外資系企業、外資系金融機関がモンゴル・ビジネスの拡大に関心を示し始めており、さらに国際金融社会で経験を積む人材がモンゴルに帰国しつつあること、こうしたことを契機としてモンゴルの金融界は今後の大きく発展していく可能性も大きい。

5. モンゴル産業発展と金融の課題

本章では、これまでモンゴルの経済状況と、これにおけるモンゴル金融界の位置付け、役割について考察してきた。その結果、次のような点をモンゴル金融界が早急に克服していかなければならないと感じられた。

① モンゴルの産業界を育成すべき「通貨の金融的流通」の基礎に欠けている。
② そのため、銀行の主要な三つの役割のうち、決済機能と信用創造機能という二つの役割が十分に働いていない。
③ モンゴル金融界の国内経済に果たす役割、国際社会における評価が確立される前に、金融機関を民営化し、市場原理を優先しすぎると、金融機関が収益を優先しすぎ、規模の拡大が損なわれることから、結果として金融機関の総合力が低下する可能性がある。
④ モンゴル金融界の総合力の成長が鈍化、これが万一顕在化することになれば、金融機関の企業に対するサポート力も限定的となり、企業の発展も遅れる。そして、これに伴いモンゴル経済全体が「縮小均衡」に陥る危険性がある。
⑤ こうした状況になると、モンゴルの産業界、そして金融界が縮小均衡に陥り、国際社会からモンゴルは国際化を促される可能性があり、その際、未成熟なモンゴル経済が各方面で外資に押される可能性もあり、これがモンゴル国民にとってプラスに働くか否かも不透明となる。

そこで、筆者は次のようなポイントをここに提言して本章を終えたい。
開発途上にある国家はもちろん、先進国も政府系の開発銀行、貿易投資銀行

や保証基金といった組織を保有している。国家経済がある程度発展した段階においてもこうした金融機関の存在が不可欠であるからこそ、各国はこのような組織を保有しているのである。モンゴルも開発銀行、貿易投資銀行といった国策銀行を無理して民営化などせず、少なくとも当面はこのまま保持し続けるべきではないかということを、まず第1に指摘したい。

次に、都市部における個人、企業の資金取引を中心にモンゴル全国に、金融機関を通した決済機能を拡散させる必要がある。日本はもとより、韓国や中国においても金融機関の決済システムのソフトは発展しており、ハード面と共にこうしたアジア地域で活躍している金融システムソフトをモンゴル国内に導入してみてはどうか。そして、例えば日本のODA対象に「モンゴルに対する決済システムのハード・ソフト輸出」というものを組み入れて欲しいとモンゴル政府が日本政府に依頼してみてはどうか。

また、モンゴル国内経済においては農業銀行が全国レベルで活躍しているとのことから、日本の農協・農林中央金庫を中心とする農協系金融システムのソフトをモンゴルに移転し、モンゴル国内にある資金を金融市場に吸い上げていく方式を確立していくことも一策ではないかと思う。さらに、これと同様に、日本の郵政関連の金融制度のソフトをモンゴルに移転することも効果があるかもしれない。

日本では現在、戦後の日本経済の発展の基礎の一つとなってきたと思われる「郵政三事業」を公社・民営化するという議論が盛んになされており、これを推進することの長所・短所が様々な角度から指摘され、それに伴って「賛成」「反対」の声が今も別れている。だが、この日本の郵政三事業の制度・システムは発展途上にある国家には一つの大きな国家発展推進システムになるのではないか。

どこの国家に於いても、手紙、電信、ファックス、Eメールなどの形態を問わず、必ず通信のシステム構築が必要であり、また、その通信システムの中継地として郵便局が国家の通信基地の末端に位置している（Eメールの場合、プロバイダーとして公共性の強い機関が入ることが中立性と通信の機密性保持の為には重要）。このように、国家の末端まで通信システムを張り巡らせると共

に、国家の末端に散らばる資金を吸い上げる役割を果たし、その吸い上げた資金を国家発展の為に運用していくというシステムとして、この日本の郵政三事業の制度・システムは最適のものと考えられる。

さらには、日本でも既に活用されてきたように、この郵政システムを上手く利用すれば、郵便局の地域的リーダーシップを通した政治的意思統一、中央政府の意思の迅速なる伝達機関として各地の郵便局を利用することが出来、これによって、発展途上にある国家は、国家発展計画の推進を効率的に図ることが出来よう。だが、国家経済が発展して以降もこの制度を政治的に利用しすぎようとすると、日本のように副作用が生まれ、むしろこれが弊害となることは明らかである。従って、政治的利用については、為政者が相当の意識を持って、これを何処かで断ち切る勇気が必要となろう。

このように、日本の郵政三事業のシステムは発展途上にある国家にとっては大変有効な漢方薬となるものと考えられる。

そして、この郵政システムの移転と共に、iモードといった日本発のソフトを利用する「電子商取引」と「電子決済」システムを合わせて移転して欲しいといった具体的な要求を、モンゴル政府が日本政府に対して行えば、日本も単なる国際支援の枠組みを超えてモンゴルに対するシステム移転に積極的な姿勢を示す可能性があると期待されよう。

1) 北京にある国連開発計画（UNDP）豆満江開発事務所のヘッドは、現在モンゴル国政府から派遣されており、モンゴルの元内閣官房長という高位の職に就いていた人物である。こうしたことから見ても、モンゴルが豆満江開発に注力していることがうかがわれる。
2) モンゴル航空機内誌2001年8月号。
3) National Statistical office of Mongolia, *Mongolian Statistical Yearbook 2000*

第11章　モンゴル産業経済発展に向けて

　ここまでの章を通じて、体制転換後のモンゴル産業の構造、市場経済化の可能性と困難に直面しているモンゴル企業の実態、外資企業の進出状況、第2、第3の都市エルデネットとダルハンの産業と企業、外資企業誘致政策の内容、金融の構造と課題について分析、検討してきた。

　終章では、これまでの検討で明らかになった課題と可能性を踏まえ、今後のモンゴルの産業経済発展のあり方について考えてみたい。

1.　第1ステージから第2ステージへ

　モンゴルの産業経済は、ビッグバン型体制転換という思い切った方法によって社会経済の骨格の組替えを行い10年が経過した。これまでの最大の政策の焦点は、モンゴルの産業経済が市場経済システムに移行するなかで、良好なパフォーマンスを発揮することはもちろん、社会的な混乱や精神の荒廃を呼び起こさないように新体制の最初の礎を置くことであったであろう。

　社会主義計画経済から資本主義市場経済体制へ移行しつつある国々のなかには、新たな権力闘争や民族紛争が発生し、また、アメリカでの同時多発テロリズムに端を発した大規模な戦乱に巻き込まれ、円滑な体制移行に取り組めないでいるところが少なくない。

　この点、モンゴルも体制移行にともなう混乱や「痛み」がなかったわけではなく、一部に新たな権力や経済的機会が偏重する状況も発生した。しかし、モンゴルは、比較的着実に抑制を効かせながら大胆な改革を進めてきたということができよう。

　現在のモンゴルは、新たな経済社会体制の内部に多少の歪みを抱えながらも大骨格の組換えをほぼ成し遂げ、今後の小骨格の追加と骨格に筋肉をつけてい

く作業に向かおうとしている。産業経済の移行期としてみれば、第1ステージの10年を経過し、さらに、第2のステージの組み立てが可能になり始めているようにみえる。

社会主義時代の約70年と体制転換後10年のモンゴル産業経済は、それぞれ旧ソ連、コメコン諸国の援助と「先進工業国」からの国際援助に多くを依存してきた。モンゴルは、そうした経済状態を決して望んでいるわけではない。1日でも早く自立的な経済構造を構築しようとしている。モンゴルの産業経済発展のための第2ステージでは、いよいよ、経済的な自立に向けて本格的な取り組みが始まるのであろう。

ここでは、第2ステージに向かうモンゴル産業経済が、新たな普遍主義を押しつけつつあるグローバル資本主義に翻弄されることなく、これまでモンゴル民族が培ってきた経験と知識をもって、独自固有の自立的な経済構造を追求していくことが重要であり、また、それが可能であろうことを述べてみたい。

(1) 国際援助からの自立に向けて

社会主義建設に注力していた1960年代のモンゴルの国際関係は次のように記録されている[1]。

「1961〜66年にかけて、わが国とソ連の間で経済・文化面における協力に関する多くの条約、協定が結ばれた。(中略) これらの協定にもとづいて、1961〜65年にかけてわが国に対し、工業・文化生活用の新しい施設の建設、牧畜の発展、穀物加工などに関する厖大な資材・労働力・借款・技術面からの援助がさしのべられた。ソ連によるこれらの援助は、わが国に社会主義の物質的・技術的基盤を建設するうえで決定的な要因となった」。

モンゴルの社会主義経済の骨格はソ連の資金、技術の援助が大きかったことが理解できる。こうした援助体制は92年のソ連崩壊によって終結し、モンゴルは体制転換し、市場経済に踏み込んでいく。そして、モンゴル国初代大統領のオチルバト氏は次のように述べている[2]。

「政治的民主化への最初の出だしは成功したが、一国からの借款援助に依存し生活するというわが国の経済は、自立的な水準には至っていなかったため、

社会発展、経済刷新は遅れがちで、多くの人々を精神的に苦しめていた。経済刷新に着手する以前から、政府では経済を変革する試みを行っていたということを否定してはならない」。

旧ソ連との経済関係において、モンゴルは自立的な経済構造を構築することができなかったまま体制転換を迎え、ソ連に替わり資本主義経済先進諸国の援助を受け国民経済の再構築に臨んでいる。

99年にモンゴルが受け取った15カ国からの二国間ODA（政府開発援助資金、贈与と政府貸付等の合計）は約1.4億ドルであり、モンゴルGDPの約15％強を占めている。この中で、日本は9,400万ドルを供与し最大の援助国とされている[3]。

モンゴルは、こうした状態を決して、よしとしているわけではない。また、インタビューの機会を得た政府関係者や企業家は、もはや「ソ連崩壊とともに財政援助が無くなった」「コメコン解体により輸出先を失った」などと振り返り、体制転換後の経済的困難の理由を述べることはなく、むしろ「今後をどうするか」についての考えを主張していた。

こうした困難に立ち向かい乗り越えようとする姿勢に、モンゴル民族が失わずに持ちつづけてきた「民族の誇り」が秘められているように思う。80年にわたる援助依存的な経済構造からの自立は、移行期経済の第2ステージにおける最大目標となっていこう。

自立的経済社会の基盤

モンゴル民族の精神と文化の基層に秘められている「自立性」は強固に維持されている。そうしたモンゴル国民の創る国民経済が自立的な構造を持ち得ないはずはない。

伝統的な遊牧経済時代のモンゴルは、国土の人口支持力は現在よりも弱かったものの、中華文明とヨーロッパ文明の交易中継地として、独自の「自立的な経済構造」を形成していた。遊牧で得られる食肉や乳、皮革、毛などはモンゴル人の生活の基礎的需要を支え、生産余剰は漢民族の農耕社会などとの交易によって、時には略奪的に穀物等の必要物資と交換されてきた。

また、モンゴル民族の自立的な経済が成立していたとともに、独自の精神世界を培い、同質的な文化信念を共有していた。モンゴル・チベット仏教（ラマ教）は、モンゴル、チベット高原を中心に発達し、モンゴル民族、チベット民族の精神世界を創り上げていた。エルデネット、ダルハンが人工的な工業都市として建設されたのに対し、ウランバートルは17世紀にモンゴル仏教寺院の建立を都市発祥の契機とする門前町である。巡礼や商人が参集し、内陸アジアの国際的な通商拠点の一つとして成長してきたのである。

　わずか、百年前のモンゴル世界は、東の湿潤アジアの仏教や儒教の世界と、西のイスラム教やキリスト教の世界が交錯する内陸の乾燥アジアに位置し、遊牧と交易を経済の基本構造とする独自固有の経済社会を形成していたことを忘れてはならない。そこには、湿潤アジアに発達した「海の交易システム」とともに「内陸の交易システム」が成立していたのである。

　約80年前、モンゴルはイデオロギーの分断で閉鎖された一方の陣営に属することを選択し、コメコン分業体制に深く組み込まれていった。制限付きの国家主権を得て、同時に、ソ連の衛星国として社会主義計画経済の建設に取り組んできた。この間、民族主義は抑さえ込まれ、遊牧経済構造の改変をともないながら一定の産業発展をたどった。農耕が持ち込まれ、大規模な工場生産システムが移植され、人口の増加を可能にした。

　しかし、移植された計画経済システムは、伝統的モンゴルの培ってきた経済社会が「翻訳的適応[4]」を十分に進めることを制限し、そして、内包したシステム矛盾よって自ら崩壊してしまった。その後、新たに選択した市場経済システムに移行した10年は、当初、モンゴルが見込んでいたほどの成果をあげるまでには至っていないが、悲観することはない。

　本来、モンゴルは東西世界に開かれた地域であり、独自の経済社会を形成していた時間が圧倒的に長く、そこで蓄積されたモンゴル民族の精神と文化は失われてはいない。新たな経済体制下で自立的な経済構造を構築する基盤は、民族の歴史のなかに刻み込まれているのである。

　市場経済化の第2ステージにおいて、モンゴル民族が失っていない「自立性」を存分に発揮させることが、政府の産業政策の重要な役割となろう。その

際、忘れてはならないことは、社会主義計画経済時代に経験した「普遍主義」の押しつけと、その信奉の危険性である。モンゴルは、モンゴル固有の市場経済化を推進することを基軸に産業政策を展開し、自立的な経済社会の再構築に向かっていくことが重要である。

（2） 近代工業化の限界性

　市場経済システムへの参加を選択したモンゴルが経済発展を追及するために、一定の工業化のプロセスを踏むことは、現在なお有効な手段である。ただし、モンゴルの産業経済が工業化を進める際に、そのプロセスは多様であることを忘れてはならない。そしてまた、近代を象徴した「工業化」の意味が問い直されていることにも注意を向ける必要がある。

　近代工業化の世界史的な波及プロセスは、イギリスの産業革命に端を発する。近代工業化は最初にイギリスから始まり、後発のアメリカ、西ヨーロッパ諸国に波及し、それを追跡しキャッチアップに成功した日本の工業化が続く。そして、20世紀後半から東南アジアと中国が近代工業化に参加し始めている。そこでは、一国内、あるいはEUやASEANのように複数の国が構成する地域内で、できる限りフルセットの産業構造を確立しようとし、国際市場において大量生産、大量消費を激しく競争している点で共通する。

　近代工業化の根底には、人類社会の単系的な「進化」「進歩」思想が横たわっている。ダーウィニズムに基づく近代工業化が約150年にわたって取り組まれ、一部の国が成功し成果を手にした。そうした一部の国が各国の近代工業化の経済水準を数量的に序列化し解釈する成長至上主義、あるいはグローバル資本主義が世界経済を統合しつつある。

　成長至上主義やグローバル資本主義が主導する市場経済システムは、優勝劣敗による淘汰と進化を当然とし、最終的には「一人勝ち」に収斂していこう。国が企業や産業を選ぶことが可能であった時代には、競争相手が存在することによって、技術革新や経済成長が促進される積極的な面もあった。しかし、どこかの国、あるいは企業の「一人勝ち」を生み出すことに収斂していく経済システムは、はたして人類社会にとって望ましいものなのか。

そして、地球環境の循環許容力の限界を超えて発生している環境問題の激化は、これまでのような近代工業化のプロセスを続けることが、ほぼ不可能なことを明らかにしている。

　モンゴルは、こういった世界経済の時代のなかで工業化に取り組まなくてはならないのである。世界経済には確かに階層構造があり、そこには優劣関係が存在している[5]。現在、唯一の「中心」となった超大国アメリカ、「準中心」の位置にある日本と欧州、そして数多くの「周縁」の国々である。

　周縁国のなかで近代工業化のプロセスに最も最近に参列し、存在を高めているのが ASEAN 諸国と中国であるとされる。ASEAN 諸国は豊富な労働力をベースに外資導入を図り、輸出指向型の工業化を開始した。中国はフルセットの産業基盤と大量の労働力、巨大な国内市場を背景にして外資導入を成功させ、輸出指向型および内需開拓型の工業化を進めている。

　同じく周縁国とされるモンゴルが工業化を進めようとする場合、こうした近代工業化のプロセスに倣って戦列に加わろうとするのか、あるいは独自の工業化のプロセスを求めていこうとするのか、重要な選択を迫られている。

独自の工業化プロセスの追求

　工業化が経済発展に有効である以上、モンゴルは工業化に取り組む必要がある。問題は、どのような工業化のプロセスをたどろうとするかである。

　資本主義市場経済体制のなかでは、モンゴルは工業化の後発国である。すでに世界経済には中心国、準中心国が存在し、周縁国のなかでも工業化の先行国が激しいキャッチアップ競争を繰り広げている。そして、国際市場における際限のない大量生産、大量消費を追求するタイプの近代工業化は、いずれ限界を迎えることが明らかである。

　しかし、モンゴルが工業化を進める際に、こうした状況とまったく無縁でいることはできない。市場経済を選択し工業化を進めることは、これまでの近代工業化の流れに組み込まれる過程なのである。そこでは、モンゴルは圧倒的な競争力を示す近代工業化先進国や、周縁国の工業化先行国に立ち向かわなくてはならないハンディを負っている。工業化の後発国が、現代の高度に発達した

技術を背景とする工業化の先行国を追跡し、同じ条件下で国際競争に打ち勝っていくことは、いまや極めて困難な状況となっている。

モンゴルは、これまでの近代工業化の流れに全面的に身を任すのではなく、一定の距離をおいた戦略的な組み込まれ方をしていくことが重要である。そこに産業政策が出動する意味がある。無条件に近代工業化のプロセスに参画するならば、成長至上主義やグローバル資本主義の圧力によって、モンゴルが独自の「地域」として培い復活しようとしている価値や伝統を失ってしまうことにもなりかねない。

モンゴル国民が経済発展と国民生活の豊かさを手にするための工業化の道筋は一つではない。工業化による経済社会の発展は単系的、一方的に淘汰を生む流れがあれば、多系的、循環的で共生が可能な流れもある。モンゴルは成長至上主義やグローバル資本主義による近代工業化プロセスを超越し、モンゴル独自の工業化を推進していくことが期待される。

それは「規模の経済」に依存しない「選択集中的な工業化」に挑戦することであり、また、単系的発展史観から脱却し、異なる歴史、文化信念をもつ社会が「多系的循環的な経済発展」を求めていくことにほかならない。

(3) 工業化の道筋

モンゴルの工業構造の再構築には三つの道筋があろう。第1は、鉱産物、畜産物など一次資源の産出に偏っている産業構造を、一定範囲で迂回生産化と多段階化を進めていくルートである[6]。第2は、内需対応の消費財工業が展開するルートである。第3は、機械設備のメンテナンスや改良技術を蓄積していくルートである。

第1の一定範囲での迂回生産化、多段階化とは、一次資源や工業中間財の付加価値を高めていくことを目的とした工業化である。すべての産業、産品で迂回生産化、多段階化追求するのではなく、まず、鉱産物、畜産物、一部の消費財の付加価値向上に集中するというものである。鉱産物では、濃縮銅、濃縮モリブデン、金、蛍石、原油などの精錬、精製、二次加工を行い、付加価値を高めて輸出商品としていく。資本集約化の条件整備が必要である。

畜産物では、輸出商品として品質を高めた肉製品、乳製品への加工、デザインや品質を高めた繊維製品、皮革製品などへの高次加工である。これらの分野では、低価格を競争力とした労働集約的大量生産はいずれ行き詰まるであろうから、高品質相対的低価格を徹底的に追求していくことになろう。市場ターゲットを絞った販売戦略と技術集約化戦略が必要である。また、原料供給部門となる農牧業での品質管理、および生産された付加価値の分配システムと流通システムの構築が必要である。

　第2の内需消費財工業の展開は、輸入に依存している消費財の中から240万人の市場規模で事業成立可能な分野の国産化戦略である。応用と小回りの効く中小工業の事業分野として成立する可能性がある。生産技術が成熟した製品の生産設備、技術、原材料のパッケージを導入すればよい。

　第3の機械設備のメンテナンスや改良技術は、やはり中小工業の活躍する分野であろう。モンゴルには機械設備、耐久消費財などを生産する工業は成立しておらず、国内で必要な工業製品の多くを輸入に依存している。発達したグローバル市場経済下では、モンゴルが工業製品を全て自給する工業化を目指す意味は弱く、また、事業として成立する可能性は低い。むしろ、先進工業国、新興工業国といわれる国のメーカーから、モンゴルにとって最もよい製品を選択、購入し、それを長く使っていくことのほうがモンゴル産業の発展と生活の充実には有効であろう。そうした「使い手」をサポートする工業の発展が必要である。機械設備のメンテナンスや改造、補修部品の加工などに応用の効く、基礎的汎用加工技術の蓄積は中小工業に期待される。

　指令のもとで画一的な大量生産を行なう工業化が終わり、モンゴルのユーザーや消費者が必要としているモノづくりの世界が開かれようとしている。そうした世界で活躍するのは、応用力を発揮し「小規模のメリット」を活用する中小工業であろう。

2. 自立的な経済構造への条件

　モンゴルは、およそ600年にわたる他民族の支配から脱し、独立後の約70年

間は、社会主義イデオロギーのもとでモンゴル民族の国家建設に取り組んできた。それは、伝統的モンゴル世界が自然環境に適応しながら培ってきた遊牧的牧畜システムや、内陸アジアで発達をみた東西交易システムに替わり、旧ソ連を盟主とするコメコン分業体制に組み込まれていく過程であった。この間、社会的には宗教世界の解体、定住の促進、教育の普及などが進められ、経済的には、農耕の導入、地下資源の開発、輸出基地としての工場コンプレックスと工業都市の建設などに取り組み、モンゴル経済は一定の発展を遂げてきた。

　しかし、振り返ってみれば、コメコン分業体制はモンゴル国民経済の自立的な発展を制限するシステムでもあったことは明らかである。外から移植した経済システムは、モンゴル経済を旧ソ連に過剰に依存する構造にしてしまったのである。

　社会主義計画経済体制から、資本主義市場経済体制に移行する前後10年余りの産業指標を分析してみると、旧経済システムで構築した主要産業部門は体制転換にともなう後遺症に悩み、新経済システムへの適応に悶えている状況が見いだされた。同時に、一部の産業には新たな発展の可能性も見いだすことができた。

　ソ連を中核とした計画経済は崩壊し、中国は「社会主義市場経済」に邁進しているなかで、モンゴルの産業経済は、国際化、市場経済化を進めている。市場経済は完全なシステムではないものの、生産、取引、消費の飛躍的な拡大をもたらす。しかし、市場経済効果を期待し、遅れて参画する国がグローバル市場経済を追跡しキャッチアップするのは決して容易なことではない。

　モンゴルは市場経済体制に移行することを選択し、WTO自由貿易体制にも加盟した。そうした選択をした以上、要求される市場経済化に必要な条件を満たしていかなくてはならない。その際には、モンゴル固有の市場経済発展のプロセスを積み重ねていくことが重要である。

　そこで、モンゴル固有の自立的な地域経済発展に向かう第2ステージを基礎づける諸要素として、中小企業の育成、農牧業の発展、金融機能の充実、エネルギー産業の確立、産業インフラの整備、企業家精神の涵養といった点に注目し、今後の取り組み課題と方向について考えてみよう。

（１）　中小企業の健全な育成

　旧国営部門や工場の民営化と、新興財閥の形成に続いて登場し始めている中小企業が健全に成長し、モンゴルの経済社会の発展を担う主役の一人となっていくことが期待される。

　モンゴルの将来人口を300万人程度とイメージするならば、そこに発生する国内需要に適切に応じることができるのは中小企業であろう。資本、設備、組織の集約化が優位性を生みやすい鉱業、エネルギー供給、航空・鉄道運輸、金融などは、大企業が骨格を形成することになろうが、内需向けの工業、建設業、広義のサービス業では、中小企業が主要な供給主体となることが望ましい。

　そうした中小企業性の産業分野において、多数の独立した中小企業が創生し、お互いの適正な競争によってモノ、サービスの質を高め、競争力のある企業が育っていくための環境整備が政策課題となる。中小企業の事業環境整備の課題として、次の四つを挙げることができる。

　第１には、創業環境の整備である。現在、市場経済への移行期にあって、個人や個人のグループが、はじけたように様々な分野で事業を始めている。その多くは個人事業のレベルにあるが、個人事業から企業創業へ向かおうとする意欲は旺盛である。特に、高学歴の若者が市場経済への順応性を発揮し企業創業を先導している。現在、モンゴルの中小企業は、大学を卒業し留学を経験しているなどの30～40歳代の経営者が中心となっている。

　彼らは、個人の資金、ネットワークをもとに小さな事業を開始し、チャンスを呼び寄せて中小企業の設立に向かっていた。こうした若き企業家の後に続く若者達の企業創業をサポートする必要がある。

　第２には、中小企業性の産業分野における寡占化の排除である。国内需要に対応する独立した多数の中小企業を生み出すことが望ましい。しかし、体制転換直後の中小企業性産業分野に「企業」は、まだ、存在しておらず、空白を早急に埋める必要があった。空白部分の多くは、この10年間に急成長した新興財閥が押さえている。

　将来の国内市場競争を考えた場合、特定財閥への事業機会の集中を制限し、

寡占化構造の固定化を避けなくてはならない。新興財閥が自社の経営にとって事業規模も期待利益も小さな中小企業性事業まで占有し、市場独占に向かう行動を制限すべき段階になっていよう。

第3には、輸入圧力の回避である。言い換えれば、国産化の促進ということにもなる。モンゴルの貿易収支は大幅な赤字となっており、経常収支を圧迫している。主力輸出産品の収入が不調ならば、輸入工業製品の国産化を進め輸入を抑制する必要がある。中小工業の輸入工業製品に対する競争力を高め、内需向け生産を促す必要がある。

モンゴルには、国民の基礎消費を支えていた旧国営工場が存在し、新たに中小工業が創生している。グローバル市場経済の圧倒的な圧力を回避し、国内工業が成長する機会の提供が必要である。

第4には、輸出競争力強化のサポートである。モンゴルの輸出産品として有力な貿易財は銅、モリブデン、蛍石、原油などの鉱産物と、畜産業余剰の食肉、毛、毛皮および、その加工品、アメリカ向けの輸出枠（クォーター）を利用した縫製品である。このうち、中小工業が展開しやすい分野は、畜産余剰産品の高次加工と完成品生産、およびクォーター利用の縫製業であろう。中間財として輸出に向けられている産品の高次加工を進める必要がある。

中小企業政策の方向

中小企業が健全に成長するためには、政府の中小企業政策と商工会議所の役割が重要である。先に挙げた四つの課題に対する中小企業政策の方向は次のように示すことができよう。

第1の創業環境の整備については、まず、企業設立を後押しする創業資金、企業設立後の運転資金と設備投資資金を手当てすることである。既に中小企業向け融資制度が用意されているようだが、短期資金が中心で金利も高い。国産化促進業種や輸出促進業種など戦略業種の中小企業向けに、長期低利の融資や国産化補助、輸出促進補助などの助成制度を充実していく。

そのためには、中小企業向けの公的金融機関を設立し、関税、目的税などから中小企業政策の財源確保、海外からの支援資金の活用などを検討する。

中小工業の工場立地環境整備も重要な中小企業政策の一つである。厳冬期のあるモンゴルでは、耐寒性を備えた工場建物に暖房設備を完備しなければならない。こうした工場建設は中小工業にとっては大きな負担となる。中小工業向けの工場集合ビルなど、公的な工場施設の供給や、遊休化している旧国営工場の一部を貸工場としていくなど、工場スペースの提供を進めていく。

　また、既存の中小企業や個人事業者の組織化を進め、政策ニーズの把握と政策実行の受け皿としていく。商工会議所に業種別中小企業部会を編成する、あるいは別途、中小企業協会を設立するなどを検討する。

　第2の寡占化の排除については、競争政策の検討を進める。時限立法などで中小企業性事業を指定し、大企業や財閥の事業参入を制限する、あるいは寡占化が過度に進んだ事業分野での企業分割などが考えられる。

　第3の輸入圧力の回避、国産化の促進については、戦略的中小工業分野を対象とする幼稚産業保護政策として、時限的な輸入代替政策の出動を再検討する。モンゴルは97年に酒、タバコ、石油製品、自動車を除く全ての輸入関税を廃止したが、99年に一律5％の輸入関税を設定している。

　戦略的中小工業分野については、輸入産品の国産化にかかわる生産設備の導入や外資導入を促進し、国内中小工業の成長状況と国内需給情勢をにらみながら輸入関税を調整していく。また、国産化に必要な原材料、部品、設備の輸入に必要な資金の補助制度を検討する。

　第4の輸出競争力強化のサポートについては、輸出促進業種に向けた輸送費など、輸出にかかるコストの一部助成、輸出実績に応じた特別融資制度の提供を検討する。

　市場経済化を進め自由貿易体制に参加しているモンゴルの産業経済は、際立った開放性を維持してきた。しかし、国内に国際競争力を強化する産業や育成すべき中小企業が出現し始めてきた現在、全面的な開放政策から国内産業育成のための保護政策や中小企業政策が出動する意味が高まっている。

　対内的には、独立した多数の中小企業の成長と、財閥系列の中小企業の活躍とのバランスが求められる。対外的には、モンゴル独自の工業化の歩みを進めるために、重要な役割が期待される中小企業の事業環境を整備する政策が求め

られているのである。

（2）生態系を維持した農牧業の発展

　農牧業は、国際競争力のある産業が成長するまでの間、国内経済構造を支える最大の産業部門として堅実な発展が期待される。食料の自給体制を整えていくことはもちろんのこと、工業原材料の安定供給部門として重要な役割を担う。

　牧業では、モンゴルの乾燥、冷涼な環境に適応した遊牧システムが基本となろう。遊牧システムは「草のあるところへ移動する家畜に人間がついて行く」方式であり、これは「粗放型畜産」と呼ばれている。実際は「粗放」などではなく、モンゴルの自然環境の再生力を超えない範囲で、草原と家畜を活用する永続可能な優れた循環生産システムである。

　計画経済時代に導入した牧草地開発と飼料生産・貯蔵・輸送システムは「集約型畜産」と呼ばれ、粗放型から集約型への転換が進められた。しかし、集約型畜産は補助金が途絶えたことで崩壊してしまった。今後は、粗放型畜産をベースとして生産性と品質の向上を求めていこうとしている。粗放型畜産と集約型畜産の混合形態を模索していくことが重要であろう。粗放型畜産をサポートするかたちで、一部に高生産性の牧草地開発、ゾド（大寒波、大雪）対応の飼料貯蔵・輸送システム、家畜の品種改良などを適切に組み込み、モンゴル独自の牧業システムを構築することが期待される。

　農耕は、旧ソ連の援助で導入された新産業であり、大規模な国営農場やネグデルの農業部門で機械農業を展開した。しかし、民営化にともない農業会社の資金調達難、燃料や補修部品の調達難、種子不足などで収穫量は激減している。基本食糧である穀物生産を担う農業は、自立的な経済構造の根底を支える重要な産業である。今後、農地の民営化のあり方などに関する検討を踏まえ、国内産業として成立する条件を整えていくことになろう。

　モンゴルでは、農耕に従事する豊富な労働力を期待しにくく、モンスーンアジアの自給自足的小農稲作民が創り上げているような労働集約的農耕システムは成立しない。食糧安全保障の視点から、最低限の国内生産必要量を満たすに足る農地を選択し、大規模機械農業を復活させる方向となろう。農業政策にお

いては、抑制した輸入代替政策、農業保護政策は必要である。

　農牧業の発展のために、都市産業（工業）との生産連関の再構築とソム・センター（地方小都市）の整備が重要である。ソム・センターは農牧業の生産拠点として、農畜産物の一次加工、貯蔵、機械修理などの機能を備える必要がある。また、農牧民の生活拠点として、エネルギー供給、通信、医療、基礎教育、商業・金融、娯楽などの機能の充実が必要であろう。ソム・センターを結ぶ幹線道路の整備は、地方経済発展のための基礎インフラとして不可欠である。

　農牧業は、就業の場、生活の場を提供し、牧業はモンゴル民族固有の「精神」を涵養するものとして重要である。農牧業の経済発展を考える際には、生産性の向上などを追求するとともに、文化、歴史、風土といった非市場的要素を排除せず十分に考慮していく必要がある。農牧業は、モンゴルの自立的な経済構造の基層を形成し、経済の発展を支え、そしてさらに、モンゴル固有の「豊かさ」を生み出す土壌であることを忘れてはなるまい。

（3）　金融機能の充実

　市場経済化を進めるモンゴルの産業経済において、重たい課題を抱えているのが金融機能の整備であろう。かつて、モンゴルはユーラシアの「陸の交易」の中継地域として固有の金融システムを発達させたが、社会主義化することにより、旧ソ連、コメコン陣営内での経済システムを使うこととなった。そして、10年前から資本主義市場経済で発達した金融システムに移行する途上にある。

　1991年に施行された新銀行法によって、多くの商業銀行が設立され、現在、政府系の貿易発展銀行と貯蓄銀行、および12行の民間銀行（うち2行が外資系）となっている。この間、96年にITI銀行、再建銀行が倒産し、政府は預金者保護のため国債を発行し、その60％を貯蓄銀行が引き受けた。しかし、国債の利払い、償還が円滑に行なわれなかったため貯蓄銀行の経営悪化を招き、同時に国民の政府、金融部門に対する不信を増大させてしまった。さらに、全国の「ソム」に約300の支店を配置している農業銀行も大量の不良債権を抱え破綻し再建途上にある。その他の銀行の不良債権も増加しており、比較的健全な融資残高を持つのは貿易発展銀行のみといわれている[7]。

こうしたなかで、金融の信用創出機能は弱く、国民の預金に対する不安は拭い去さられてはいない。国民の貯蓄は「Saving & Loan Association（頼母子講的共済基金）」に流れるなどの状況もある。

　銀行預金による個人貯蓄の伸び悩みは、銀行の資金量の拡大を制限している。銀行は限られた資金で経営を維持するため、貸出金利を高くし、利ざやを厚くしなければならない。貸出金利が年利30～40％にも達する状況では、資金の回転速度の速い商業やサービス業に較べ、長期に資金を固定する必要がある農牧業や製造業などでは銀行融資を活用できない。モンゴルの金融機能は産業資本を育成する仕組みを、未だ持ちえていないのである。

中小企業と農牧業向け金融政策の展開
　市場経済へ移行して10年を経過した現在、モンゴルの金融機能が抱える課題に対して、どこから対応していくことが重要なのかを考える必要がある。

　産業発展の第2ステージが開かれようとしているなかで、早急に対応を図るべき重要な課題は、中小企業部門と農牧業部門の成長を促す金融システムの整備であろう。中小企業政策と農牧業政策の重要な手段の一つとして、それぞれの公的金融制度の充実が欠かせない。

　現在、モンゴル国民がミクロのエネルギーを発揮している産業部門は二つある。一つは、都市部で新たに発生し始めている中小企業部門である。もう一つは、都市失業の受け皿といった後ろ向きの結果でもあるものの、家畜の個人所有に触発され飼育者が増加している牧業部門である。この二つの産業部門の成長を支え、結びつける仕組みを構築していく。

　その取り組みの第1として、中小企業向けの政策金融を実施するための公的金融機関の設立を検討する。モンゴルは金融機関の完全民営化を進めようとしている。しかし、グローバル金融資本の功罪や、そのあり方が問題となっているように、金融を全面的に市場経済に委ねることには慎重であるべきだろう。政府は「行過ぎる民営化」のマイナスを考慮し、金融部門における産業政策を展開する必要がありそうだ。特に、モンゴルの産業発展の第2ステージを担う中小企業の健全な成長を促す中小企業金融政策の展開が求められる。

中小企業向けの公的金融機関では、長期低利の設備資金、小口の運転資金、新規創業支援資金等を用意し、融資審査とあわせて商工会議所と連携しつつ、企業会計や税務申告の普及に努める。また、信用保証制度の検討を進める。
　第2には、地方の農牧業部門を支援する金融システムの構築である。日本の農業支援金融や農協系金融、および郵便貯金の経験と仕組みを研究し、農業銀行の再建とポスト銀行の政策金融化を検討する。また、農牧業地域での個人事業の立ち上げに関しては、NPO、NGOなどによるマイクロ・ファイナンスの導入可能性を探る。
　モンゴルの金融改革は、マクロな金融システムの構築と国民の信用回復といった大きな困難に取り組まなくてはならない。そのなかで、新たに登場し始めた中小企業と農牧業部門の成長を重要な政策目標として位置付け、モンゴル独自の国内金融システムを創り出すことが必要であろう。
　経済学のテキストがいうような「匿名的な完全競争型市場」の経済取引を理想とするならば、そこに至る移行期型の国内金融システムを模索することも一つの方法であってよい。

（4）　エネルギー産業の確立

　エネルギー産業の確立は、金属鉱物採掘業とともに、モンゴル経済が自立的な発展を始動するための初期基幹産業として重要な位置にある。モンゴルのエネルギーは、自給に足るだけの埋蔵量があるとされる石炭と石油が主軸になろう。また、小型風力、太陽光、小水力による分散型発電やバイオマスなどの代替エネルギーの活用も重要である。安定的な電力供給、および熱供給を維持するエネルギー産業の確立は、自立的な産業構造を構築するための基本条件である。
　電力と熱供給のための石炭火力発電所の建設は、80年代に大規模な社会資本投資がなされ、ウランバートル、ダルハン、エルデネットの発電プラントによる中央電力システム、西部、および東部電力システム、ディーゼル発電を中心とする単独系列が整備された。89年の電力供給は約35.7億KWHに達したが、90年代には低下を続け、ロシアからの電力輸入が増加した。2000年には、やや

持ち直しているものの、約29.5億KWHにとどまっている。電力供給の低下は発電燃料の石炭の生産低下、電力料金の未払い、設備の老朽化、補修部品の調達困難による発電効率の低下などのマイナス要因が複合的に連鎖してもたらされている。

　発電用として約7割が消費される石炭の生産は、88年に約860万トンを産出し輸出にも振り向けていたが、90年代に入り低下を続け約500万トン程度となっている。動力燃料や炭坑資材、補修部品の不足が出炭量の低下を招いた。

　電力の半分以上は鉱工業部門で消費され、エルデネット鉱山の電力消費は電力需要全体の約4割に達しているとされる。銅の国際市況の低迷は、電力料金の不払いを発生させ、それにともなう発電部門の経営悪化は、石炭代金の支払い不能へと波及した。

　こうした電力供給、石炭生産、最大需要先のエルデネット鉱山の「三竦み」を解決するため、エネルギー体制の再構築が急がれている。モンゴル政府は、日本や米国などとの二国間援助や国際機関からの支援を受けて、エネルギー供給プロジェクトに取り組んでおり、複数の計画が提案されている。

　自立的な国内産業活動の基盤となるエネルギー産業の確立に向けて、明るい可能性がないわけではない。モンゴル東部の原油や天然ガスの商業生産の拡大は多くの期待を集めている。増大する石油製品輸入を代替し、新たな国内エネルギーの安定供給源としていくために、適切な産業政策の展開が重要である。石油産業を単なる原油や天然ガス採掘にとどめることなく、国内産業の自立化を導くための戦略産業として発展する市場環境を整えることが必要である。原油を輸出し、ガソリンなどの石油製品を輸入するような市場経済の枠組みを固定化してはいけない。

　かつて、モンゴルが経験したイデオロギー的普遍性を追求する計画経済システムに替わり、完全競争市場を普遍原理とする市場経済システムが前面に押し出されてきている。そうした新たな普遍主義に惑わされることなく、現在のモンゴルの経済、社会そして、これまで長きにわたって培ってきた歴史、風土になじみやすい石油産業の市場経済化を選択して欲しい。最もグローバル経済化している産業の一つである石油産業であるがゆえに、モンゴル固有の市場経済

化への挑戦が重要なのである。

(5) その他の産業インフラの整備

モンゴル産業経済が自立的な発展に向かっていくために、産業インフラの整備は欠かせない。現状、多くの産業インフラが未整備の状態であり、産業の成長、発展の重大な制約となっている。

交通・運輸については、旧ソ連との物流、人流を基軸とした体系を発展させてきたが、中国（天津）、およびロシア極東（ボストチニー）方面の港湾に通じるルートの整備が課題となっている。国外との物資輸送の中心は鉄道であり、ロシアとの合弁企業のモンゴル鉄道（MTZ）の独立採算経営が課題となっている。

国内交通・運輸では、ウランバートル、ダルハン、エルデネットを結ぶ幹線道路の舗装は近年中に完成する見込みだが、他の地方都市を結ぶ道路網の整備は十分ではなく劣化が著しい。地方産業振興のためには、地方道の整備が不可欠である。また、民営化が決定したモンゴル航空（MIAT）は、国内線の継続、機材の更新が課題となっている。

通信については、主要都市間のデジタル幹線が完成しており、電話の普及率は比較的高い水準にある。また、携帯電話やインターネットなどの付加価値通信サービスには日本企業と韓国企業が参入し、都市部の通信インフラは充実に向かっている。

地方圏の産業インフラとして、牧草地の整備と地方都市の整備が重要である。牧業部門への労働力の移動により家畜が増加し、過放牧による牧草地の荒廃が懸念されている。旧国営農場は、肥料やエネルギー不足、農業機材の老朽化により収穫が低下し、資金不足によって農地管理が行き届かない状態が発生している。また、地方都市とソム・センターの都市機能整備が必要である。

こうした産業インフラの整備は一気に進めることは困難である。国家財政の体力に応じながら計画的、継続的な取り組みが必要とされる。整備部門によっては、BOTなどにより外資の導入を図ること、国際援助を効果的に活用することなどが有効であろう[8]。

いずれの産業インフラ整備においても、政府が骨太な経済再建計画と国土整備計画を策定し、必要性と実行可能性を十分に踏まえて、重点的な政策対象を特定する必要がある。移行期における政府の産業政策は極めて重要である。

そして、産業政策に位置付けた重点産業、あるいは戦略産業が自立的に発展するために必要なインフラの整備は、政府が国民から委託された役割である。モンゴル政府の強い意志と戦略的思考によって、着実な産業基盤と国土整備が進むことを期待したい。

(6) 企業家精神の発揮

モンゴルは資源が豊富な国である。まず、思い浮かぶのは広大な国土に賦存する地下資源である。また、長い歴史のなかでモンゴル民族の生存を支え、完成させてきた遊牧システムによって飼育される「五畜」である。

そして、見落としてはならないのは、新たな国づくりに向かう240万人のモンゴル国民の人的資源である[9]。モンゴルの経済発展の第2ステージを基礎づける諸要素のなかで、最も重要かつ大きな可能性を秘めているのは、モンゴル人の企業家精神なのかもしれない。

企業家としての価値観、目標設定、行動様式などは、その人間が内面に養う文化信念によって多様な発現をみるものである。固有の自然環境のなかで独自の歴史、文化を培っているモンゴル民族は、アングロサクソンとも、中華とも、イスラームやヒンドゥーとも、また、日本とも異なる企業家精神を発揚する素地を備えている。

モンゴル高原の草原に発達した遊牧システムは、アラビア半島やラップランド、ヒマラヤなど、砂漠地帯、極北地帯、高山地帯に成立した遊牧システムとは比べものにならないほど大規模で、現代にまで力強く受け継がれている。草原の遊牧は、親族関係を基軸とした数戸の家族を独立の経営単位、および居住単位とする「ホトアイル」によって営まれ、農耕社会のように大きな組織形成を必要としない。そこでは、自主独立を誇る気概と自由を尊ぶ精神が養われた。同時に、それぞれが厳しい自然環境の中で経営を成り立たせるために、いざという時の対応に向かう結束力の強い社会を創り上げた。

また、モンゴル民族は、中華文明と西欧文明を繋いだ深い歴史を蓄積しており、異なる人種、文化、習慣、経済ルールなどに対する開放性と適応性が優れていると思う。近年では、社会主義を受け入れ、そして資本主義を素早く取り入れようとしている。今回、出会った経営者の思考には、ユーラシアから日本を含めた事業フィールドがイメージされているのである。モンゴル民族の秘めている精神や文化信念は、市場経済といった新たな制度を上手に吸収し、独自の企業家精神を発揮していくことと思う。

3. 人材、資源、そして世界との交流

　果敢に体制転換を実行し、市場経済化に取り組んでいるモンゴル経済社会の歩みの10年だけを眺めるならば、私たちにはモンゴルの直面している問題、課題ばかりが大きく立ちはだかっているようにみえるだろう。しかし、それは東アジアにあって、わずかばかり先行して資本主義や市場経済を扱っている日本から理解する、モンゴル世界の一面にすぎないのかもしれない。

　現在の国際経済状況における産業立地論からすれば、モンゴルの産業経済はユーラシアの真中に位置し、東南アジアや中国沿海地域に繁栄している「海の経済ネットワーク」からは隔絶しているとされる。また、ソ連の崩壊によって、世界経済はアメリカ型の資本主義市場経済が突出しようとしている。ドル換算した一人当たりGDP水準といった「モノサシ」により、モンゴルの経済水準が評価、位置付けされ、モンゴルは援助を受ける立場となっている。

　ところが、どうであろうか。モンゴルは、モンゴル固有の誇り高き人材と、豊富多様な国土資源をどっしりと抱えていた。端からみても大丈夫かと思うほどの開放政策を実施していた。モンゴルは、モンゴル固有の経済発展のリズムを内在しているように思えるのである。

新世代の若者達の活躍

　今後のモンゴル産業経済の発展は、変革の時代に生まれ、市場経済のなかで成長し、自らのアイデンティティを失わず、希望をもって社会に参加してくる

写真11―1　モンゴルの将来を担う

　新世代の若者たちの活躍に委ねられていくのであろう。ウランバートルのみならず、ダルハンにもエルデネットにも目を輝かせた屈託のない子供たちがいる。農牧業地域には、早朝にソム・センターの初等学校に通う子供たちの姿がある。一つの「モノサシ」で計れば、今は経済的には「豊か」ではないモンゴルの親たちの、将来に対する前向きな姿勢が子供たちの表情に表れている。
　新たな時代に生まれた子供達の多くは、近い将来、高い学習意欲を持って専門教育や高等教育に向かっていこう。乱立ぎみな専門学校や大学は、落ち着くところに収まり、そこからは言語学習能力を発揮し、市場経済制度を吸収し、広い世界視野を備えた人材が輩出されてくるだろう。
　モンゴルの産業経済発展の第2ステージで最も大切な取り組みは、次に続く若者達の意欲と希望をつなぎ、彼らが活躍する可能性の土俵を広げていくことであろう。現在、中小企業を創立し新たな事業に挑戦している若き企業家達が大いに活躍し、モンゴルの市場経済移行期の主要なプレーヤーとなっていくことが重要なのである。

資源の戦略的開発と保全
　モンゴルの国土に賦存する地下資源、水資源、森林資源、広大な草原と砂漠

の土地資源、そこに育まれる家畜資源は、モンゴル産業経済と社会文化の基層である。今日、モンゴルを取り巻く市場経済とは、いかなるものなのかをしっかりと観察、分析し、モンゴル経済社会の長期的な発展にとって有効なもの、当面は抑制すべきものを見定めたうえで、じっくりと基層資源の開発、活用を進めることが重要である。

　例えば、グローバル資本主義に絡めとられた一次資源の大規模開発や乱開発が、その国の国民経済や社会をどのような帰結に追い込んでいるか、世界には多くの先行事例がある。研究と分析を重ね「先進工業国」によって主導された既成の制度が、今のモンゴルにはふさわしくないと判断したものからは、しっかりと自国を守る必要がある。その際、発生する短期の不利益は、あえて受け止め長期利益を求めていく姿勢が重要であろう。

　現在、豊富で多様な鉱物資源と石油資源に注目が集まっている。これらは、モンゴルの市場経済化のエンジンを順調に回転させ始めるために重要な起爆剤であることは間違いない。開発と産業化に当っては、政府の産業政策を適正に効かせる必要がある。

　また、未だ関心が高まっていない様子だが、モンゴルの「汚染されていない資源」は、今後、大きな価値を主張できるようになるだろう。モンゴル高原の大気、水、土壌が清浄に保たれ、そこで生育する草木、穀物、伝統的牧畜を基軸にして飼育される家畜の価値は大きい。モンゴル高原の生態系の保全を積極的に配慮した産業経済の発展を追求していく必要がある。いまや、自然環境に対する慎重な姿勢は、産業経済の発展とトレードオフの関係にはあたらない。

　地下資源の開発、牧草や森林の開発、農薬や化学肥料の投入、遺伝子組み替え技術の扱い、モータリゼーション、廃棄物の処理などについて、モンゴル政府の慎重な姿勢が期待される。

世界との経済交流

　モンゴルは、東の人口集中地域「中華世界」と、西の人口集中地域「欧州世界」の中間、ユーラシア大陸の中央帯に位置し、13～14世紀の百数十年間にわたって東西文明を結びつけるモンゴル帝国を維持した。破壊と殺戮の後、成立

したモンゴル帝国の時代には、ユーラシア大陸全域にわたって治安と交通が発達し「世界経済」が繁栄した。モノ、ヒト、カネ、情報が行き交い「パックス・モンゴリカ」が成立した[10]。

モンゴル帝国の崩壊後、中華世界が拡張し、モンゴル民族は北方の圧力として独自の存在を続けた。そして、20世紀初頭に社会主義国家としてソ連圏に加わっていく。中国もソ連も基本的には「内陸の経済」を基本としていた。この間、モンゴルが形成し、あるいは組み込まれた世界経済は、常に「陸の経済ネットワーク」を基本とするものであった。

18世紀のイギリスに始まる産業革命は、西欧からの「海の経済ネットワーク」を、西の新大陸と東のアジアにまで拡張していく。東南アジア海域やベンガル湾、アラビア海に発達していた固有の「海の経済ネットワーク」は、このウエスタン・インパクトによって駆逐され、東南アジアは植民地化されていった。

第二次世界大戦後、独立を手にした東南アジアの国々は、約半世紀をかけて再び「海の経済ネットワーク」による経済発展を始めている。「陸の経済ネットワーク」を基軸としていた中国も、華僑経済のパワーを取り込んだ華南地域と上海を中心とした華東地域を窓口にして「海の経済ネットワーク」に乗り出してきている。

東アジアの海域国家が経済発展に向かっているなかで、陸域国家のモンゴルの産業経済は孤立化してしまうのであろうか。そうではなく、21世紀の東アジア経済と政治情勢は、モンゴルの位置を大変、興味深いものにしていくだろう。

「北東アジア」という地域概念は日本のみならず、中国、そしてモンゴルでも用いられている。モンゴルでは、中国、ロシア、日本、韓国、北朝鮮とモンゴルの6カ国からなる地域を「北東アジア」という。東南アジアから中国沿海地域の華南、華東へと北上してきた経済発展のうねりが、さらに環渤海湾地域から北東アジアで沸き起こる可能性を高めている。そうしたなかで、モンゴルは韓国と北朝鮮の双方に大使館を置く世界で唯一の国である。北朝鮮との対話、交流を円滑に行なえるモンゴルは、今後の北東アジアの経済発展にとって重要な位置を占めている。

地域統合とモンゴル

　世界経済において市場経済システムが唯一の原理となった。市場経済には、いくつもの運用パターンが存在してしかるべきだと思うのだが、経済の国際統合に関する事象を運営するWTOの要求やIMFの勧告は、世界経済の「中心国」となったアメリカの価値、論理を圧力的に移植しようとする方向に傾斜している。WTOに中国、台湾が加盟し、139カ国の加盟国の貿易は世界貿易の9割以上を占めるようになった。WTO協定によって世界貿易を統合して行こうとする流れがある。

　また、同時に、世界経済の国際統合に向かう流れとともに、地域統合を目指す動きが活発になっている。EUを始め、北米、ASEAN、南米などにおいて、地域内の自由貿易環境を整えようという取り組みがいくつも生まれている。グローバルに拡張する市場経済の遠心力は、その進展とともに、地域の内側に濃密な経済システムを構築しようとする求心力を生み出し始めている。

　東アジアでは、中国が経済発展を遂げていくなかで、改めて「陸の経済ネットワーク」が復活していくと考えられる。内陸国・中国から西に向かう経済ダイナミズムの勃興にしたがって、モンゴルは重要な位置を占めていく。そうしたモンゴルには、日本や中華とは異なる独自固有の「世界観」が受け継がれており、ユーラシアの「陸の経済ネットワーク」の再活性化に大きな役割を担っていくのであろう。

　モンゴル国民240〜300万人が豊かになるための人材、資源など基礎要素は十分に備わっている。市場経済における近代工業化の後発の不利益は、既に開発された技術、製品を導入、模倣できる後発の利益を活用し、乗り越えればよい。モンゴルの産業経済の発展に期待されるのは、20世紀までに積み重ねてきた人類の成果と失敗を超える新世紀の市場経済、産業化、自立的で固有な発展のスタイルを実証することであろう。

　海域アジアの「ドラゴン」の活躍が目覚しいように、21世紀のモンゴル人が、騎馬をジェット機に乗り換え活躍し、陸域アジアで「モンゴルの鷹」が舞い上がるのは遠い将来のことではないだろう。

日本とモンゴル

　モンゴルには、21世紀の地域経済社会の発展スタイルを実現する大きな期待が寄せられる。モンゴルは「発展途上国」と称されている国々のなかから、新たな価値、認識、産業経済のあり方などを切り開き、指し示すことのできる可能性が高い国なのである。

　日本は、そうしたモンゴルに対して最大の援助国とされる。それは、大切な関係の一つであろう。しかし、両国の関係が、日本とってモンゴルは経済援助供与国の一つ、大草原と遊牧のロマンの対象であり、モンゴルにとって日本は援助国の一つ、相撲ドリームの場所だけだとするならば残念な状態であるといわざるをえない。アジアの中の日本は、モンゴルの経済社会の歴史と現状を正しく理解することが重要である。アジアにおいて、モンゴルは独自固有の存在として重要な役割を担っていくとの認識を深め、相互に深い関係を培っていくていくことが望まれる。

　そうした関係を形成するためには、国と個人の中間にある「地域」どうしの交流や、「地域」と密接に係わっている中小企業どうしの経済交流を深めていくことが有効である。当面、日本の「地域」や中小企業、特に、中小工業とモンゴルの若き企業家達との交流が双方にとって有意義であろう。

　現在のモンゴルの中小企業家は、日本の中小工業の技術、応用力、経験を必要としている。日本の中小工業は、ユーラシアの事業フィールドを、こともなげにイメージし乗り出していこうとしているモンゴルの経営者から得るものは大きい。日本の約60万社の中小工業から、まず、100社がモンゴル中小企業と深い経済関係を培っていくならば、日本・モンゴルの経済交流の新たな段階を切り開いていくことが可能となるであろう。

　そして、なによりも、両者にはアングロサクソンや、イスラームや、また、中華以上に、お互い素直に共感できる基層的な文化信念を共有する部分があることが重要である。経済活動は匿名性によって広がりを得るとともに、信念の共有のもとに「顔が見える」ことで深まりをもたらすものなのである。

1) モンゴル科学アカデミー歴史研究所編『モンゴル史2』恒文社、1988年、167～168頁。
2) ポンサルマーギーン・オチルバト『モンゴル国初代大統領オチルバト回想録』明石書店、2001年、292頁。
3) 国際協力銀行『国際協力便覧2001年』によれば、日本のモンゴルへの二国間ODA供与額は、95、96年約1億ドル、97年約7,800万ドル、98年約9,400万ドルとモンゴルにとって最大の供与国となっている。
4) 前川啓治『開発の人類学～文化接合から翻訳的適応へ』新曜社、2000年。
5) 大野健一『途上国のグローバリゼーション』東洋経済新報社、2000年、12頁。
6) 産業構造の「迂回生産化」と「多段階化」については、鶴田俊正・伊藤元重『日本産業構造論』NTT出版、2001年、20～26頁。
7) 栗林純夫「モンゴルの金融改革」(日本貿易振興会海外調査部『続・新生モンゴル』2000年3月) 65～70頁。
8) モンゴル政府と日本政府が共同で検討、作成した中期開発戦略と公共投資計画がまとめられている。大和総研・野村総合研究所『モンゴル国市場経済化支援調査―開発戦略／公共投資計画部門最終報告書』2000年3月。
9) モンゴル族は、モンゴル国内に約240万人、中国の内蒙古自治区、遼寧省、吉林省、黒龍江省、河北省、新疆維吾尔自治区に約480万人が在住している。ロシア、ブリヤート自治共和国、カルムィク自治共和国、カザフスタン、アフガニスタンなどに住む者を加えると800万人を超えると見込まれる。
10) 原洋之介『新東亜論』NTT出版、2002年、131～133頁。

著者紹介

関　満博（第1章、第3章、第6章、第7章、第8章）

西澤正樹（第2章、第4章、第5章、第11章）

長谷部 亮　（第9章）

　　1961年　生まれ
　　1985年　同志社大学法学部卒業
　　現　在　㈶横浜産業振興公社勤務

真田幸光　（第10章）

　　1957年　生まれ
　　1981年　慶応義塾大学法学部卒業
　　現　在　愛知淑徳大学コミュニケーション学部教授

編者紹介

関　満博 (せき　みつひろ)

1948年	富山県生まれ
1971年	成城大学経済学部卒業
1976年	同大学院経済学研究科博士課程修了
現　在	一橋大学大学院商学研究科教授、経済学博士
著　書	『現代ハイテク地域産業論』（新評論、1993年）
	『地域産業の未来』（有斐閣、2001年）
	『現場主義の知的生産法』（ちくま新書、2002年）他

西澤正樹 (にしざわまさき)

1956年	長野県生まれ
1981年	武蔵大学人文学部卒業
現　在	パス研究所代表、成城大学経済学部兼任講師
著　書	『人手不足と中小企業』（共著、新評論、1992年）
	『飛躍する中小企業都市』（共著、新評論、2001年）
	『挑戦する企業城下町』（共著、新評論、2001年）他

モンゴル／市場経済下の企業改革　　　　（検印廃止）

2002年7月15日　初版第1刷発行

編　者	関　　満　博
	西　澤　正　樹
発行者	武　市　一　幸
発行所	株式会社　新　評　論

〒169-0051　東京都新宿区西早稲田 3-16-28
http://www.shinhyoron.co.jp
電話　03 (3202) 7391番
FAX　03 (3202) 5832番
振替　0060-1-1113487番

落丁・乱丁本はお取り替えします
定価はカバーに表示してあります

印刷　新　栄　堂
製本　協栄製本
装幀　山田英春

©関　満博・西澤正樹　2002　　ISBN4-7948-0571-3　C3033

Printed in Japan

関　満博
世界の工場／中国華南と日本企業　8000円

関　満博
日本企業／中国進出の新時代　4800円

関　満博
上海の産業発展と日本企業　8000円

関　満博
中国長江下流域の発展戦略　4800円

関　満博
中国市場経済化と地域産業　5000円

関　満博・西澤正樹
挑戦する中国内陸の産業　4000円

関　満博・池谷嘉一編
中国自動車産業と日本企業　3200円